戲曲研究

第九十辑

编辑
中国艺术研究院戏曲研究所
《戏曲研究》编辑部

协办
福建省艺术研究院
安徽省艺术研究院
湖北省艺术研究所
河南大学河南地方戏研究所
南昌大学赣剧文化艺术中心

文化藝術出版社
Culture and Art Publishing House

戲曲研究

中文社会科学引文索引CSSCI(2014—2015年)来源集刊

编辑部邮箱　xiquyanjiu@sina.com
编辑部电话　010-6493 3087

戏曲研究 第九十辑

目录

戏曲批评

深度访谈

年度观察

戏曲遗产研究

戏曲史研究

戏曲音乐研究

戏曲文化研究

当代学人

Traditional Chinese Drama Research No. 90

CONTENT

Traditional Drama Criticism

In Depth Interview

Annual Observation

Heritage Studies of Traditional Drama

Traditional Drama History Studies

Traditional Drama Music Studies

Traditional Cultural Studies

Contemporary Scholar

戲曲研究

“前海学派”探析

沈达人　陈　曦

中国艺术研究院戏曲研究所的科研活动始自1951年至1965年的中国戏曲研究院时期，迄至2012年，经历了六十多年的风风雨雨，更迭变化。其中只有“文革”十年，这个国家级的艺术科研单位受到冲击，集体和个人的学术研究基本停止。在20世纪80年代的一次学术研讨会上，中国戏曲学院的钮骠先生曾提出“前海学派”的称谓。因为当时中国艺术研究院院址在什刹海前海，他说可以把戏曲研究所的学人群体称作“前海学派”。从东四八条到前海西街，再到惠新北里，从地理位置的变迁角度来看，用“前海”称谓来约定这一学术研究群体，未尝不可。

之后，不断有人使用“前海学派”这一名称，多数是对我们取得的学术成果和研究方法给予肯定和认可；但也有人对“前海学派”持批评态度，既有对学术领头人张庚先生“话剧民族化”和“剧诗说”的批评，也有对整个群体的所谓“前海学派的简单化模式”的批评。对待这些学术范围内的争鸣，我们一向抱着欢迎与认真对待的态度。王安葵同志曾专门写了文章给予积极回应，表明了自己的观点和认识。他认为戏曲研究所的领军人物张庚、郭汉城一直未对“前海学派”这一提法做过正面回应，“两位先生认为，一个群体的学术成果由后人来评说，自己只需要做好自己的工作就可以了”。直到2011年，在纪念张庚诞辰100周年的纪念会上，郭汉城先生提出：“一个学派，并不是一个组织实体，也不是一种学术标准，其实质是共同的学术思想和学术理想。”郭汉城先生的这番话可以看作是代表了这一学术群体对所谓“前海学派”称谓比较正式的回应和所持的基本态度。

百花齐放、流派纷呈是理论思想活跃、学术成绩繁荣的表现，对此我们热烈欢迎并积极支持。但是，所谓“前海学派”也好，或是其他什么学派也罢，戏曲研究所作为一个科研集体，既没有要划立山头、沽名钓誉的想法，更没有故步自封、唯我独尊的打算。只希冀对半个多世纪以来，我们在戏曲理论研究和戏曲体系建设方面所付出的努力有所总结和作进一步的思考，从而更好地为戏曲理论建设服务。这才是大家真正关心和关注的。

中国戏曲研究院建院之初，是一个兼有理论研究、创作演出和艺术教育三重任务的综合性戏曲机构。下设研究、编辑、资料等部门，还管辖着中国戏曲实验学校，京剧实验工作一、二、三团，曲艺实验工作团和中国评剧团、新中华秦剧工作团（河北梆子）等单位。院部的机构设置都是与完成文化部布置的戏曲生产任务相适应的，这种体制限制了戏曲史论研究的真正开展。这一状况直到1954年中国戏曲研究院“分家”之后才得到改变。所谓的“分家”，是指将京剧、评剧、河北梆子剧团、戏曲实验学校从中国戏曲研究院独立出去，成立了中国京剧院、中国评剧院、北京市河北梆子剧团、中国戏曲学校。自此之后，中国戏曲研究院才完全走上戏曲史论研究之路。

纵观中国艺术研究院戏曲研究所六十多年的发展历程，大致可以分成这样几个阶段：一是从 1951 年到 1965 年的开拓性阶段，属于中国戏曲研究院阶段的 14 年。新中国成立后，张庚、马彦祥、罗合如、郭汉城、阿甲等戏曲工作者为戏曲改革付出了大量精力，其中最主要的工作是组织了三届戏曲演员讲习会，两次戏曲剧目会议。这项工作是由文化部发起，中国戏曲研究院具体承担的。“帮助演员学会运用马克思主义的观点观察、处理戏曲改革中所碰到的问题，促进戏曲事业的发展”是举办戏曲演员讲习会的目的。讲习会召开之前，中国戏曲研究院针对演员的具体需求进行了调查。因此，戏曲政策、演员道德、剧目分析、表演和音乐研究等课程都是有的放矢，获得了很好的教学效果，而且实现了演员表演艺术经验的广泛交流。一、二、三届戏曲演员讲习会的讲授稿经过整理，还出版了“戏曲演员学习小丛书”25 种，以拓展教学效果。以至多年后，参加过这三届演员讲习会的各剧种的著名演员仍念念不忘讲习会期间所受的教益。两届剧目会议都重视对戏曲剧目的现状及存在问题的调查，而有关戏曲政策报告与戏曲剧目的专题讲授，也取得良好效果。剧目会议后还编辑、出版了《京剧丛刊》32 集、《评剧丛刊》15 集、《戏曲选》6 卷、《戏曲剧本丛刊》2 集，以收录当时经过整理、改编与创作的优秀剧目。此外，还创办了《戏曲研究》、《戏曲音乐》两种学术研究刊物。

中国戏曲研究院当时有相当一部分集体研究著作都是理论联系实际的成果。许多个人研究也在这种理论联系实际的研究风格确立过程中，先后结出硕果。

张庚、郭汉城主编的《中国戏曲通史》于 1961 年至 1963 年间完成编写，交出版社付排。参加撰写的有李啸仓、何为、郭亮、黎新、俞琳、龚和德、颜长珂与沈达人等同志；黄芝冈先生审阅了全书，并且贡献了个人多年来的研究心得。这部“通史”试图在前人研究的基础上，把我国古代戏曲剧种、戏曲文学、戏曲舞台艺术发展的情况较全面地介绍给读者；试图通过古代戏曲与各个时代政治、经济、文化等的关系，探索一些戏曲发展的规律，为今天的戏曲工作提供借鉴。但是由于受极“左”思潮的干扰，这部“通史”被搁置十多年之久，未能出版。傅惜华、杜颖陶主编的《中国古典戏曲论著集成》10集，在1959年陆续出版。这部“集成”选辑、校录了唐、宋、元、明、清5个朝代比较重要的48种戏曲理论方面的著作，以期为戏曲发展史和戏曲理论批评提供必要的参考，从而推动戏曲史论研究工作的进一步开展。《中国古典戏曲论著集成》出版后，获得学界的普遍欢迎，实现了选辑的初衷。

这个阶段的个人研究成果，戏曲理论方面，有代表性的是张庚的《关于剧诗》、《再谈剧诗》，阿甲的《生活的真实和戏曲表演艺术的真实》、《再论生活的真实和戏曲表演艺术的真实》，论及了戏曲文学与戏曲舞台艺术的美学特征，在戏曲界产生了很大影响。戏曲批评方面，有代表性的是郭汉城的《蒲剧〈薛刚反朝〉的人物、风格与技巧》、《〈团圆之后〉的出色成就》，从对一个有经典意义的剧目的切实剖析入手，延伸到对戏曲文学的一些关键问题的深度阐释，获得戏曲界的重视。张庚的《戏曲表现现代生活》，阿甲的《戏曲表演论集》与《谈京戏的表演艺术》，黄芝冈的《从秧歌到地方戏》，杜颖陶的《曲海总目提要补编》，李啸仓的《宋元伎艺杂考》，陶君起的《京剧的角色分行及其艺术特点》，黄克保的《王瑶卿与京剧〈柳荫记〉》以及与祁兆良、刘木铎、唐湜合作采访、整理的《萧长华先生谈表演艺术》，何为的《京剧〈贵妃醉酒〉的唱腔分析》与《谈戏曲唱腔的创作与发展》，萧晴的《戏曲唱工讲话》，也都是有价值的戏曲理论研究成果。傅惜华的《元代杂剧全目》、《明代传奇全目》、《明代杂剧全目》、《古典戏曲声乐论著丛编》，陶君起的《京剧剧目初探》，刘雁声、沈正元的《京剧故事考》，是戏曲史料研究的一系列结晶，对戏曲剧目研究有着重要的参考价值。

此外，还编写、出版了一些戏曲舞台艺术基础知识著作，戏曲音乐方面有《京剧打击乐汇编》、《京剧锣鼓》、《京剧锣鼓谱简编》、《京剧曲牌简编》、《评剧唱腔选》，戏曲舞台美术方面有《京剧化妆常识》、《戏曲切末与舞台装置》等。

第二个阶段是“文革”后的37年，也就是从1976年到2012年的中国艺术研究院戏曲研究所时期。“四人帮”被粉碎后，随着改革开放的进行，政治形势发生了很大变化，戏曲研究所学术群体的思想得到解放，研究热情高涨，很多研究成果先后面世。张庚、郭汉城主编的《中国戏曲通史》经修订，上、中、下3卷于1980年到1981年初版，1984年再版，获得了学界广泛肯定。《中国戏曲通论》是张庚、郭汉城任主编而取得的另一学术成果，该书编写于1985年到1987年间，1989年由上海文艺出版社出版。参加编写的除两位主编外，还有章诒和、沈达人、苏国荣、何为、黄克保、龚和德、黄在敏、涂沛等同志（按章节顺序）。这部“通论”的编写缘由，诚如该书《前言》所说，“由于文化生活的形式多样化”，戏曲“剧场上座率下降”，引发了针对戏曲的“危机论、夕阳论、消亡论”等诸种议论，甚至有人指责戏曲是“宣传封建思想的渠道”。故此，有必要“把前人已经做出来的经验加以整理”，“从客观实际中细绎出规律来”，以“提高戏曲界”的“理论水平”。由于“戏曲是综合艺术”，从而组织“各个方面”的专业研究人员来编写。虽然“卑之无甚高论”，但实际上仍是一部具有一定学术价值的可供戏曲界参考的著作。

紧接着在张庚、郭汉城先生的授意下，由沈达人、苏国荣主编了一套“戏曲史论丛书”，包括《戏曲理论史述要》、《古代戏曲美学史》、《栏杆拍遍——古代剧作家心路》、《戏曲音乐概论》、《戏曲表演概论》、《戏曲导演概论》、《戏曲舞台美术概论》、《戏曲意象论》、《戏曲“拉奥孔”》、《戏剧人类学论稿》、《戏曲美学》、《戏曲优伶史》等12种。这套丛书编写于1988年至1992年间，1993年至1995年陆续出版。余从、王安葵主编的《中国当代戏曲史》在《当代中国戏曲》的基础上，编写于1992年至1998年，2005年出版。王文章主编的《中国少数民族戏曲剧种发展史》，编写于2005年至2007年，2007年出版。贾志刚主编的《中国近代戏曲史》上、中、下3卷，编写于2003年至2008年，2011年出版。这些著作与《中国戏曲通史》、《中国戏曲通论》相呼应，组成了中国戏曲史论的论著序列，为我国戏曲界、学术界作出重大贡献。此外，刘彦君与廖奔编著的《中国戏曲发展史》4卷，也于2000年出版。

20世纪70年代末至80年代初，中国艺术研究院戏曲研究所组织了《中国大百科全书·戏曲 曲艺》卷的编写。张庚任编委会主任，兼戏曲史分支主编；马彦祥任声腔剧种分支主编；郭汉城任戏曲文学分支主编；杨荫浏任戏曲音乐分支主编；阿甲任戏曲表导演分支主编；孙浩然任戏曲舞台美术与戏曲剧场分支主编。以强大的编撰阵容，动员全国研究戏曲的学者，完成了编写任务。1983年，《中国大百科全书·戏曲 曲艺》卷出版，在戏曲界、学术界影响甚大。戏曲研究所的研究人员还参加了《中国京剧百科全书》的编写。郭汉城是编委会三位主任之一，余从任京剧史主编，并与李宗白同任京剧演出团体分支主编，颜长珂任京剧文学分支主编，龚和德任京剧舞台美术、京剧与其他艺术分支主编，黄在敏任京剧导演分支主编，傅晓航任京剧教育分支主编，沈达人、陈义敏任京剧研究分支主编。这是京剧有史以来第一部专业百科全书，集知识性、学术性、文献性、观赏性于一体，经与另两位编委会主任马少波、刘厚生为首的戏曲界研究力量的通力合作，全书于2011年出版，受到京剧界、戏曲界、学术界的极大重视。

关于戏曲研究的总体构建，张庚先生曾提出论、史、志、资料汇编四个层次，强调四者无高低之分。在整个戏曲研究工作中，资料是志的基础，志又是史与论的基础。又认为戏曲修志，在功能、性质、写法、材料取舍等方面，有很多理论问题需要精心研究。在这一有关戏曲志地位和作用的思想指导下，由张庚担任主编，余从、薛若琳担任副主编，汪效倚、刘文峰先后担任编辑部主任，调动全国数千名戏曲工作者，经17年艰苦奋斗，涉及北京、上海、天津3个直辖市，以及除台湾地区以外的26个省、自治区的30卷三千万字的鸿篇巨制《中国戏曲志》，终于在1999年完成编纂、出版工作，为戏曲界、学术界留下珍贵财富。

这一阶段的个人学术研究也陆续开花结果。“前海学派”第一代学人的著作风采依旧。先后出版的有包括《戏曲艺术论》在内的《张庚文录》7卷；包括《戏曲剧目论集》在内的《郭汉城文集》4卷与《当代戏曲发展轨迹》，阿甲的《戏曲表演规律再探》、《马可戏曲音乐论文集》，黄芝冈的《汤显祖编年评传》，傅惜华的《清代杂剧全目》与《傅惜华戏曲论丛》，王芷章的《中国京剧编年史》上、下卷以及《李啸仓戏曲曲艺研究论集》、《戴不凡戏曲研究论文集》与《百花集三编》，傅雪漪的《戏曲传统声乐艺术》、《九宫大成南北词宫谱选释》、《昆曲音乐欣赏漫谈》，陶君起的《京剧史话》，华迦主编的《戏曲工作文献资料汇编》上、下集与《吉剧艺术》、《关于几个戏曲理论问题的论争》，以及郭汉城主编的《中国十大古典悲喜剧集》等。

经过多年积累、探索，“前海学派”第二代学人的著作也成果丰硕。史学研究者的成果有戏曲研究所编写的《中国戏曲研究书目提要》，余从的《戏曲声腔剧种研究》，刘念兹的《南戏新证》与《戏曲文物丛考》，傅晓航的《贯华堂第六才子书西厢记》、《西厢记集解》、《金圣叹评传》以及与张秀莲合编的《中国近代戏曲论著总目》。表导演学研究者的成果有郭亮的《戏曲导演学概论》，黄克保的《戏曲表演研究》，简慧的《展开艺术想象的翅膀》，涂沛的《程砚秋传》、《中国京剧的表演艺术》、《中国戏曲表演史论》，胡芝风的《艺海风帆》、《胡芝风谈艺》、《戏曲艺术二度创作论》。音乐学研究者的成果有萧晴记谱、整理的《程砚秋〈荒山泪〉总谱》、《程砚秋唱腔选集》以及选编的《程砚秋艺术评论集》，何为的《戏曲音乐研究》、《戏曲音乐散论》、《简明戏曲音乐辞典》，吴春礼的《杨宝忠操琴经验》以及与张建民、孙以森、常静之合编的《京剧著名唱腔选》，潘仲甫、张慧合编的《梆子戏传统唱腔选》。舞台美术学研究者的成果有龚和德的《乱弹集》与《舞台美术研究》以及戏曲研究所选编的《舞台美术文集》。戏剧文学研究者的成果有吴琼的《戏曲语言漫论》以及与张秀莲合著的《曲海遗踪》，沈达人的《戏曲与戏曲文学论稿》与《戏曲的美学品格》，颜长珂的《戏曲剧作艺术谈》、《古典戏曲名作纵横谈》、《中国戏曲文化》、《戏曲文学论稿》以及与周传家合著的《李玉评传》、与沈达人合编的《古典戏曲十讲》，姜永泰的《戏曲艺术节奏论》，吴乾浩的《白朴评传》、《戏曲美学特征的凝聚幻变》、《〈红楼二尤〉的表演与文学剧本研究》、《当代戏曲发展学》以及与谭志湘合著的《彩虹集》和《20世纪中国戏剧舞台》，朱颖辉的包括《中国当代戏曲史略》在内的《当代戏曲四十年》，薛若琳的《尤侗论稿》、《艺苑丛谈》及其主编的《中国巫傩面具》画册，徐城北的《京剧100题》、《梅兰芳与20世纪》、《京剧架子花与中国文化》、《梅兰芳与中国文化》、《梅兰芳百年祭》等，应该说相当丰富多彩。

"前海学派"第三代学人的著作更是异彩纷呈。苏国荣的戏曲美学研究著作《中国剧诗美学风格》、《艺术的三维观照》、《宇宙之美人》，王安葵的戏曲文学研究著作《当代戏曲作家论》、《新时期戏曲创作论》、《海边剧评》、《赏今鉴古集》与《张庚评传》，刘文峰的戏曲史志研究著作《中国戏曲文化史》、《戏曲史志研究》、《山陕商人与梆子戏考论》、《中国传统戏曲传承保护研究》，吴书荫校注的《浣纱记》及点校的《焚香记》、《高文举珍珠记》、《琥珀匙》，张树英校注的《牡丹亭》及点校的《连环记》、《明珠记》、《南西厢记》、《醉乡记》、《党人碑》、《偷甲记》，汪效倚辑注的《潘之恒曲话》，都是颇见功力的。孙崇涛的戏曲研究著作多样而精审，除前述《戏曲优伶史》外，又有《南戏论丛》、《戏曲十论》、《风月锦囊考释》、《风月锦囊笺校》、《青楼集笺注》、《绣襦记校注》、《金印记校勘》

等；刘荫柏也以《元代杂剧史》、《马致远及其剧作论考》、《洪昇研究》等著作，为戏曲研究作出贡献；马也除前述《戏剧人类学论稿》外，还撰著、出版了《戏曲艺术时空论》；张民编写了《京胡伴奏研究》，参加了《中国戏曲音乐集成》一些省卷的审稿；傅淑芸则襄助金素秋撰写了其集演员、剧作家、京剧艺术改革家于一身的长篇传记《篱下菊》。

第三代学人中年轻一辈学者的戏曲著作，有刘祯的《中国民间目连文化》、《莆仙戏目连救母校订》、《湘剧目连记校订》以及与黄克、颜长珂等合作完成的《元曲精选》，有贾志刚的《迈向现代的古老戏剧》、《戏曲体验论》以及与熊姝合著的《昆曲表演艺术论》，有刘彦君的《梅兰芳传》、《东西方戏剧进程》以及与廖奔合著的除前述《中国戏曲发展史》外的《中国戏剧的蝉蜕》，还有李悦的《中国当代少数民族戏曲》与《中国戏曲组织》等。“前海学派”一、二、三代学人的戏曲研究著作，可以称得上是硕果累累，成绩辉煌了。

第三个阶段，也是继往开来的阶段。随着国家对文化的重视，有关政府部门业已把戏曲研究当作中国文化建设工作的重要组成部分来看待。在这种大背景下，戏曲研究所提出“戏曲要作为文化被保存下来”的工作指导思想。在这一思想指导下，正在进行着《昆曲艺术大典》、《京剧艺术大典》的编纂，也瞻望着《中国戏曲表演体系》、《中国戏曲理论体系》研究的启动。

在六十多年的戏曲研究工作中，涌现了“前海学派”的四代学人：第一代学人包括张庚、郭汉城、黄芝冈、傅惜华、杜颖陶、阿甲、李啸仓等；第二代学人以萧晴、何为、黄克保、郭亮、黎新、沈达人、龚和德、颜长珂等为代表；第三代是以苏国荣、王安葵、刘祯、刘文峰、贾志刚等为代表的承前启后的一代学人。他们在各自的研究领域皆有建树，为戏曲研究所的发展和建设付出不少精力；第四代学人则是当前戏曲研究所的中青年研究人员，他们正在成长为戏曲研究所科研工作的中坚力量，戏曲研究的未来道路要靠他们去开拓。

这个有着六十多年历史的科研群体，在长期的研究活动中形成了自己的学术思想和学术风格，大致可以归纳为以下几点：

1. 郭汉城先生在《张庚与前海学派》一文中提出："前海学派"是个马克思主义的学派。在几十年的戏曲研究工作中，"前海学派"始终用马克思主义的辩证唯物主义和历史唯物主义作为指导思想；遵循着党所制定的"二为"方向、"双百"方针与推陈出新、古为今用、洋为中用等方针政策。三个阶段的研究成果都力图体现马克思主义对待民族文化遗产的原理和原则。这是"前海学派"在戏曲研究上取得成效的根本保证。

2. 在戏曲研究工作中注重理论联系实际。所谓理论联系实际，有一个发展过程。中华人民共和国建立初期的20世纪50年代后期、60年代前期，戏曲研究工作比较着重于贯彻国家的戏曲方针、政策，配合戏曲形势的发展，针对不同阶段出现的戏曲状况和问题，进行切实的研究，以促进戏曲工作的发展。当然也不排斥这一阶段的戏曲研究中，具有深厚内涵的理论、批评成果的问世，以及成序列的资料研究成果的产生。当时代和戏曲现实向前发展以后，张庚、郭汉城先生深感要从根本上解决长期以来戏曲存在的问题，没有系统的史论建设是不行的。正是在这种学术思想的指导下，才有了集体智慧积淀而成的《中国戏曲通史》、《中国戏曲通论》等学术史论著作的产生，以及论、史、志、资料等四个层次的戏曲研究规模的形成。总之，从中国戏曲研究院到中国艺术研究院戏曲研究所，"前海学派"在多年的学术研究中始终保持着密切联系戏曲历史、戏曲实践的作风，这与埋头书斋、皓首穷经的研究方法是很不一样的。可以说"理论联系实际，密切关注现状"是"前海学派"的最根本、最有代表性的学术精神，也是"前海学派"取得研究成绩的学术奥秘。

3. 尊重不同的学术观点，展现学术民主的学风。参加戏曲史、论编写的专家、学者来自五湖四海，业务范围相去甚远，研究阅历、研究水平也各有长短；正是凭借着民主公开的学术气氛，不搞领导一言堂、不把自己的意志强加于人，鼓励参与编写者对于各种意见采取虚心听取、广泛比较、择善而从的方法，最终才有“通史”、“通论”等著作的面世。张庚先生晚年担任中国戏曲学会会长，更特别提出戏曲学会要“三通”：与搞创作实践的戏曲院团和同志们相通，与高等院校的老师和同学们相通，与海外的学者、戏曲工作者相通。正是因为这一学术群体坚持了这样的学术传统和学术作风，才能“长时间在戏曲理论界具有主导地位”（陆炜言），而且与各地的戏曲工作者建立了亲密的关系。另外，对戏曲研究要满怀热情，有坐得住冷板凳的决心，才能把戏曲研究坚持到底。

时光荏苒，戏曲研究所六十多年的学术长河流淌至今，到了温故知新的时候。2011 年，德高望重的郭汉城先生获得中国艺术研究院主办的“中华艺文奖终身成就奖”。在文化部王文章副部长的大力支持下，郭汉城先生建议以此为契机，由中国艺术研究院戏曲研究所和中国戏曲学会组织编辑“前海戏曲研究丛书”，集中将“前海学派”六十多年来老、中、青几代研究人员在戏曲研究各领域的学术成果加以展现。丛书主要是对在张庚、郭汉城先生指导下，戏曲研究所取得的阶段性学术成果的整理和出版。收入丛书的学者以参加《中国戏曲通史》、《中国戏曲通论》编纂的中国艺术研究院戏曲研究所研究人员为主要对象。丛书收入“前海学派”的基本戏曲史论专著以及个人的重要戏曲研究论著，涵盖戏曲历史、理论、文学、音乐、表导演、舞台美术等各个方面，以体现“前海学派”的悉心研讨、门类齐全的学术成就。其目的是为了更好地发扬“前海学派”理论联系实际、发扬学术民主的学术思想，以继承创新的精神，进一步促进戏曲研究和戏曲理论体系建设的发展。

（沈达人　中国艺术研究院戏曲研究所研究员

陈曦　中国艺术研究院科研处副研究员）

新中国“戏改”中“大团圆”与“反大团圆”的纠结①

——以越剧为个案

张艳梅

在传统戏曲舞台上，“大团圆”是一种常见的情节模式，无论男女主人公面临怎样的艰难险阻，身陷多么复杂的矛盾冲突中，最终都可以化险为夷、实现其意愿，使戏剧呈现出欢快喜悦的气氛。对于这种虚幻的光明结局，人们称之为“大团圆”。自“五四”新文化运动以来，鲁迅曾直斥之为“瞒和骗”，这一模式也一直遭受诸多新式知识分子的诟病。至新中国“戏改”发动，“大团圆”再次成为引人关注的话题，其间充满了民间世俗伦理和政治意识形态等多种话语的纠结。

---

① 本文为全国哲学社会科学规划课题《“戏改”与当代越剧生态》（项目编号：11CZW020）阶段性成果。

一 “推陈出新”语境下的反“大团圆”

1950年文化部在北京召开全国戏曲工作会议，参加此次会议的219名代表共同明确了戏曲改革工作的一些原则性意见，如以历史唯物主义和爱国主义观点作为审定剧目的主要标准，加强戏改工作的领导权等，会议成果集中反映于《全国戏曲工作会议关于戏曲改进工作向文化部的建议》中。该报告由文化部上报中央后又几经修改，最终形成政务院《关于戏曲改革工作的指示》（亦称“五·五指示”），于1951年5月5日由周恩来亲自签署发布。“五·五指示”明确指出：“凡宣传反抗侵略、反抗压迫、爱祖国、爱自由、爱劳动、表扬人民正义及其善良性格的戏曲应予以鼓励和推广，反之，凡鼓吹封建奴隶道德、鼓吹野蛮恐怖或猥亵淫毒行为、丑化与侮辱劳动人民的戏曲应加以反对。”但实际上传统戏曲处于上述两种极端状态的很少，大多为既有人民性成分，又不乏“鼓吹封建奴隶道德、鼓吹野蛮恐怖或猥亵淫毒”色彩，对于这种良莠掺杂的状况如何进行取舍是一大难题，此时毛泽东为中国戏曲研究院的题词为戏曲工作者提供了实践路径。1951年4月3日，梅兰芳任院长的中国戏曲研究院在北京成立，毛泽东主席亲笔题词“百花齐放，推陈出新”，自此“推陈出新”便成为其时“戏改”的基本原则，尤其是传统剧目整理、改编中必须遵守的法则，而“大团圆”正是“推陈”的重点对象，不过越剧已经先于这一指示开始了反“大团圆”之举。

1950年7月14日，华东越剧实验剧团在南京大戏院（今上海音乐厅）首演整理改编的传统剧目《借红灯》。作为华东地区最早成立的国营戏曲剧团，该团的示范性地位毋庸置疑，而《借红灯》更是将改革的矛头直指“大团圆”。《借红灯》一戏又名《龙凤锁》，是浙江民间流传甚广的一个故事，讲述太师之子林逢春于元宵节出游，遇见美貌的豆腐店姑娘金凤，林逢春夜访金凤，二人以龙凤锁为凭证私下定情。不巧金凤父亲归来，仓促间林逢春藏入笼箱躲避，竟窒息而死。金凤发现后不知所措，恰逢其舅父来借钱，知悉原委，遂决定移箱抛尸于荒郊。案发后金凤被判死罪，却不知林逢春已获神仙搭救。几经周折，林逢春生还与金凤团圆。该戏是越剧由绍剧移植而来的剧目，早在小歌班第一次进入上海时便是首批演出剧目之一，在绍兴文戏时期亦是常演剧目，其中“借红灯”一段“骂你油头小光棍，半夜三更来敲门”的唱腔非常流行。但该戏的糟粕亦显而易见，除去神仙相救等荒诞不经的情节，戏的格调也很低俗，林逢春虽然最终与金凤缔结姻缘，仍然难脱公子王孙嬉戏、调情的浮浪之气。华东越剧实验剧团的整理本首先剔除戏中的封建迷信成分，并以反封建为其主题思想，将林逢春改成寻花问柳的官家恶少，而金凤则成为被侮辱被损害的弱势女性。改编后的《借红灯》中林逢春调戏良家女子，太师袒护儿子，强逼金凤抵命，构成了反面人物阵营；后发现金凤已经怀孕，太师不愿绝后，便令暂缓行刑，待金凤产下儿子后则以贞节为由逼其自尽。由此，金凤便由原剧中无知的民间少女转变为被欺压的下层民众的代言人，被封建礼教、统治者权势等几道枷锁合谋杀害。该戏是上海市首次文代会的招待演出剧目，得到了相关主管部门的认可，还曾于1951年3月旅杭公演，每演必满座，算是为“戏改”交上了一份较为满意的答卷。

《借红灯》以反封建礼教、反封建强权的主题恰当地迎合了当时的主流意识形态，但这种迎合并未损害剧中金凤的个体价值，反而形成一种彰显和维护，因而得到官方和观众的双重认可，可谓成功。与此相似，《琵琶记》在改编中亦遵循这一思路以剔除“大团圆”的俗套。

在高明的南戏《琵琶记》中，背亲弃妇的蔡伯喈已经摇身一变，成了全忠全孝之人，雷劈蔡伯喈、马踏赵五娘的悲剧结局亦被夫妻团圆所取代。其后在漫长的演变过程中，该戏的情节、人物等元素都在不断地发生改变，至20世纪五六十年代的“戏改”，京剧、湘剧、川剧等剧种的《琵琶记》更是面貌迥然。以越剧而言，《琵琶记》亦有多个演出版本，场次安排、冲突设置等不尽相同，但结局却很一致，即以“余恨”而非“大团圆”收场。1953 年，上海合作越剧团于金都戏院演出由孙旭改编的《琵琶记》，善演悲旦的台柱演员戚雅仙出演赵五娘，著名毕派小生毕春芳饰演蔡伯喈。据该改编本的“前言”陈述，该戏初稿共有逼试、送别、议婚、陈情、抢粮、吃糠、剪发、卖发、琴诉、谏父、描容、扫松、悲逢、余恨等十四场，当赵五娘寻至相府、真相大白后，牛小姐与父力争，要求让她和蔡伯喈一同回家奔丧。三年后该戏赴京演出，戏已被压缩到十一场，结尾蔡伯喈同五娘一道归家祭奠父母，牛小姐并未出场，三人的关系亦没有明确说明，其改编者认为单纯给出一个结果“不仅乏味，也影响了最后一场——余恨，因为让蔡伯喈、赵五娘、牛小姐三个人的矛盾完全解决而回家奔丧，那余恨就只是对蔡公的‘堪叹锦衣归故里，只落得荒郊土一抔’而发了。我认为与其为死者悲，莫如让生者恨；因为后者的意义大于前者”①。这里的“生者恨”，除去蔡伯喈对父母未能尽孝的遗憾，更多指向赵五娘，无论她怎样选择，都难以完美。在整理这一故事时，越剧没有剑拔弩张地将矛盾直指牛丞相父女或蔡伯喈，而是重点描写赵五娘对丈夫的深情和她孝敬公婆、勤俭持家过程中表现出来的优良品质。毫无疑问，赵五娘是传统贤德女性的代表，而这样一个优秀的女人在历经千辛万苦寻到丈夫后，却仍然不能获得幸福，这其间的反差引导观众去思索、去叩问，到底谁才是悲剧的根源？蔡伯喈到底应该予以怎样的评判？越剧改编采取的不是逞强，而是“示弱”方式，让观众遍览赵五娘无懈可击的行为及其凄凉境遇后自然地将评判的天平倾向于她这一方，这种无言的谴责、无泪的悲叹更具戏剧效应。全剧即将结束时，蔡伯喈回乡祭奠扫墓，张广才举杖要打他，蔡伯喈向其倾述自己的苦衷，张广才将信将疑，向五娘询问真

① 高则诚著，孙旭改编《琵琶记》，上海文化出版社 1957 年版，第 2 页。

相。这里五娘如何回答直接关系到该戏的定论，戚雅仙以一个无言的动作出色地完成了这一任务：听完广才的问话，她又似怜悯、又似怨愤地注视了一眼跪在地下的蔡伯喈，回过头来并未说话，只是疲乏地向广才点点头，而后又转向蔡伯喈惋惜地再点点头，回转身来又低低地叹了口气，扶着张广才慢慢走下台去。没有喜悦，没有责问，甚至没有哀求，但五娘内心的空虚、疲惫、无奈和黯然神伤等感情已展露无遗。较之于殉情的梁祝、焦仲卿和刘兰芝、敫桂英等人，赵五娘遇到了新难题。曾经的赵五娘很坚强，她吃糠苦熬岁月，布裙包土造公婆之坟，身背琵琶千里寻夫，其时她心中有信念的支撑，而今面对再婚的丈夫，自己又无子嗣，她继续生活下去的依托又在哪里呢？失去生的依托，却似乎也找不到死的理由，这就是饮泣无声的越剧《琵琶记》。

其实在戏曲舞台上苦守多年等来再婚丈夫的故事屡见不鲜，如《武家坡》中的王宝钏、《白兔记》中的李三娘等，不过这些传统剧目并不关注王宝钏、李三娘等被负、被弃女性的真实境况，或者让这些悲剧女性在见到丈夫后很快死去，空留一个贤良妇的美名，或者完全不考虑团圆之后的问题，似乎根本不存在什么问题。越剧《琵琶记》则将“团圆”这个面纱揭开，透视“团圆”之后的困境。赵五娘与牛小姐之间既存有“妻”的身份之争，又存在官府与民众的阶级对立，是伦理和阶级两种话语的夹杂，无论赵五娘与蔡伯喈能否团圆，都必然造成对其自身个体的损害，正是基于现代人格意识，越剧《琵琶记》选择了开放性结局，将传统的“一夫二妻”模式搁置在一边，婉转地表述了批判立场。无独有偶，《西厢记》也采取了开放式结局以规避“大团圆”。早在1952年的第一届全国戏曲观摩演出大会中，经典名著《西厢记》便曾以越剧形式亮相，此后上海越剧院不断修订、整理，经由袁雪芬、徐玉兰、吕瑞英、张桂凤等名角的演绎，此剧成为该院的保留剧目。在元稹的《莺莺传》中，张生与莺莺以离异收场，至董解元的《西厢记诸宫调》和王实甫的《西厢记》，团圆模式已经形成，以凸显“愿天下有情人终成眷属”的主题。越剧《西厢记》则只演到“长亭送别”为止，尽管两情眷眷，但仍然有诸多不确定的因素横亘于其间。这种模糊处理既可以免除“大团圆”的俗套，又防止观众对“有情人终成眷属”的期待落空，在一个美好的期盼中结束全剧，余味袅袅。

虽然《龙凤锁》、《西厢记》、《琵琶记》都堪称成功之例，但“大团圆”并未就此淡出越剧舞台，相反地，更多的越剧剧目依然执着地搬演“团圆”模式，观众更是乐此不疲，从而引发人们对“大团圆”模式合理性的思索。

二 世俗话语与“大团圆”

在中西文化语境中，“世俗”一词的内涵差异较大。西方的世俗化是指近代化发端时期，传统宗教超验秩序解体，作为社会基本单位的“个人”概念逐步确立，个人能力与价值开始逐步显现，其精神内核为自我意识的觉醒和具有现代意义的“个人”概念的生成。而在中国，世俗是与正统儒家政治文化相对应的一个概念，对其理解可以在多个层面和多种比照中展开。从最基本的意义上说，世俗是指个体的、感性的、日常的生活世界，如衣食住行、婚丧嫁娶、人际交往，等等，这一世界远离王道教化、政教伦理，在琐碎的凡俗人生中展示本真的人性。由于戏曲长期徘徊于正统价值体系的边缘，为士大夫、文人雅士所弃，是市民社会为其生存提供了根基，因而世俗品格便成为戏曲的必然选择，越剧之世俗化便正是如此。越剧发源于浙江嵊县农村，原本带有浓厚的乡土气息，进入上海大都市后，越剧艺术日渐成熟，原本的乡土气息随之发生蜕变，形成适应城市市民观众的世俗品格。随着新中国“戏改”的进行，大批知识分子介入越剧生产，《红楼梦》、《西厢记》等改编自古典名著的一批精品剧目问世，使得这一剧种向文人化、精雅化趋近，但并未改变其世俗面貌。不过自“五四”新文化运动以来，世俗便因远离彼岸世界的圣洁和精神世界的崇高，以及缺乏超越性而饱受歧视。至20世纪五六十年代“戏改”发动，随着政治意识的扩张，戏曲的世俗话语更日益被挤压，越剧亦只能在有限的空间内勉力维护其存在，“大团圆”便是其实现路径之一。

越剧为传奇体，孔尚任在《桃花扇小识》中言道：“传奇者，传其事之奇焉者也，事不奇则不传。”① “非奇不传”，是人们对戏曲传奇性的基本定位，体现于情节方面便是作家架构故事时具有较强的主观性，恣意编织主体（包括写作主体与阅读主体）普遍经验之外的人和事，表现出创作主体强烈的操纵性和意向性，如吉利恩·比尔所言：“传奇的主观性成为了通常的艺术态度。”② 而正是由于这种主观性、操纵性，诸多的越剧剧目将看似不可能发生的故事敷衍得跌宕起伏，并将之最终导向欢欢喜喜的团圆结局。《春草闯堂》是少壮越剧团著名花旦张云霞主演的一部喜剧传统剧目，自莆仙戏移植而来，剧中相府千金李半月与丫鬟春草进香还愿，遭尚书公子吴独纠缠，幸得义士薛玫庭解围。吴独再次作恶时被薛玫庭误杀，知府胡进将其拘押。情急之中春草冒认薛玫庭为相府贵婿，胡知府亲谒相府向李半月求证，并亲送相府贵婿进京完婚。李相爷骑虎难下，只得认薛玫庭为婿，义士佳丽终成良缘。春草最初并无促成小姐与薛玫庭姻缘的意图，只是不忍薛被定刑；小姐李半月虽然身受薛玫庭恩惠，并钦佩其侠义之举，但对薛玫庭并未生出情愫，之所以承认他为姑爷，目的只在于救人。但一个是豪侠仗义的书生，一个是深明大义的淑女，已经激发出了观众的期待；至进京面见父亲，薛玫庭、李半月别无选择，只有携手面对冲突，此时二人由被动地扭结转变为自愿联盟、情意渐浓，待李相国无奈认婿，不仅成全了一对有情人，也满足了观众一直

---

① 孔尚任《桃花扇小识》，见《桃花扇》，辽宁教育出版社1997年版，第4页。

② ［英］吉利恩·比尔著，肖遥、邹孜彦译《传奇》，昆仑出版社1993年版，第88页。

悬而未决的心理预期。对于该戏的爱情主题，原作者陈仁鉴持保守态度，“提出首先得承认爱情描写并不是《春》剧艺术描写的主题”一说，坚持该戏的主题是暴露黑暗官场，颂扬小人物见义勇为的美德和力挽狂澜的智慧，对于其他剧团、剧种移植时凸显爱情的举措，他甚至提出了反对意见，认为那样会降低、损害人物形象，“爱情的痕迹越隐蔽，主题思想就越突出，社会意义就越深刻”①。由于“大写十三年”的口号，才子佳人的爱情戏几乎成为文艺禁区，越剧亦不敢轻易逾越雷池，故而竭力突出春草的主导地位，但仍然以爱情为助动力促成了“大团圆”结局。戏中春草公堂冒认姑爷，李半月相府承认姑爷，不仅对其时的纲常秩序构成了挑战与反叛，更将官方权威戏弄于无形中，尽管这种“玩弄”实际发生的概率极低。身处价值体系边缘地带的戏曲以“戏者，戏也”的游戏姿态对待纲常秩序，将现实中的戒律一一变成舞台上的现实。黄梅戏《女驸马》也正是依照这种方式让冯素珍不仅成功洗脱了欺君之罪，与李兆廷终成眷属，还顺便将哥哥冯少英推上了真正的驸马之位。这种习见的戏曲情节无视现实的可能性，将悲欢离合的故事理想性地推向圆满结局，其间所寄寓的正是对世俗价值观念的认同，而对王道正统、皇家尊严则是挑战与亵渎，越剧《沉香扇》、《孟丽君》、《毛子佩闯宫》等戏都突出展现了这一点。

《沉香扇》讲述书生徐文秀与兵部尚书之女蔡兰英两情相悦、盟订终身，后文秀上京赴考，蔡夫人却自作主张将兰英许配官家子昌义范，兰英女扮男装逃婚出走，被文秀舅父陆绍龙收为义子。京试中，文秀中状元，义范中榜眼，兰英中探花，不明真相的蔡兵部又将女儿许给探花，从而造成“三元夺妻”的局面。在陆绍龙的帮助下，兰英最终与文秀缔结良缘，一段佳话流传于世。作为一部传统喜剧，

① 陈仁鉴《〈春草闯堂〉前记》，载《陈仁鉴戏曲选》，中国戏剧出版社1985年版，第46页。

《沉香扇》具备了越剧流行剧目必备的基本元素：才子佳人的爱情故事，曲折起伏的情节，笑料频现的喜剧语境，最为重要的是“大团圆”结局。而在“大团圆”的形成中，女主人公兰英发挥了至关重要的主导作用：面对来自母亲、父亲的重重压力，她不仅应付自如，将家长权威戏弄于股掌之上，对未婚夫徐文秀也极尽调侃之能事，甚至迫使他跪地盟誓“非兰英不娶”，将所谓的男尊女卑抛诸脑后；最后，兰英“轻移莲步出兰房，亲到大厅自选新郎”，完成了女性的自主历程，也为全剧画上圆满的句号。至《孟丽君》、《毛子佩闯宫》等剧目，越剧女性的自主意识继续高扬，而其挑战的矛头更是直指封建伦理的核心——皇权。1956 年浙江金华市越剧团首演了由唐远凡据连台本戏《华丽缘》整理改编的新版《孟丽君》，剧中孟丽君逃婚、女扮男装中状元、医治太后疾病、拜相，虽为女儿之身，却达到了那一时代男人梦寐以求的高度，力挽狂澜中尽显女性的自主性。但危险亦随之迫近，即如何免受欺君之罪的惩罚，并还原其女性身份与皇甫少华完婚。陈端生的原著《再生缘》只写到孟丽君被皇帝威逼吐血而止，按照现实逻辑其结局应该是“宁为玉碎，不为瓦全”的悲剧，但越剧则搬出皇后、太后各方力量，孟丽君更在金殿之上与昏君当堂激辩，最终使得事态向吻合其意愿的方向发展。该剧中孟丽君战胜的已非普通的邪恶、奸佞小人，而是封建社会至高无上的皇帝，因而其胜利对于普通百姓而言便有了特殊的心理抚慰作用，而在朝堂游刃有余的孟丽君更将女性的主体性发挥到极致，至尊的皇帝则落得被嘲弄的下场。《毛子佩闯宫》于 1963 年被搬上银幕，由武汉越剧团演出。戏中御史毛龙之子毛子佩误入皇帝别院，发现失去音信一年之久的恋人薛梅原来已被选秀入宫。薛梅心念子佩，矢志不渝，在妃子张书昭帮助下，二人最终逃出皇宫。该戏对皇家尊严、对君臣纲纪的挑战更为直接、激烈，它不仅进入到皇权核心地带——皇家后宫，还将矛头指向后妃。后妃是皇帝的私有物，毛子佩假冒国舅携薛梅私逃，对皇权的冲击力自是其他剧目所难以匹敌；而张书昭在重重宫禁中私放二人的结局也颇为牵强，但观众并未对此提出质疑，显示出民间伦理凌驾于政治纲常的强烈欲求，虽然虚幻却表达出鲜明的世俗价值取向。

综观上述的“大团圆”剧目，越剧编创者巧妙利用主流价值的自相矛盾性，不仅顺利传达出世俗价值，更因其对封建秩序的挑战与反叛（如自由恋爱，打破门第观念，女性独立）赢得了当时意识形态的支持，为“大团圆”这个备受歧视的情节模式赢得了合法性。但并非所有的“大团圆”都能顺利弥合主流意识形态与世俗价值，由此显现出的团圆与反团圆纠结便也越发耐人寻味。

三 “大团圆”与反“大团圆”的话语权争夺

对于戏曲中的“大团圆”，尽管鲁迅等新文艺人士深恶痛绝、屡加痛斥，却始终无法动摇其民间根基。如《金玉奴》中的金玉奴出身乞丐头目之家，其丈夫莫稽早年贫困潦倒，入赘金家，全靠贤妻相助，连科及第。莫稽显贵后，不但不念妻德，反而担心她卑贱的出身会影响自己的前途，于是在赴任途中将玉奴推落江心。金玉奴巧遇赴任官员许公相救才得以存活。她虽然恨丈夫薄情寡义，却不愿再嫁他人。在许公的周旋下，金玉奴同意再嫁莫稽，洞房中命仆妇将其痛打一顿泄愤后夫妻言归于好。该戏因“大团圆”结局一度遭受过批判，新中国成立初期袁雪芬在上海演出该戏时便只演到“推江”，但观众不满意，现场甚为混乱，几乎无法闭幕。该戏曾经更名为《鸿鸾喜》，改头换面地上演，有的剧团还让金玉奴离家出走，以示决裂，但现场效果都极差，观众要看的还是大团圆。对于这种现象，伊兵认为，“出走与否，实际上并不增加这出戏的思想性，因此可以不必再留一根尾巴”①。与伊兵的观点相似，赵正也认为“棒打团圆”是

---

① 周健尔《伊兵与戏剧》，中国戏剧出版社2004年版，第186页。

“合情合理”的结局方案，而且有教育意义，但卫明、余睦人等则坚决反对“大团圆”①。从争论中可见，“大团圆”是长久积淀于民众中的观戏心理，它不仅仅是一种思维定式，更具有信仰的抚慰功能，因而粗暴地改动必然遭致观众激烈的反对。袁雪芬将戏腰斩、在“推江”处结束，以回避确定的结局，其实是一种妥协之举，试图在主流价值评判和观众间取得平衡，从实际情况看这种妥协并未达到预期效果，甚至会两头不讨好。另一部越剧传统剧目《碧玉簪》亦遭遇类似的难题。

《碧玉簪》流传历史相当悠久，其基本故事框架为：吏部尚书之女李秀英由父亲作主许配翰林之子王玉林，一直垂涎李秀英的表兄顾文友心怀怨愤，伺机盗取李秀英的碧玉簪并伪造情书诬陷其不贞，新婚丈夫王玉林信以为真，大怒，由此长期凌辱李秀英。不知内情的李秀英为求夫妻和好百般忍让。但在结局上，各剧种的处理却是大相径庭。如婺剧中李秀英被其父以“不贞”之罪一脚踢死，待真相查明后王玉林悔恨至极，碰阶而亡，罪魁祸首顾文友则被送官问斩，构成“三家绝”的大悲剧结局。（婺剧另一种结局是王玉林考中，送凤冠给妻子以示请罪，秀英见到凤冠后怨恨交加，吐血而死。）越剧《碧玉簪》系从婺剧移植而来，男班艺人马潮水等将其悲剧结局改为“送凤冠”的大团圆，并于1920年在上海升平歌舞台演出，获得巨大成功，由此奠定越剧《碧玉簪》的喜剧性结局。1952年绍兴地委鲁迅越剧团根据老艺人张云标的口述记录本，上演改编后的《碧玉簪》，在所谓揭露封建罪恶的主题框架下，李秀英饱受莫名折磨后最终含冤而亡（其实等同于婺剧“三家绝”的老路子）。对于这种结局，观众愤懑不已，领导亦不予认可，因而仅仅演出一场便不了了之。1956年全国戏曲剧目工作会议后，束缚传统剧目的诸多清规戒

① 卫明《到底是宣扬还是揭露》，《文汇报》1963年9月25日；赵正《金玉奴的命运》，《戏剧报》1962年第2期；余睦人《这是不是根本的办法——从金玉奴为什么不能出走所想起的》，《戏剧报》1963年第11期。

律被解除，《碧玉簪》“大团圆”结局的合理性得到了更多认可，同年10月杭州越剧团于新中国剧院演出的版本便以“送凤冠”收场，首演几十场，场场客满。此后杭州越剧团携该剧赴上海、南京、福建等地巡演，其他各越剧团同时争相上演，1957年浙江人民出版社出版了该戏的剧本，将“大团圆”模式作为定本向社会广为传播。或许是由于从正、反两个实例中意识到了“大团圆”强大的民间力量，上海越剧院在继续整理《碧玉簪》（包括拍摄电影）时没有鲁莽地改变这种模式，而是竭力使这一模式更具合理性，改编后的《碧玉簪》在一个看似陈旧的框架中，借助亲情、人伦等世俗话语完成了才子佳人的“变脸”，它所传达的既非“戏改”前粗俗的宿命、因果报应，亦非“戏改”期间一度泛滥的、机械的意识形态话语，在另一个层面上实现了“推陈出新”。

但同样的团圆结局，《绣襦记》却未能取得《碧玉簪》那样的成效。《绣襦记》讲述书生郑元和奉父命上京应试，与名妓李亚仙恩爱缠绵。郑元和钱财用尽，被鸨母设计赶走。郑父痛恨其堕落，将之打至气绝，抛尸郊外，幸被路过的乞儿救活，后沦为乞丐。一次偶然的机会，李亚仙认出郑元和，将之迎回家里静心调养，又激励他发愤读书。但元和恋情，用心不专，亚仙剔目劝学，元和终于中试做官，父子、夫妻、翁媳尽释前嫌，合家团圆。该剧是上海越剧院一团向成都川剧院学习移植来的剧目，1959年9月演出于上海人民大舞台，剧名《李亚仙》，演出很上座，连演一个多月。1962年，该戏改名《绣襦记》上演，连续客满一百多场，同时引起上海戏剧界的争鸣。《上海戏剧》1963年第2期、第3期分别发表了袁斯洪和王一纲的长篇评论文章，二人对该戏褒贬不一，分歧极大。细细梳理下来，可以发现该剧尚有诸多关节点并未理通，其中最为重要的是李亚仙“剔目劝学”。郑元和因李亚仙而背离人生正途，因而她必然要竭尽所能“复君本位”，帮助郑元和实现其人生价值。越剧本中李亚仙指点郑元和从书肆买书、陪读、诫骄勉励等行为自然没有什么不妥，但让她自残剔目便超出了可承受范围。作为从良的妓女，李亚仙自我角色的认同是良家妇女，因而自觉地遵守封建社会对良家女性的道德要求，“剔目劝学”正是遵守、维护正统道德的一种极端行为。但她以自残为代价实现从妓女到良家妇女的身份置换，取得道德认可的同时却失去了自身的价值立场，看似起到扭转乾坤的主宰作用，实则已被抽空为封建道德的符号。这一剧目亦属范瑞娟、傅全香的代表作，表演颇多可圈可点之处，但影响力远不如《梁山伯与祝英台》、《孔雀东南飞》、《情探》、《打金枝》等剧目，其缘由便在于李亚仙形象的不完整：在意识形态的视域中，她向封建伦理无原则妥协，立场暧昧，而现代知识分子更是诟病其自我的丧失。

与《绣襦记》令人遗憾的团圆不同，《秦香莲》则因极端地反“大团圆”而失败。1952 年上海市新新越剧团首演了由言秋士参照老戏《三官堂》重编的《秦香莲》，在上海永安剧场连续爆满达一年之久，后为众多兄弟剧团移植、搬演。1959 年少壮越剧团演出由洪隆整理改编的《秦香莲亲审陈世美》，情节更富传奇色彩，后半部中秦香莲逃生上山，甚至学成了武艺生擒前来剿山的陈世美。在演出前言中，改编者写道：“自从上海人民淮剧团演出‘女审’后，曾引起了不小的争论。为了对这个剧目作进一步的研究，因此把它正式加以整理改编和演出，以供大家讨论。”① 自淮剧《女审》后，戏曲舞台的秦香莲便一洗凄凄惨惨的弃妇形象，她不仅亲审其夫、亲断其案，还亲杀其夫，为突出人物的“反抗性格”，甚至让秦香莲剑劈圣旨，上山落草，其强悍为穆桂英、花木兰等巾帼英雄所不及。痴心女子负心汉的故事模式在南戏早期便大量出现，说明男人一朝发迹负心变节在那时并非个例，而是男权中心时代一种普遍的社会现象。对于被负的女子而言，像金玉奴那样棒打薄情郎出气的毕竟为少数，不是每个因

① 参见该戏演出节目单，海上不老翁的新浪博客 http://blog. sina. com. cn/s/blog_4a4f865f0100a46m. html。

情轻生的女子都有幸获救，而且是被位高权重的官员所救，更多女性只能妥协忍受、凄凉地度过残生，性情刚烈的敫桂英（《情探》）、杜十娘等人，便只能成为冤魂，到阴曹地府去倾诉。自然，也有想象性的惩罚模式，如王魁被活捉（《情探》）、蔡伯喈被暴雷震死，人们深知这类负心人基本无法依靠法律制裁他们，为表现其强烈的谴责、表达对社会的控诉和宣泄复仇精神，故而寄希望于超自然的力量。这样的情节模式所传达的依旧为世俗伦理，一如梁祝的化蝶和焦仲卿、刘兰芝的殉情，都是民间的不平之声和不无渺茫的美好企盼的体现，有悖现实逻辑却吻合艺术规律。此外，最为大家熟悉的惩罚负心汉的方式便是“活铡”：秦香莲的对立面是驸马、皇姑和国太，是封建皇权，因而她必须与之彻底决裂，这种决裂看似大快人心，实则却是对人情、人权的漠视，在政治话语的强势入侵下，秦香莲的苦痛完全被所谓的反封建淹没，世俗话语亦无处存身。随着康生等人对文艺界的控制日益加强，《秦香莲》在情节上发展到反朝廷的荒诞程度，已全然背离了文艺创作轨道，成为政治话语操控的一个怪胎。

《碧玉簪》、《金玉奴》、《绣襦记》、《秦香莲》等剧目的改编无不渗透着越剧一贯的世俗话语与其时政治话语的博弈，其间有成功，有失败，亦有悬而未决的论争，诸多现象启示人们，关键问题并不在于团圆与否，而在于要在尊重观众审美习惯的前提下，尽可能厘清剧作的话语体系，无论是“大团圆”还是反“大团圆”，都必须取得足够的合理性，唯有如此才能穿透历史的尘埃，永久屹立于舞台之上。

（张艳梅　杭州师范大学钱江学院副教授）

昆曲，在规律内创新

——专访北方昆曲剧院青年编剧王焱

王　焱　张之薇

人们常常说：“民族的就是世界的。”昆曲，这个产生于明代，在中华大地上绵延几百年的戏曲剧种，可谓是中国古典戏曲的最高典范和代表。2001 年，联合国教科文组织将中国昆曲艺术列入“人类口头与非物质遗产代表作”名录。由此，昆曲该如何保护与发展，也就成为十余年来戏曲界的热门话题。有的人主张，昆曲应以传承为主，这样才能保留昆曲的“原汁原味”；也有人主张，昆曲应在继承的基础上创新，以适应现代观众的审美需求。昆曲是保护还是创新，如何保护又如何创新的问题引发了戏曲界人士的长久争论。

纵观历史，不能否认昆曲自形成的那一天起，就始终脱离不了“变”的命运，无论是魏良辅、梁辰鱼的昆曲变革，还是昆曲折子戏的出现，无数次昆曲重新焕发新生命的景象都源自于它对原有形态的不断超越。当昆曲处于无可挽回的颓势时，又是一部“推陈出新”的《十五贯》彻底挽救了昆曲的命运。客观地讲，昆曲的创新是昆曲保护与发展中不容忽视的话题。

在戏曲界，有这样一批初露头角的青年才俊，他们对中国戏曲这门古老艺术有着狂热的痴迷，用自己年轻的心和鲜活的思维对古老戏曲进行着再创造。他们是承继古典戏曲血脉的一个群体，又是开启戏曲未来的一股力量。本期特邀北方昆曲剧院青年编剧王焱女士与我们共同探讨昆曲创新的话题，通过她对昆曲剧目创新的实践体会，可以从另一视角对昆曲的保护与发展做一诠释。

张之薇（以下简称“张”）：王焱你好，昆曲艺术在中国历史上曾以其精雅的品位，以及与文人士大夫生活的息息相关而鼎盛一时。但是这样一个戏曲剧种却在晚清之后不可阻挡地衰落了，即使新中国成立后，昆曲《十五贯》以“一出戏救活一个剧种”，也依然没能彻底改变昆曲趋于衰落的局面。2001 年，昆曲被联合国教科文组织列入“人类口头和非物质遗产代表作”名录后，迅速引起人们的注目。但是，当人们越来越重视昆曲的时候，对昆曲发展路径的看法却出现了分歧，一部分人认为昆曲应该创新发展，同样也有一部分人对昆曲的创新、出新持保守意见，您作为北方昆曲剧院的一名专职昆曲编剧，对昆曲创新的问题怎么看呢？

王焱（以下简称“王”）：创新，是任何事物不断发展以求永恒存在的不竭源泉。《大学》中说“苟日新，日日新，又日新”，《易经》也说“与时偕行”、“日新其得”，创新精神从古至今，从未停止过。昆曲也不能例外，这是由昆曲的特性和时间的推移、时代的更迭所决定的。王骥德在《曲律》“论腔调”中曾说：“世之腔调，每三十年一变。”① 能够新新不已、与时偕行的艺术，便呈现无限的生机；自身没有更新机制而又刻舟求剑的艺术，便会渐被淘汰。许多艺术形式的消亡，已经证明这个道理。

昆曲的创新由两方面决定：一是格律，文本语言的不同，以及语音的变化，导致以文字的四声为基础的格律必然要出新；二是立意，亦即李渔所说的“主脑”。流传下来的昆曲可以上演的剧本非常之多，但是随着时代的发展，有许多剧作的思想已经部分或者完全不适合今天观众的审美。人的思想观念已经随着时代而变化，以此为基础的作品立意必然要创新。这两方面的创新，始终与昆曲的发展相伴随。不仅魏良辅始创昆山腔是创新的结果，而且之后的每一部成功剧目的创造，都是在不断创新之中进行的，每一部作品都不同程度地有创新的存在。

历史上著名的“汤沈之争”中的沈璟，他创制了严格的规范，但也突破着，或者说在创新性地运用自己制定的规范，而且也对剧作立意进行着创新。沈璟在《词隐先生论曲》套数的【商调·二郎神】中提出：“名为乐府，须教合律依腔。宁使时人不鉴赏，无使人挠喉唳嗓。说不得才长，越有才越当着意斟量。”“怎得词人当行，歌客守腔，大家细把音律讲。”沈璟还特地编撰了《南九宫十三调曲谱》、《南词韵选》、《正吴编》等曲律专著。然而，这种泥古的做法，即使沈璟自己在创作时也无法完全贯彻，正如王骥德在《曲律》中所评价的：“生平于声韵、宫调，言之甚毖，顾于己作，更韵、更调，每折而是，良多自恕，殆不可晓耳。”② 创新，是不可避免的。

昆曲发展到今天，从来都不是保守的，不是凝固的，一直都在进行着“创新”。因此，“创新”，是昆曲旺盛生命力的根本所在，是昆曲的特性与时代的发展所赋予每一时代剧作家的权利与使命。

---

① 王骥德《曲律》，载《中国古典戏曲论著集成》（四），中国戏剧出版社 1959 年版，第 117 页。

② 王骥德《曲律》，载《中国古典戏曲论著集成》（四），第 164 页。

张：既然如此，昆曲的创新应该如何适应时代的发展呢？

王：任何一门艺术都与它所生存的时代息息相关。时代背景决定着艺术的生存状况。艺术若脱离它所生存的时代，便会被时代所抛弃。昆曲之所以六百年绵延不绝，正因为它能够创新以适应时代的步伐。这种创新，一是思想方面吸收当代人的人文成果，表达当代人的思想观念；二是音韵方面的变化；三是与物质基础相关的视听审美方面的变化。

在思想方面，比如汤显祖的《牡丹亭》，强调真我与自得，力主天机和灵动，明显地体现出作者所受到的明代心学和启蒙思潮的影响。20 世纪 50 年代的《十五贯》，也体现了当时“实事求是，重调查研究”的特点。在音韵方面，比如魏良辅、沈璟根据语音的变化而提出用韵标准的改变。而在视听审美方面，明代的红氍毹已经不复存在，今天代之而起的是现代化的大剧场，而且中西艺术的交融更加频繁，当今观众的视听审美必然发生巨大变化。因此，昆曲必须在这三个方面进行创新，以适应时代的变迁。

没有人能够阻挡时代的更迭。仅能适应一个时代的作品，迅速便会被淘汰，明清时期产生的大量昆曲剧作，大多数就已经被时代所淘汰，能够通过创新以适应更多时代而传承到现在的，才是精品。

张：您认为，在昆曲创新的过程中是否会破坏昆曲本身的艺术魅力呢？

王：我们知道，昆曲文辞是格律性诗、词、曲等古典文学形式，其基本特点就是格律的严谨性。文辞的四声形成昆曲唱腔，即“依字行腔”；对字义的阐释形成昆曲身段，即“依字起舞”。这种格律性的文辞，便形成了昆曲音乐与身段表演典雅、中和的独特品质。昆曲的宫调、曲牌运用，以及曲牌的句数、字数、句式、韵位、用韵诸元素都有统一的规定和标准。昆曲的美，或者说昆曲本身的魅力，根本就在于此。也正因如此，“合律依腔”，便是对昆曲剧作家的基本要求。

因此，今人创作昆曲，其创新就必须要认真分析：格律中哪些元素是固定不能改变的，哪些元素是灵活可变的；哪些是必须继承的，哪些是可以创新的。这样在充分掌握昆曲基本规律前提下创新，方不至于走错了方向。这种尊古而不泥古的“规律内的创新”，既保证了昆曲格律的稳定性，保证了昆曲“雅部正音”的独特品性，也保证了作品与时代相契合。

相反，如果抛弃了昆曲的格律，游离于昆曲规律之外，对昆曲本体大加“创新”，则完全背离了昆曲本质，破坏了昆曲本身的艺术魅力，甚至成了创立新的艺术形式。有许多艺术形式就是从对昆曲的创新中产生的：譬如把曲牌体改为上下句，则成为京剧等板腔体剧种的文词特征；把曲牌体的古典诗词曲化为白话，则形成越剧等剧种的风格；甚至只保留音乐不保留唱词，则成了明代就形成的江南丝竹；只要身段不要唱腔，则为中国古典舞蹈的艺术形态……可以说，“规律内的创新”，才是昆曲创新的最佳途径，才是昆曲使得以绵延不绝的不竭活力。

张：2013年年底，由文化部艺术司和北京市文化局联合举办的全国昆剧优秀剧目展演活动在北京举行。全国七大昆剧院团齐聚北京，这七个昆剧院团被誉为中国昆剧院团的“北斗七星”，各个剧团上演的剧目精彩纷呈，像上昆的《长生殿》、《雷峰塔》，省昆的《梁祝》，北昆的《红楼梦》、《西厢记》，苏昆的《牡丹亭》，湘昆的《白兔记》，永昆的《张协状元》，浙昆的《十五贯》，这些作品应该是近十年来整理打造的创新成果。您对时下中国这些代表性昆剧院团的创新剧目怎么看？

王：昆曲申遗成功所获得的殊荣曾经引起昆曲界的非理性创新，如今，经过十年的反思、寻觅与探索，大家终于回归了昆曲的本体。回归的结果，在这次展演的剧目中体现得非常鲜明。

这些剧目中，《红楼梦》和《梁祝》是新创作的，其他的都是根据传统戏改编、加工、整理的。这些剧目不同程度地在思想、音韵、视听等各个方面都有创新，这些创新都反映出我们这个时代的物质与精神特点。舞美、服装、灯光等物质手段的运用，充分而恰当地吸收了当代科技发展的成果，从视觉上赋予古典以时尚感，音乐上也更加丰富，由此吸引来今天众多的年轻知识者的喜爱。

张：您从专业从业者的角度，认为创新在这些剧目中有何优劣得失呢？

王：这些剧目，反映出当今时代一大特征：一是当代的编剧由于大多没有唐诗、宋词、元曲这些古典文学的基本功底，创作昆曲的能力受到限制，甚至只能以长短句来代替昆曲严谨的律句。长短句把昆曲曲牌的基本构成元素全部淹没了，句数变了，字数变了，句式变了，句段变了，韵位也变了，简则简矣，但完全失去了昆曲的本体特征，这种方式会影响到后面的表现，唱腔、身段也随之脱离昆曲特征，如此，昆曲的魅力便会渐渐消失。但这种“创新”是无奈而为，只能是客观条件所限的权宜之计，既不能成为当下的创作特征，更不会取消昆曲的格律。我知道一些专业的昆曲作曲家，他们对于昆曲格律的要求非常高，如果文辞严重脱离了格律，他们为这种文辞作曲会非常痛苦，使命感强烈的作曲家也因此会反过来要求编剧遵照格律填词。所以，长短句的现象只是短暂的，在具有规范格律性的作品立于舞台之上并形成主流的情况下，长短句的现象会迅速消失。

这里有一个问题，格律中的“韵”这一元素，不仅在明代需要统一，在今天仍是众说不一。有的仍然主张“南遵《洪武》，北依《中原》”，有的主张“一遵《中原》”。但这两种声韵系统，《中原音韵》是以元明时代河北、河南等北方语音为基础，《洪武正韵》是以明代金陵音为代表的江淮官话为基础，都已经不适应六百年后的今天。今天的昆曲编剧，应当在这一方面有所突破。而这一突破，在这次展演的剧目中已经体现出来，比如浙昆的《十五贯》，以及北昆的《红楼梦》。所以，语音的变化导致韵的变化，韵的变化本身就是对昆曲格律提出的新的要求。

张：可以看到，上面的新创剧目大部分属于传统剧目整理改编，从一定意义上说，目前昆曲的创新剧目90%集中在传统剧目整理改编上。不过我注意到北昆在这方面有更大的动作，这些年，除了整理改编传统剧目之外，也涉足了现代昆曲创作和改编创作，比如您的现代昆曲《爱无疆》，比如根据家喻户晓的古典小说《红楼梦》创作改编的《红楼梦》（上下本）等。相较于其他昆剧院团，北昆的步子是迈得比较大的，请问您认为这两方面的尝试在昆曲这个古老剧种上有什么具体的难度？

王：创新的步子大还是小，一方面是由领导的创新意识所决定，另一方面是由具体的主创人员决定的，尤其是编剧和作曲，而编剧至关重要。2010年我一到北昆工作，很快就接受了在茅盾文学奖获得者、著名茶文化研究者——王旭烽老师原本的基础之上改编创作《红楼梦》的任务。上本中，王旭烽老师的创作比较充分，我就做了整理工作；下本没有基础，我就从零开始进行创作。

这是我从事昆曲编剧工作以来的第一次正式创作。由于创作《红楼梦》难度很大，该剧从领导到主创人员，都有做“第一个吃螃蟹的人”的勇士之感，因此在保持昆曲典雅风范的前提之下进行尝试与创新的意识比较强烈。从剧本文辞到唱腔、音乐、表演、舞美、服装等，都体现了这种探索精神。这个戏的难度，主要来自于贾宝玉入世出世的“大悲剧”的立意之高，这使得创作起来难度非常之大，尤其是写宝玉发疯，若非深刻感受那种灵魂最深处的冲突与痛苦，就写不出当时令自己泪下的唱段【二郎神】。为了加强宝黛的心灵交流，总导演要求黛玉焚稿与宝玉大婚同场出现，于是二人的唱段便呈现相互咬合的“顶针”样式，以强化宝黛心心相印却终不能偕的爱情悲剧，以及宝玉“凭吊”一场中宝玉最终出世的心路历程，等等。这种创作过程，都是艰难而痛苦的心灵体验。

关于《爱无疆》，2011年年底前北京市委宣传部鲁炜部长倡导北京市各院团要创作“北京的、当代的、现实题材”的剧目，为“十八大”献礼。院里就派我来承担这一创作任务。

对于昆曲现代戏，我并不排斥。我认为，昆曲自其诞生就有创作现当代戏的传统，与第一部历史剧《浣纱记》相伴的，是“时事剧”《鸣凤记》；与历史剧《长生殿》相伴的，是“当代剧”《桃花扇》。清代还有“当代剧”《表忠记》等。《鸣凤记·吃茶》及《桃花扇》、《表忠记》中的几个著名折子“别母”、“乱箭”、“对刀”、“步战”、“刺虎”，至今仍然在舞台上上演。只是由于历史的巨变，白话文取代了文言文，昆曲生存的土壤完全改变了，昆曲这一古老的艺术形式，似乎与当代生存环境之间完全隔断了。在这样的背景下来创作昆曲现当代戏，便成为了难题。基于这种认识，几年来，我一直都有探索昆曲现代戏“亦古亦今”创作原则的设想，所以接到任务后，立即开始寻找题材。这个题材很难找，因为现代的故事中很难找到既适合昆曲表现，又可以为“十八大”献礼的相关题材。后来发现“割肝救母”这一故事，认为可以将“孝”这一中国传统观念作为桥梁，来打通昆曲古老的形式与当今生活之间的通道，于是就创作了《爱无疆》。

两种形式的创作，比较而言，《红楼梦》这一题材因为与昆曲形式比较契合，所以它的难度主要在于对庞杂素材的选择与对人物内心的深入刻画上。而现代戏的难度则主要体现在形式上：一是在昆曲的意境与现代白话文的接轨上。唱词相对难度小一些，曲牌的遵守与突破也并无难度，郭汉城老前辈指教唱词要“浅淡之中寓深沉”，也可以做到。最难的是念白，若念韵白，则缺乏现代感；若不念韵白，就成了话剧加唱；若用现代自由诗的语言，又成了朗诵。这个度很难把握。二是服装、道具如何才能既保证昆曲的神韵，适于表演，又有时尚感。

这些难题，仍然需要继续探索。“亦古亦今”的现当代戏创作原则，仍需要进一步在实践中完善。

张：北昆作为北方唯一的专业昆曲院团，不仅承担着北方地区昆曲保护、传承的文化任务，也被寄予了发展和创新昆曲的希望，这始终是北昆的办院宗旨。所以它会为编剧提供这样一个独特的平台。您认为北昆关注这两方面的剧目创新，对整个中国昆曲发展的前景和未来有什么影响？

王：综观昆曲发展史，昆曲自其形成之后，就是在一部部新剧作的推动下，才走向一次次的兴盛与辉煌。另一方面，昆曲在历史上的每一次低迷，都是昆曲创作衰落之时。创作兴，则昆曲兴；创作衰，则昆曲衰。创作新剧目，永远是昆曲生生不息的源头活水。

一个时代有一个时代的作品。如果仅仅是改编整理传统剧目，对前人的作品进行修修补补、前伸后展，那么，我们当代人不仅未在昆曲宝库中增加珍宝，而且对于昆曲也并未能很好地继承。作为昆曲从业者，便有愧于昆曲，有愧于这个时代。如果我们仍然只有日日《牡丹亭》，夜夜《长生殿》，就像清末何镛《乘龙佳话·自序》中所言："昆班所演，无非旧曲，绝少新声"①，那么不仅观众会渐生厌倦，甚至演员都会厌倦。由此，昆曲必然会重蹈清末日渐衰微的覆辙。

作为昆曲专业院团，传承传统剧目固然是其应有的责任，但这仅仅是一方面。另一使命也同等重要，即反映时代的声音、创作与所处的时代相适应的新剧目，并以其艺术形式所承载的教化意义与文化之美来化育社会，发挥昆曲在当代的社会作用。通过传承传统剧目与创作新剧目来培养各方面人才，则是其另一责任。

北昆地处首都北京，这里是中外各种艺术形式汇集之地，因此，更容易有意识地吸收其他艺术成分，或者无意识地被其他艺术形式渗透进来。因此，北昆给人的印象是有创新的传统。在各兄弟姊妹院团都在进行传统剧目整理的时候，北昆却敢为天下先，不仅创作出昆曲

---

① 何镛《乘龙佳话·自序》，载蔡毅编《中国古典戏曲序跋汇编》，齐鲁书社 1989 年版，第 1163 页。

舞台上的第一部《红楼梦》，而且把为“十八大”献礼的任务作为积极探索昆曲现当代剧的好时机，这都为展现当代人的创作才华、培养当代的昆曲编剧提供了一个很好的平台。

这两种方式的创新剧目，一是古典戏，一是现代戏，正是承继昆曲自诞生以来的创作传统——古典戏和现代戏并存发展。这些新剧目，在当代未必能检验其艺术价值。就如元、明、清灿若星河的作品经过岁月过滤留下佳作一样，今人的作品也必然要经受历史的检验。

张：前面谈了北昆的创新传统，现在我想请您谈谈您个人对创新的理解。自从进入北昆后，您创作了很多昆曲剧目，不仅类型涉及整理改编和新创，而且题材也丰富多样，请您首先谈谈自己在整理改编剧目创作上是怎么创新的？

王：2010年以来，我创作了几部昆曲剧作：北昆的新创剧《红楼梦》（下本），当代剧《爱无疆》，整理改编传统剧《柳毅传书》，以及永昆的《金印记》、苏昆的《白蛇传》，还有独立创作的另一版本的《红楼梦》及《凤凰台》等几部剧作。这些题材的创新集中在两个方面：一个是在立意方面，一个是在昆曲本体方面。

这几部剧作创新点有一个共同之处，就是对于昆曲本体方面在韵的使用上都遵循一个原则：“韵部遵《新韵》（阴平阳平上声去声），入声遵《洪武》”。昆曲的用韵，在历史上一直随着语音的变化而创新着。第一个阶段：昆曲在早期，用韵南北有异，所谓“北宗《中原》，南遵《洪武》”。第二个阶段：徐渭在《南词叙录》中提出“凡唱，最忌乡音”①，倡导昆曲应以中州韵作为标准语音。之后沈璟也提出曲韵当遵《中原》。因此，元代周德清所作的《中原音韵》便代替了存在“中间音路未清”缺陷的《洪武正韵》，昆曲作家的创作“一遵《中原》”。第三个阶段：由于《中原音韵》以北方语音为基础，没有入声字，所以有的昆曲南曲作家不依《中原音韵》用韵，

---

① 徐渭《南词叙录》，载《中国古典戏曲论著集成》（三），第244页。

转而依沈约的诗韵用韵。但是，沈约之韵是为作诗而设，若用来作曲，则“不但歌者棘喉，听者亦自逆耳”①。面对这种状况，沈宠绥认为，若“一遵《中原》”，会混淆南北曲的特色；若以南方语音为准，则限制昆山腔的流行，于是他提出了“韵脚遵《中原》，字面遵《洪武》”的主张，这样，既保证了韵的统一，又保留了南曲的入声字。第四个阶段：随着时间的推移，昆曲进入21世纪的今天，普通话成为当今的通行语。为了适应时代的变化，诗歌界已经制定出《中华新韵》（或曰“今韵”），来代替以宋音为基础的诗韵《平水韵》，以倡导作诗的人使用。由于《中华新韵》只分平仄，不辨入声，这样不仅没有了阴平、阳平之分，也没有上声和去声之别，更没有入声字。所以，《中华新韵》又号称“倡今知古，双轨并行；今不妨古，宽不碍严”。这样，在当今的曲韵尚未立起来的情况下，昆曲用韵可以在韵的分部上，遵循中华新韵；在四声上，将新韵的字分为阴平阳平上声去声，南曲加上入声。韵脚上宽泛，便于创作；四声上严格，便于唱腔之美。这样形成“韵部遵《新韵》（阴平阳平上声去声），入声遵《洪武》”的“古今并用”的原则。如此，既适应了当代的语音，又适宜演唱，且仍保留南曲的入声字，也真正避免了不适应时代的“讹音”。

《金印记》是根据南戏整理改编的，这一剧作的创新点主要是在立意方面。元杂剧有《冻苏秦布衣还乡》，明代南戏有《金印记》，二者以及之后的诸多同题材地方戏，都以“世态炎凉”为主题。我接手该剧之后，便将当代有理想、有抱负的读书人对苏秦的解读融入形象塑造中，赋予苏秦“平天下”、“感激磨难”之内涵。

“刺股”一场的创作，是最艰难的。因为必须要为苏秦“刺股”寻找充分的理由。如果仅仅为求取功名，便成了名利客；如果仅仅是为了读书而刺股，成了图解成语。为了“平天下”这一理想而刺股，

---

① 徐复祚《曲论》，载《中国古典戏曲论著集成》（四），第246页。

才是本剧中的苏秦。创作这一场时，我把自己追求中的勤奋、失败、困惑、艰难都写进去了。书籍，既是人类进步的阶梯，也让我开阔眼界、增长学识、培养远大理想。然而，面对追求理想之路上的满地荆棘，面对因追求理想而让自己陷入的窘境——进，前程茫然；退，又怎能甘心！我对自己的理想、对书籍不免心生恨意，此种感受与困顿中的苏秦合二为一：“恁也忒劳心，耗尽了我百样精神，虚脱了血魄精魂。”但书籍毕竟已经化为苏秦生命的一部分：“俺与你，自幼结下同心。你一字一句皆无言，把我一生指引。伴着我孤独岁月，养就我济世心。我把你，视为君，甘做你脚下臣。我平天下报你老兄好知音。”继而是刺股：“看鲜血淋淋，遍银光满目星辰。恰似那列国争雄，刀枪成阵，催促俺及早发奋！”“读破你书简万卷，把这浩然之气吐与吞，再向那虎狼丛里觅乾坤。”“锥儿呀锥儿，你呵——你是天斧除混沌，是仙簪把银河分”。重温自己的心路历程，让我写苏秦的时候潸然泪下。而有过这一历程的，又何止是作者一人，何止是苏秦一人，天下有理想、有抱负、有追求之人，哪一个没有经历过这种心理的磨砺！这种磨砺，让人成长，让人成熟，让人伤感，更让人开阔。当你回头一望自己的路程时，人也更加宽容、淡然。当本该衣锦还乡、光宗耀祖、耀武扬威的时候，苏秦却把父母当年的恼怒、哥嫂的羞辱、妻子的冷淡，都熔铸为一颗感恩之心。《荣归》一场，苏秦携六国金印及满腹的感恩回到家乡，面对擎着“开花”棒槌的嫂嫂，他急忙拜谢：“谢当年你把棒槌投，说不尽铎铃儿阵阵无休。它教我安燕之时存血气，贫穷也当志意修。”面对众人的羞愧，他却唱一支【大圣乐】：“携金印，怎敢忘深恩！若不是这前因，怎教我锥断脊梁筋，能掌这六国金印？我负着安邦重任，这浩瀚恩情，伴我一生叱咤风云。”立意的改变，使整个剧作面目为之一新，成了励志之作，全然没有了消极的东西。

张：整理改编剧目的创新离不开昆曲的本体和昆曲“主脑”上的创新，那么古装新戏在这两方面又是如何创新的呢？

王：古典新剧的创作，可以《白蛇传》为例。该剧的创新点在于两个方面：一是在于立意的突破，一是在于昆曲本体的突破。

在立意方面，该剧突出了白娘子痴心付出、历经磨难终得真爱的主题，并将许仙的性格加以丰富。此剧中的许仙，更加淳朴、真挚、可爱，比如在《惊变》一场，法海的话语并未让他对娘子生疑，他劝酒，只是因为对娘子的感激与满心的爱："【耍孩儿】俺本是飞蓬时命差，堪叹形影单，受飘零一任天涯。承娘子，垂青眼，仙子嫁寒家。这杯中都是感激话，恨芳卿不早把东风嫁。【前腔】一自断桥遇娇娃，天上也人间，这恩爱古今无价。与娘子，长相知，执手度岁华。这杯中都是偕老话，酒更浓爱无假。【前腔换头】乍听喜讯天来大，满门盈佳气，愿麟儿早降许家。"许仙的感激与相见恨晚的爱恋是真诚的，白娘子在陶醉之中忘情地饮下雄黄酒也是真诚的。没有了许仙试探白娘子故意灌酒的市井心态。在《水斗》一场，躲在金山寺的许仙眼睁睁看着娘子为了自己拼死争斗，他的心里开始动摇："【倾杯玉芙蓉】眼见得云水升沉战鼓鸣，意乱神难定。（望）金山下漫漫江河、腾腾烈焰、滚滚阴云、凄凄悲风，（细听）哦！原来是我娘子！她她她，她与那法海在拼死争战！啊呀！娘子呀！（唱）只道你花妖月怪心血冷，谁知你地老天荒爱更诚。遍人间，看金鸾玉凤，谁似你生生死死一片情！（再望）看娘子败下阵来，啊呀好不痛杀我也！（唱）【锦芙蓉】心如烹，血泪抛猿助哀鸣，魂飞魄也惊。如今俺方醒，这海样恩情。哎！想着那往日的山盟海誓，俺只愿听她日日唤郎声！"白娘子虽为异类；许仙也爱之不变。《断桥》一场，许仙心怀羞恨地寻觅娘子与小青，而不是狼狈地遇到娘子。在《合钵》一场，他又为娘子苦苦求情。

该剧第二个创新点，在于对昆曲本体的"规律内的创新"。以《白蛇传·断桥》一段唱为例：

【绵搭絮】千岁灵蛇，修炼峨眉峰。为恋红尘，与青儿西湖同踏青。因与你，相见钟情，双对良辰，共结爱盟。朝暮里鸾凤和鸣。相亲相敬，意洽情浓。

【梅花酒】只为你在端阳魂惊，俺仙山奔行，忘死舍生；看杀气飞横，决不得雌雄；激荡了云清，扰攘了辰星，红溅了缟绫。俺、俺、俺血战采灵芝，你、你、你死里得回生。俺辛勤将药烹，助得你家业兴。你家业兴，得回生；得回生，忘前情；忘前情，金山行；金山行，我泪零；我泪零，战天兵；战天兵，暗苍穹；暗苍穹，天悲鸣；天悲鸣，水倒倾！

【江儿水】你怎不扪心自省，恁般无情，有何面目再唤卿卿！

在这段唱中首先是元素的变动。【绵搭絮】中最后一句，正格应为三字，但三字的结构，无法与“意洽情浓”四字适应。且其中都是实字，无一字可做衬字。而若将“意洽情浓”删去一字，文则不美。因此，这四字便是对曲牌元素——句式的变动。其次是活用曲牌。这一折，由【山坡羊】、【前腔换头】、【江儿水】、【绵搭絮】、【梅花酒】、【江儿水】、【川拨棹】、【尾声】组成南套。其中的一支北曲【梅花酒】的插入，便显得格外醒目。【梅花酒】曾在《汉宫秋》杂剧中出现过，该曲调特点是采用顶针手法，使得曲辞回环往复，层层推进，将情感一步步推向高潮。这支曲牌正适宜表达白娘子金山战败后断桥再遇许仙时凄惨、悲凉、怨恨、难舍等爱恨交加的复杂情绪。因为这支曲牌是用在南套中，所以在唱时采用北曲南唱的方法来处理，便与整套音乐风格相协调。在白娘子唱完【梅花酒】，宣泄其愤恨之情后，又不忍看许仙的狼狈，转而伤感地指责，唱【江儿水】。而对于【江儿水】这一曲牌，只前三句已经足够造成情感的转折，所以未用完整曲牌。

《断桥》一折所用之韵：“峰”、“青”、“情”、“盟”、“鸣”、“浓”；“惊”、“行”、“生”、“横”、“雄”、“清”、“星”、“绫”、“生”、“烹”、“兴”、“生”、“情”、“行”、“零”、“兵”、“穹”、

"鸣"、"倾";"省"、"情"、"卿",韵部用的是《中华新韵》第十一部,"庚 eng ing ong iong"韵。其中的入声字,则按照《洪武正韵》的唱法,亦即"韵部遵《新韵》(阴平阳平上声去声),入声遵《洪武》"。

这一折所涵盖的创新点:一是为了适应文辞的需要,而对曲牌中的句数、字数、句段、韵位等个别元素进行调适性使用。这种调适性使用保证了虽有元素的变动,而不伤害曲牌的特性和稳定性;二是为了更好地为剧情及人物服务,打破套曲的壁垒,根据每支曲牌的个性,把一支曲牌拎出来灵活使用。这种使用灵活而有章法,不至于杂乱;三是用韵上采取"古今并用"的原则,即"韵部遵《新韵》(阴平阳平上声去声),入声遵《洪武》"。

张:现代戏创新始终是昆曲创新的一个难点,而您在这方面也有所作为,请谈谈您在现代戏创作上是如何创新的吧。

王:当代戏《爱无疆》的创新点,在于传统的昆曲艺术形式如何与时代接轨的形式上的创新,是旧瓶如何装新酒的探索。整部剧就是在"亦古亦今"的原则下进行创作的。

首先在文本上,为了避免观众对"现代戏"的先入为主,化用了传统戏的"副末开场",用一支曲牌【虞美人】"开篇"的形式,迅速将观众带入浓浓的昆韵之中。而对于念白,仍然保持传统戏中词的吟诵的方式,如:

> (藤先生)【庆宫春】潮升潮落,樱花老去,今朝谁是英雄?(高凌云)灯寒寂寞,年华苦度,回眸月上中庭。(金明善)轩昂志气,碧空里,驱动金风。(高凌云)家乡何处,死别生离,泪洒东瀛。

对于具体的生活事物,则采用虚化、裹挟、回避等几种方式处理:如《沐爱》一场中,母子傍晚打车,用虚化的形式"正是天晚时分,看路上人纷纭,望不到空车儿迹尘"。"那纸笔也生双飞翼,文章一出天下知",则是虚化地表明记者要刊登新闻;《爱归》一场,将"绿树红墙”、“莲花池”、“天坛”、“钟鼓楼”等非常具体的代表北京的词汇，裹挟进“一声声大雁成行”的浓浓诗意之中；《思念》一场，高母的一支【油葫芦】“我本来命已不久长，（白：不如一针安乐死）我好安然早进泉乡”。将“安乐死”处理成夹白，则是回避的方式。对于典故的运用，比如《母失》中藤先生的【集贤宾】“怎可做无志的燕雀，纠纠缠缠低绕蒿蓬。眼见你大功将告成，谁料你甘做那持影击风!”化用《庄子》典故，既明白如话又符合人物博导的身份。

二度创作上，由于当代剧没有前例可以借鉴，困难一个接一个。人物的行当怎么划分？水袖没有了，演员穿什么？怎么舞？小生不能拿扇子了，拿什么？等等。在院领导的带领下，整个剧组齐心协力，遵循“亦古亦今”的原则，终于克服一个个难关。人物根据年龄、职业和性格来划分，适当借鉴行当。唱腔上，赋予严谨的曲牌以灵动和清新，将昆曲的神韵与当今的审美结合起来。尤其是日本博导和韩国师妹的唱腔，曲牌音乐中吸收了日本歌曲和韩国小调的特征，唱腔特点鲜明。在音乐上，在韩国师妹出场尚未表明身份时，由于曲牌音乐采用了三拍子的节奏方式，比较契合朝鲜民族音乐的特征，让观众立刻明白这个角色是朝鲜人，这是采用音乐来完成艺术形象创新的鲜明例子。另一个例子是日本博导为事业阻拦凌云回国献肝的一段念白，态度固执、严厉而郑重，音乐却诙谐滑稽，充满日本情趣，具有善意的讽刺意味。在演员唱念上，用普通话来处理尖团字；表演上，秉承昆曲的载歌载舞模式，比如《思念》一场梦中母子相逢的【喜团圆】唱段，妙用昆曲的“合扇”程式，完全是在歌舞中完成；导演手法上，为了增强歌颂的意味，该剧把古希腊戏剧中歌队的形式非常巧妙地化用进来，以歌队贯穿全剧始终。尤其在《爱归》一场，歌队一方面完成了歌舞中寻找慈母的行动，一方面歌颂了母爱与子孝这一主题；舞美则颇具匠心地将“老照片”的意象化用进本剧舞美中，形成了该剧“大写意、小写实”的舞美风格。舞台装置上巧用彩屏，适时将画面呈现在彩屏上，突出了“可怜天下父母心”这一主题。服装设计师以长巾代替水袖，从本剧主题、唱词、人物等出发，苦苦思索本剧服装的基本格调，仔细比较各种面料和款式，最终决定：设计出的服装一定要如水墨画般含蓄，色调要暖，选用中性颜色的渐变色；面料选用真丝绸缎，这样演员舞蹈起来既有飘逸感，也不至于太轻；款式则突出了人物的年龄、职业、性格。关于道具，我2012年在苏州特请教了“江南名士”顾笃璜老先生。顾老虽然高龄，绝不保守。他非常希望《爱无疆》能够成为经典，并出谋划策。他建议：男主演可以想办法加一支洞箫，可吹可舞可抒情。由于主演善吹笛，本剧就用笛子作为道具。就这样，一部完整的以“亦古亦今”为原则而创作的昆曲当代剧呈现在了舞台上。

张：剧团和观众对您这些创新剧目的接受度如何呢？

王：昆曲受众中，有两个极端现象：一个是极少接触甚至从未接触过昆曲的观众，他们对于创新更容易接受；而接触过昆曲、常看昆曲甚至拍过曲的观众，则对于创新不大容易接受甚至排斥。因为《红楼梦》毕竟是古典剧，又是名著改编的，观众比较期待，虽然产生了一些争议，但总体评价还是好的。

《爱无疆》虽是当代戏，却反响很好，许多人认为该剧题材好，唱词颇具昆曲韵味，《北京日报》评价它是“现代戏，古典韵”。我记得2012年5月31日北京市教委专场，这是在梅兰芳大剧院的第二场演出了，仍然座无虚席，在演出开始之后没有一个人离场，甚至有几个四五岁的小观众都看得非常投入。许多观众是流着眼泪看完的。这个戏也有反对的声音。我有个朋友刚进剧场，一听说是现代戏，起身就离开了，然后给我电话说：“我只看传统戏，以后再写现代戏就不要叫我了。”现代戏是需要观众接受的，有些观众想当然地认为昆曲只适合古典，不适合现代，一听“现代戏”几个字就本能地拒绝观看。就如有的观众只接受传统剧目，想当然地认为当代人只适合继承昆曲不适合创作昆曲，一听新创作剧目就拒绝观看一个道理。

对于《金印记》的改编整理，则是没有任何争议的。这个戏在第五届中国昆剧艺术节上，与北昆《红楼梦》一起得了优秀剧目奖，反响非常好。我想，“感激磨难”的立意和二度创作的精彩，可能是主要原因。《白蛇传》的成功，在于它的创新是“有目的的创新”。这是该剧作曲周友良老师提出的观点，我深以为然，这与“规律内的创新”同义。正因做到这一点，保证了该剧清新、典雅的昆曲新剧目的风格。总结这几个剧目，大胆探索、小心遵循的“规律内的创新”，当是昆曲创作中创新的最佳途径。

张：像昆曲这样历史传统极为悠久、表演体系极为精深的剧种，很多剧团和编剧都不会轻易涉足昆曲的现代戏创作，而北昆似乎不惧怕这些，不仅曾创作过《攀登珠穆朗玛峰》、《智取威虎山》、《红霞》、《师生之间》、《陶然情》等现代戏，而且还有上面您谈到的《爱无疆》，对于昆曲现代戏的创新步子到底要迈多大，您有自己的底线吗？

王：这里有个概念需要澄清，就是“昆曲现当代剧”是走进现当代，与明清一脉相承的昆曲，而不是“现代昆曲”或“当代昆曲”。“现当代昆曲”的概念，“现当代”成为主，“昆曲”成为宾，颠倒了主次，抹杀了昆曲现当代剧与明清传奇、杂剧的继承性关系，容易成为改造昆曲的挡箭牌。“昆曲现当代剧”实际是借用昆曲的唱念规范来对表现题材进行扩容，而“现代昆曲”侧重的是昆曲的“现代性”，即如何使传统昆曲成为现代社会的娱乐形态。从昆曲能够六百年绵延不绝可知，昆曲就如书法、绘画一样，是一种艺术形式，而古代和今天是它装载的内容。昆曲这一形式，就如一条随着时间而流淌的江河，流淌到哪个时代，便吸收哪个时代的内容。以形式为主，以内容为宾，用形式来选择内容，那么昆曲在当今时代依然可以创作现当代剧。

昆曲现当代戏的创作，其创新不应突破形式，既然是昆曲，那么就应当遵循昆曲的规律，彰显昆曲的特征，而不应被“现代”、“当代”所淹没。所谓“现代”，指的是剧中情境与情感是现代的，这种情境与情感仍需用昆曲的形式来表达，而不是要减弱昆曲的艺术特征，更不是要以话剧或影视剧的形式来念白。以牺牲昆曲的艺术特征为代价来突出现代性的做法，是舍本逐末。

张：那么您觉得现代戏怎么样创新才会让观众觉得没有失却昆曲本身的魅力和本质？

王：这里还有一个问题，如果过分强调昆曲的形式，则会淹没了现代性，失去现代感。我在创作《爱无疆》时就遇到了这个问题。一开始这个戏的名字，我取为“救母记”，许多人都认为是古代戏。而且里面的用典也有许多很古老的。后来旷达老师取名为“爱无疆”，并指导我把这些典故化用开，尽力做到郭汉城老前辈提出的“浅淡之中寓深沉”。其中有两处：《思念》一场大段的唱腔，《子归》一场中【二郎神】非常慢的唱段，这两处本来是导演最怕观众坐不住而冒险保留的，结果却是最受喝彩之处。

人之情，古今一也。昆曲古老形式与现代内容之间的矛盾，可以用“情”来化开。因此，我的现代戏创作原则是“亦古亦今”。“古”，指的是昆曲古老的形式；“今”，指的是现代的内容。这样，可以找到形式与内容的平衡点。爱情、亲情、友情，爱慕之情、思念之情、幽怨之情，古今相同。但这一“情”，随着时代的不同而呈现不同的特点和方式。因此，剧作的立意也便不同。比如《爱无疆》，一个“孝”，古代理解的是“孝敬”、“孝顺”，还有佛家讲的“生生互恩”，这种理解对于今人来讲似乎都不够，该剧就把今人对“孝”的理解——“亲情”融入了进去。

张：在昆曲发展的历史上，其实每一次变革在最开始的时候都会遭到质疑，不管是魏良辅改革昆山腔时，被当时曲律家们非议，还是20世纪50年代《十五贯》出炉时，专业曲家们对之加以否定，可以看得出昆曲的发展途径就是一条在质疑中不断成长的演变之路。这与昆曲是个有文化传统的剧种分不开。在今天的中国，观众、剧团的环境和昆曲的传统共同构成了这一古老剧种的生态环境，您认为2001年后的这十多年来昆曲的生态环境发生了哪些变化？

王：昆曲，与中国传统文化息息相关。昆曲最理想的生态环境，就是明清时期生长于传统文化土壤之上的整个社会为昆曲而痴迷的这样一种氛围，当时不仅文人热衷于创作昆曲、清唱昆曲，宫廷里也在上演昆曲，士大夫蓄养家班，甚至乡野都有昆曲堂名。在这种生态环境中，昆曲必然成为两朝繁盛的“国剧”。晚清时期昆曲的衰落，直接原因是创作的衰落，根本原因则在于西学东渐，中国传统文化渐趋没落，导致昆曲生态环境发生变化。走进当代的昆曲，面对的是传统文化流失后的肤浅土壤，其生存必然遇到危机。

在文化土壤已经发生根本改变的今天，昆曲面临的生态环境是：西方文化居于强势地位，生长于其上的古今中外各种艺术形式同时并存，文人极少有人创作昆曲也无力创作昆曲，昆曲界八百勇士苦苦支撑，对艺术缺乏很好的鉴赏能力也无人引导的盲目的观众日益增多。

昆曲入遗，在全国乃至全世界产生了巨大影响，曾经在明清两朝繁盛，历经风霜雪雨衰而不亡的昆曲，登上了世界艺术的宝座，成为世人瞩目的对象。之后的昆曲生态便渐渐发生了巨大变化，这一方面来自古代经典名作的巨大魅力，一方面来自当代人对于回归传统的渴望。这两方面的契合，造成了昆曲生存的肥沃土壤。在此土壤之上，生成一种强烈的振兴昆曲的使命感，这种使命感带来了各个方面的巨大变化——政府机构加大扶持力度，昆曲老前辈们对新生代全力培养，学术群体对于昆曲更加深入研究并竭力传播，七大专业院团勤敬传承、创作与传播，昆曲社团也在努力地传承与传播。由于各方面的努力，最终带来观众的年轻化。

然而，对于目前昆曲生态还不容乐观：政府机构虽然加大了扶植力度，但对于昆曲的价值尚不十分清晰，因此传媒对于昆曲的传播力度甚微；高校之外的观众群不稳定，尚呈现偶然性；昆曲专业人才尤其是创作人才奇缺，等等。这都需要一个时期的努力。而对经济前景的预期、对商业投入的偏重、对“青春”的过分解读，这都与昆曲的品格是有距离的，所以是与昆曲生态不相协调的。不过，我相信这些都会慢慢矫正过来。

张：在这样一种相对越来越好的昆曲生态环境中，创新的观念与意识在这些年的昆曲创作中有什么显著的变化和发展？

王：昆曲的生态环境发生变化，必然引起昆曲创作方向的变化。尤其是“遗产”这一字眼，在昆曲界激起了强烈的反响，围绕着如何对待这一“遗产”的命题，迅速分化成两大阵营。一种观点认为，昆曲既然是遗产，就应当作为博物馆艺术原汁原味地保存、继承下来；一种观点认为，昆曲必须通过创新来谋求生路。在昆曲专业院团中，“创新”成为了主流。

而这一阶段的创新，由于是在“遗产”这一字眼刺激之下的举措，因而呈现出非理性的盲目特点，创新的步伐显得过大了些，过分追求舞台形式而严重偏离昆曲本体的现象非常突出。这一点，在2006年的第三届中国昆剧艺术节上体现得比较充分。

昆曲人在经历失败之后，认为自己“创新”后的作品“不像”昆曲了，经过痛苦反思，于是渐渐又回归到了昆曲的本体上来。这一点，体现在2012年的第五届中国昆剧艺术节以及2013年的全国昆剧优秀剧目展演中。这样，在继承中创新，或在昆曲规律内的创新，成为了主流，创新呈现出理性的特点。

昆曲界的努力创新也促进了生态环境总体上向良性发展，比如由此取得政府更多的扶持，吸引来更多知识阶层的年轻观众，等等。现在，国家开始重视传统文化。我想，传统文化这一土壤越丰厚，生长于其上的各种植物会越来越健康、茁壮，昆曲生态环境会越来越优化。但是，历史的车轮永远是向前行进的，不可能回复到明清时期的理想生态环境。在当今的环境下，昆曲的创作就更应当吸收当代的精神与物质文明成果，将古老的艺术形式与当下结合，在继承中创新，在创新中继承。

一部昆曲发展史，就是创新与继承不断分化甚至发生争执的历史，但每一次的争执，都会使昆曲发展进步，不仅完成创新，而且保证这创新是在昆曲规律之内。“在规律内的创新”，永远是昆曲发展的根本途径。

（王焱　北方昆曲剧院二级编剧

张之薇　中国艺术研究院戏曲研究所助理研究员）

2013 年度中国戏曲学科发展研究报告

贾志刚　熊　姝

2013 年，戏曲创作健康发展，戏曲理论批评也向深度与广度推进。为此，特撰写中国戏曲学科发展研究 2013 年度报告，报告包括创作述评、学术活动、理论批评、年度焦点四部分内容。

总的来说，2013 年与 2012 年相比，戏曲发展呈现出三大特征：其一，剧目创作繁荣多样。这与本年度举办的三大国家级戏曲艺术大奖的展演、评奖有关。其二，重大学术活动引人注目。其三，戏曲理论批评走向深入。同时，这一年也暴露出一些问题，我们将从学术的角度加以分析并提出解决方法，以利于今后的戏曲发展。

一　2013 年戏曲艺术创作述评

（一）戏曲创作概况

2013 年举办的三大与戏曲有关的国家级艺术奖项引人关注，一是第 26 届中国戏剧梅花奖暨中国戏剧梅花奖创办 30 周年庆；二是第 10 届中国艺术节暨第 14 届中国“文华奖”评选活动；三是第 13 届中国戏剧节。这三大奖项影响深远，从某种程度上树立起今后戏曲艺术发展的风向标。除此之外，2013 年年末京城举办的全国昆剧优秀剧目展演暨首届当代昆曲名家收徒传艺工程汇报演出也为 2013 年戏曲艺术创作活动画上了完美句号。

1. 第 26 届中国戏剧梅花奖暨中国戏剧梅花奖创办 30 周年庆

2013 年 5 月，第 26 届中国戏剧梅花奖大赛分东西两大赛区，分别在杭州和成都举行，来自全国 22 个省、市、自治区及中直院团，涉及戏曲类的 18 个剧种的演员，用精彩纷呈的演出演绎着“梅花香自苦寒来”的深刻寓意，带给观众一场戏曲视听的盛宴。

5 月 20 日晚，中国戏剧表演艺术最高奖项——第 26 届中国戏剧梅花奖在成都揭晓。最终 41 朵梅花光荣绽放，上一届惜败的沈阳评剧院的冯玉萍凭借评剧《我那呼兰河》勇夺梅花大奖，另有 34 人获得一度梅，6 人获得二度梅。

在 34 朵一度梅中涉及戏曲类的就有 29 朵，他们分别是：董红、郑国凤、吕洋、周利、黎安、赵杨武、方汝将、王超、刘露、姜亦珊、刘建杰、陈亚萍、孙劲梅、苏凤丽、吕淑娥、屈连英、詹春尧、王琴、孙娟、范乐新、姚百青、崔玉梅、王滨梅、刘雯卉、王红、贾菊兰、雷玲、边点旺久、佟红梅。在 6 朵二度梅中涉及戏曲类的就有 5 朵，分别是：李东桥、景雪变、柳萍、刘子微、茅善玉。

自 1983 年始创的中国戏剧梅花奖至今已走到而立之年，为展示梅花奖获得者的艺术风采，总结 30 年来的成果，探讨这个奖项如何在戏剧艺术大发展大繁荣中发挥更大的作用，由中国文学艺术界联合会、中国戏剧家协会主办，全国各省区市戏剧家协会、总政宣传部艺术局协办的“中国戏剧梅花奖创办30周年系列活动”于2013年8月31日在北京拉开帷幕。

30年来，梅花奖获奖者的队伍蔚为壮观，光彩照人，他们大多数都已成为当代戏剧领域的生力军，成就了当代戏剧舞台的繁花似锦。新时期以来有影响的优秀剧目几乎都是梅花奖获得者领衔主演的，梅花奖为中青年演员铺就了成才之路。许多获奖之时还是意志风发的年轻人，在梅花奖的激励下，不断攀登高峰，如今大都成为各个剧种的领军人物，他们或担任院团长等职务，或斩获二度梅乃至国际奖项，或成为了著名的影视明星。

梅花奖一向重视坚持一线演出、坚持基层演出的演员，他们有的来自国家级院团，有的来自县剧团或民间职业剧团，涉及的剧种既有京剧、昆曲、评剧、越剧、豫剧、秦腔等流传较广的大剧种，也有许多被称作“天下第一团”的稀有剧种。

五百余名梅花奖演员齐聚京城，上演了28台剧目，其中荣获过多项国家级大奖的优秀剧目有：晋剧《大红灯笼高高挂》、《傅山进京》；黄梅戏《雷雨》；川剧《李亚仙》、《欲海狂潮》；越剧《一缕麻》、《虞美人》；豫剧《程婴救孤》、《铡刀下的红梅》；评剧《赵锦棠》；甬剧《典妻》；京剧《四郎探母》、《太真外传》、《张露萍》；秦腔《大树西迁》、《西京故事》；吕剧《李二嫂改嫁》等，这些优秀剧目代表了近年来舞台艺术的成就，展现了梅花奖演员的艺术风采，为今后的戏曲创作建立了信心。

2. 第10届中国艺术节暨第14届中国“文华奖”评选活动

中国艺术节是我国规格最高、规模最大的国家级艺术盛会。第10届中国艺术节于10月11日至26日在山东省举办，共有87台剧目参赛，充分展示了近年来我国文化艺术事业的最高成就及最新成果。

中国“文华奖”是国家级奖项，设立于1991年，是我国政府主办的国家级舞台艺术政府奖，设立有“文华大奖”、“文华优秀剧目奖”及“文华新剧目奖”，参评剧目分作四类，分别为京剧昆曲类、地方戏曲类、话剧儿童剧类、歌剧舞剧杂剧类。从2004年第7届中国艺术节起，文化部将“文华奖”与“中国艺术节奖”两奖合一。

第10届中国艺术节期间，共有87台参评剧目激烈角逐第14届文华奖的各个奖项，经评委审定，最终共有15部作品摘得“文华大奖”。

戏曲类的“文华大奖”有7部，分别是：京剧《瑞蚨祥》、《建安轶事》，昆曲《红楼梦》，秦腔《花儿声声》、《西京故事》，评剧《赵锦棠》，吕剧《百姓书记》。京剧《项羽》获得“文华大奖”特别奖。

戏曲类的“文华优秀剧目奖”有21部，分别是：京剧《将军道》、《香莲案》，昆曲《景阳钟》、《牡丹亭》，桂剧《七步吟》，黄梅戏《雷雨》、《妹娃要过河》，采茶戏《八子参军》，沪剧《挑山女人》，湘剧《谭嗣同》，山东梆子《古城女人》、《两狼山上》、《圣水河的月亮》，吕剧《李二嫂的新故事》，汉剧《宇宙锋》，五音戏《云翠仙》，龙江剧《鲜儿》，秦腔《麦积圣歌》，川剧《鸣凤》，莱芜梆子《儿行千里》，柳琴戏《沂蒙情》。

戏曲类的“文华剧目奖”有14部，分别是：京剧《飞虎将军》、《月照塞北》、《藏羚羊》，晋剧《刘胡兰》，花鼓戏《平民领袖》，锡剧《一盅缘》，吉剧《鹿乡女人》，豫剧《天山人家》，花灯剧《枫染秋渡》，黄梅戏《徽州往事》，越剧《柳永》，二人台《花落花开》，粤剧《碉楼》，平调落子《黄粱梦》。

3. 第13届中国戏剧节

中国戏剧节是一项全国性的戏剧展演和评奖活动，是近年全国戏剧艺术创作成果阶段性的集中展示。

2013年11月9日，由中国文联、中国剧协和苏州市政府共同主办的第13届中国戏剧节在苏州拉开帷幕。本届戏剧节共有全国35个艺术团体和单位的29台参评剧目和6台展演剧目参与演出，演出剧目涉及昆曲、京剧、越剧、豫剧、黄梅戏、锡剧以及话剧、歌剧、舞剧、儿童剧等27个剧种。参赛剧目注重艺术本体创造，题材丰富，形式多样，展现了戏剧创作的繁荣局面。

11月25日晚戏剧节在苏州落幕，经过17天的紧张角逐，20个剧目获"优秀剧目奖"。琼剧《海瑞》以独特的视角展示了海瑞宁折不弯的精神和忧国忧民的情怀，所表现的反腐倡廉主题，具有强烈的现实意义，一举夺得优秀剧目、优秀音乐、优秀编剧、优秀表演四大奖项；晋剧《上马街》取材于解放太原时发生的真实故事，讲述新中国成立前夕，中共地下党秘密获取太原城防图，完成了攸关太原解放的特殊使命。全剧以老太原旧有的地名、人物、事件、语言为戏剧元素，从创排至今五易其稿，精益求精，深受观众喜爱；芗剧《保婴记》描写寡妇尹三娘失子得孙后又得而复失的传奇故事，该剧不以传奇性、戏剧性取胜，而是以一种内在的情感为其驱动力，将人物置于两难的选择之中来推动戏剧情节的发展；晋剧《巴尔思御史》则以强烈的艺术感染力和深刻的现实意义脱颖而出。

4. 全国昆剧优秀剧目展演暨首届当代昆曲名家收徒传艺工程汇报演出

为进一步展示国家昆曲艺术抢救、保护和扶持工程在剧目建设和人才培养方面的成果，推出优秀剧目和优秀表演人才，文化部艺术司和北京市文化局于2013年12月1日至19日在北京联合主办了2013年全国昆剧优秀剧目展演暨首届当代昆剧名家收徒传艺工程汇报演出。

以往昆曲聚会多在苏州，但2013年12月，全国硕果仅存的七大昆曲院团相聚京城。2013年是实施"国家昆曲艺术抢救、保护和扶持工程"的第九年，此次展演是对"工程"实施以来剧目建设、人才储备状况的一次全面检阅。

此次参加展演的9台剧目是从7个昆曲院团抢救、恢复、创作上演的52台剧目中遴选出来的，既有《长生殿》、《牡丹亭》等古典名剧，也有《红楼梦》、《梁祝》等优秀新创剧目，还有昆曲史上"一出戏救活一个剧种"的《十五贯》，被誉为"南戏活化石"的《张协状元》和南戏经典《白兔记》，以及鲜有演出的传统经典剧目《雷峰塔》。

此次展演的另一重要板块是"当代昆曲名家收徒传艺工程暨全国昆剧青年演员展演"。2012年，文化部在苏州启动"名家传戏工程"，蔡正仁等11位国宝级昆曲艺术家，每位向两名学生传授两出经典折子戏。2013年12月13日至19日在中国评剧大剧院举办的7场汇报演出集中了全国最优秀的青年演员近60人。此外，12月13日还举办了"第二届当代昆剧名家收徒传艺工程拜师仪式"，胡锦芳等13位昆曲名家收徒27人。展演期间还举行了"昆剧艺术传承与发展学术研讨会"，邀请知名昆曲专家学者，就如何保护传承昆曲艺术等问题进行了研讨。

（二）戏曲创作特点分析

参加第14届文华奖优秀剧目评奖的戏曲剧目共有44台，涉及27个剧种，这些作品中包括戏曲现代戏24台，新编历史剧12台，整理改编的传统剧目8台，实现了传统剧目整理改编、新编历史剧及现代戏"三并举"。这些参评的剧目大体上代表了目前戏曲创作的最高水平，展示了近年来戏曲艺术取得的新成果。

戏曲类的"文华大奖"有7部，分别是：京剧《瑞蚨祥》、《建安轶事》，昆曲《红楼梦》，秦腔《花儿声声》、《西京故事》，评剧《赵锦棠》，吕剧《百姓书记》。这7台获奖的大戏，既引人瞩目，又令人深思。在此试以获得戏曲类"文华大奖"的7部大戏为例，大致分析一下2013年度戏曲艺术创作方面的几大特点：

1. 深度挖掘现实题材

第14届文华奖优秀剧目奖的44台参评戏曲剧目中，现代戏有24台，比重之大是显而易见的。因此，深度挖掘现实题材剧目成为

2013年度戏曲创作的特点之一。

吕剧《李二嫂的新故事》关注当前农村养老、留守儿童等社会热点，歌颂了李二嫂尊老爱幼、团结邻里，带领全村人改变贫穷状况、走向富裕的高尚品德，展现了社会主义新农村的新面貌。山东梆子《圣水河的月亮》讲述一位叫老耿的中年农村妇女，在丈夫外出创业成功导致婚变后重新审视、决策人生；当丈夫负伤失去记忆后，老耿又宽容地让他回家养病，帮他恢复健康的故事。该剧倡导了美和善的社会道德风尚。山东梆子《古城女人》和柳琴戏《沂蒙情》是两部取材于真实生活的抗战题材剧目，通过几个小女人跌宕凄婉的命运，演绎了大义、大情、大悲、大爱的感人故事。女店主陶贞兰从最初害怕到舍命抗争，终于完成我党地下工作者牺牲前的托付。柳琴戏《沂蒙情》则表现了一门忠烈、两代红嫂、三个女人拥军支前的故事。

京剧《瑞蚨祥》、秦腔《西京故事》、秦腔《花儿声声》、吕剧《百姓书记》，更是2013年度现代戏创作中的佼佼者。

京剧《瑞蚨祥》讲述了百年老号“瑞蚨祥”在清末国家凋敝的环境中求新求变、求同求和、苦心经营、谋求发展的故事，反映了一代鲁商孟洛川顾国谋利的大商风范和仁厚经营的儒商情怀。该剧把“瑞蚨祥”商号的起伏与清廷斗争结合起来，突出了民族商业的发展历程。

秦腔《花儿声声》采用倒叙方式，以宁夏六盘山地区干旱缺水而实施搬迁的生活素材为基础，以马连沟女花儿王杏花几十年的劳碌奔波和感情上的悲欢离合故事为主线，描述了这一地区因人民群众生活变迁而引发的可歌可泣的动人故事。

秦腔《西京故事》讲述的是一群生活在西京城社会底层的民众寻求都市梦的故事。主人公罗天福的一双儿女先后考上重点大学，他领着妻子用打千层饼的手艺，支撑起了儿子甲成、女儿甲秀在西京城的求学大业。该剧塑造了中国式的最美父亲形象，揭示出底层民众保持了千年的中国精神。

吕剧《百姓书记》以寿光县原县委书记王伯祥的创业历程为素材，艺术地再现了寿光人民在党的领导下，面对改革大潮、敢于迎接挑战的历史。该剧制作精良，恢宏大气，剧情跌宕起伏，从群众、同事、家人等多个角度展现了主人公顶住压力和误解，排除万难，带领群众引技术、建大棚、战盐碱的感人事迹。

戏曲是具有深厚传统的民族艺术，以此反映现实生活、满足民众需求是艺术家的职责。一段时间以来，戏曲界有识之士在利用戏曲形式反映现实生活上，迈开了坚实的步子，取得了可喜的成绩。

2. 强化、丰富戏曲表演歌舞化本体

王国维不仅是戏曲史研究的奠基人，而且第一次概括了戏曲艺术本体的内涵，“以歌舞演故事”是目前为止对戏曲艺术本体最为准确的描述。强化、丰富戏曲表演的歌舞化，体现出今天戏曲的创作者坚持戏曲艺术本体的决心，值得赞赏。

秦腔《花儿声声》无疑颇具代表性。该剧每个场次都是以歌舞展开叙事，如第一场的“吊庄舞”，第二场的“轿子舞”、老五的“马舞”、野地洞房的“红绸舞”，第三场土改中“这是我的土”的群舞，第四场的“接雨舞”，第五场下透雨后的“雨中舞”，第六场工地抢险的群舞等，流畅贯穿，美轮美奂。

吕剧《百姓书记》从开场反映城市生活的现代舞蹈，到反映菜农起早抢摊位的原生态舞蹈，再到农民汗流浃背的大开发场景舞蹈，都具有极强的艺术性和视觉冲击力。

另外，京剧《瑞蚨祥》开场的“扯布舞”，第四场椅子争斗等段落，以及秦腔《西京故事》中甲成与恋人手捧设计图的双人舞和富家子弟金锁向甲秀示爱的独舞等，对传统表演程式作了大胆改良，有望成为戏曲表演新的表现手段。

3. 戏曲时空更为自由

秦腔《花儿声声》在时空自由方面，比传统戏曲更彻底、更大胆、更富创造性。该剧用倒叙手法来讲故事，由傻良、小花、奶奶共同讲述，过去、现在、家里、家外，随时进入，直接进入，穿插交织。有时，不同的戏剧空间、不同的事件空间合演一处；有时，讲述者、事件的当事人、过去时和现在时被融入同一场景，进行交流对话，不留任何间隙和痕迹，也不作任何交代；该剧的时空处理方法是无缝切入、焊接和穿越，这在传统戏曲里是没有的，很多场面是非现实形态、非现实逻辑的，但观众看戏时又觉得极其自然、流畅和真实。最具创造性的是杏花那件老年时穿的灰外套，全剧的时空自由多半由它来完成，一穿一甩，时空全变，立刻进入新的人物和新的情境。杏花一边唱着“脱去灰袄袄，换上红褂褂”，一边变成年轻漂亮的杏花，忽而又变成垂老暮年的杏花，两件不同颜色的衣服，简单地换来换去，就解决了杏花数十年的年龄跨度问题，新奇又巧妙。

昆曲《红楼梦》造型别致的场景安排更是独具匠心，如黛玉焚稿和宝玉成婚两个场景在舞台上同时出现，一边是张灯结彩、繁花似锦，另一边是凄风苦雨，魂归天国，一明一暗、一喜一悲形成鲜明对比。尤其是剧中安排宝、黛、钗三人共读《西厢》的场景颇具新意，在一个空间里惜墨如金地将三人的爱情纠葛及宝与黛情趣上的志同道合、宝与钗思想上的南辕北辙于瞬间点染凸显出来。

4. 戏曲音乐的多元化吸纳

京剧《瑞蚨祥》在音乐方面有所突破，二黄三重唱在京剧舞台上极为罕见，但是该剧第六场，直接运用二黄三重唱就把全剧推向了高潮。在音乐设计中，为了加强山东地方特色的音乐元素，该剧不仅第一次把坠琴作为贯穿京剧的乐器，还把山东梆子、柳琴戏、吕剧等民间曲调都融合到了人物唱腔里，而且还出现了京剧锣鼓经的创新设计，把提琴等西洋乐器也融入乐队之中，取得了交响效果。

京剧《建安轶事》中音乐也是一大亮点，开场时作为文姬琴声出现的音乐，几乎可以作为整场戏的主旋律，它使静场更显静谧，也为人物念白增色不少。每一次音乐出场，随情境的变化轻重缓急又有所不同，和谐且有辨识度。

秦腔《花儿声声》则是在传统秦腔的基础上突现宁夏地域风情的“花儿”特色。要完成这个创新，首要的问题是要把“花儿”的旋律和秦腔紧密结合起来，既要自然和谐，又要优美动听，这是音乐学上的学问，该剧在音乐方面的处理引人瞩目。

5. 戏曲行当新突破

现代的戏曲舞台人物形象更加丰满，更加多面，仅用以往简单的生、旦、净、丑的行当类型来表演人物显然力不从心，因此戏曲行当方面的新突破势在必行。

京剧《建安轶事》在行当方面的新突破是较有成效的。该剧不用传统的行当来套人物，而是在人物分析的基础上，将行当打散后重组形成新行当，这样更有利于表现人物。比如，蔡文姬当然是用青衣来扮演，但只用青衣的程式，难以充分表现她纵马驰骋的矫健身姿，因此吸收了一点刀马旦的程式来塑造这一形象；曹操无疑要用老生来扮演，但为了表现他的王者霸气，有必要吸收点花脸的韵味，这样更加符合人物的身份和性格；卞夫人是用老旦来扮演的，但她只有45岁且能歌善舞，这就要求在老旦的基础上融入青衣的成分；蔡安沉稳忠诚，仅用丑是不够的，还加入了点老生的神态。

秦腔《花儿声声》中的杏花年龄跨度较大，因而以闺门旦、花旦、青衣、老旦四种行当应工，且每个行当都要求扎实、熨帖、得体，这对表演是一大考验，演员的艺术表现能力和人物塑造能力，令人叹为观止。

6. 话剧导演对戏曲舞台的全面介入

近年来，话剧导演在戏曲创作的不断积累中逐渐意识到了戏曲时空的流动性，为此他们开动脑筋，在艺术创作中，运用自己的智慧最大限度地避免话剧加唱，最大程度地戏曲化，取得了显著的成绩。在获“文华大奖”的7部剧目中，竟有5部出自话剧导演之手，它们分别是京剧《瑞蚨祥》、京剧《建安轶事》、昆曲《红楼梦》、秦腔

《西京故事》和吕剧《百姓书记》，这一成就足以引起戏曲界的深思。

京剧《瑞蚨祥》的导演卢昂是话剧导演出身，却成功地执导了四十多部戏曲作品，在戏剧圈里，他被称为“学者型导演”，在学术圈里他被称为“实践型学者”，他自创的东西方结合的方法，把西方现代的训练方法与戏曲的唱、念、做、打的表演手段相结合，这一方法成功地运用到了京剧《瑞蚨祥》的上海滩舞会场景之中。为了追求流动的效果，导演在舞美上抽取了三样东西。一是设置了12根可移动的大柱子，二是制作了可活动的“瑞蚨祥”匾额，三是选取了可以翻转移动的窗栅，这样就可以做到景随身变。剧中大量运用音乐的流动感，匾额的起伏，下窗栅、移柱子等表现语汇，来寓意大厦将倾。

作为话剧导演的查明哲所执导的秦腔《西京故事》，将现实主义和传统美学思想完美地结合起来，在戏剧节奏、舞台调度、表演空间的拓展和传统戏曲程式的大胆创新运用等方面，既秉承传统又大胆突破。比如，虚实结合的舞台空间布局，打千层饼这一职业程式的新创造，挑担送饼这一旧程式的巧妙创新，农民工忙碌工作场面的舞蹈呈现，救火场面戏曲技巧的合理运用，等等，使得该剧好听、好看、感人，其审美愉悦赢得了观众，赢得了市场。

吕剧《百姓书记》的导演李利宏也是一位话剧导演，他将话剧表演对角色内心情感体验的重视的方法运用于该剧，强化了王伯祥这个戏曲人物的刻画，大大增加真实度和由此带来的感染力。

京剧《建安轶事》和昆曲《红楼梦》的导演曹其敬早年执导话剧，因而她能够以话剧导演的理性思维来打造戏曲舞台，注重人生的思考而不仅仅是情感的抒发。从这两出剧目可以看到，她将丰厚的历史背景和人物命运有机地结合在一起，并以其缜密、敏锐的艺术构思寻找着旁人不曾注意的细节。在戏曲音乐方面，她坚持唱腔不革新，配器往前走的导演技法，因此，这两部剧目在音乐方面别出心裁。

二　2013年与戏曲相关的学术活动

当中国戏剧梅花奖创办30周年系列活动在京如火如荼举办的同时，各省戏剧家协会也纷纷在当地举办系列展演活动，与京城的戏剧活动交相辉映。据不完全统计，从8月至10月，各省市共有近两百项活动同步展开，包括座谈、展演及下基层演出等。

中国艺术节是全国性、群众性的重要国家文化艺术节日。第10届中国艺术节在山东17个城市广泛展开活动，除了政府参与组织活动外，“十艺节”加大了市场运作力度，吸引了社会资金。“十艺节”结束后，山东建设的标准化艺术馆、美术馆、图书馆等各演出场馆和公共场馆充分为百姓所用。

除此之外，2013年度还有一些重大的学术活动值得关注：

1. 第四批国家级非物质文化遗产项目代表性传承人成为新闻热点

非物质文化遗产是民族文化的重要组成部分，独特的非物质文化遗产是各地民众在漫长的历史演变中创造的精神财富，与当地人日常生活密切相关。非物质文化遗产要活态传承，传承人的问题是关键。2012年年底，第四批国家级非物质文化遗产项目代表性传承人名单公布，关于传承人的具体状况在2013年度成为新闻热点。

第四批国家级非物质文化遗产项目代表性传承人共有498人，其中涉及传统戏剧的就有111人，占总比例的22%。综合计算，前后四批国家级传承人已有近两千人，如果算上各级传承人，更是一支庞大的队伍。

2. 中国南宁与东盟非物质文化遗产保护国际学术研讨会召开

2013年8月28日至30日在广西南宁举行的中国南宁与东盟非物质文化遗产保护国际学术研讨会，包括“2013年中国—东盟（南宁）戏剧周”、广西粤剧图片展、学术研讨会等内容。

论坛由中国文化部、广西壮族自治区政府联合主办，来自中国和泰国、菲律宾、马来西亚、柬埔寨等东盟各国、联合国教科文组织的非物质文化遗产领域官员、专家和民间传承人的代表，围绕“对话与合作——非物质文化遗产的保护与传承”这一主题展开研讨交流，推动了中国与东盟各国的进一步了解和交流。

在联合国教科文组织的非物质文化遗产名录中，传统戏剧有着非常重要的地位，作为非物质文化遗产的广西粤剧是广西壮族自治区最主要的地方戏曲剧种之一，历史悠久，特色鲜明，是南派粤剧的典型代表。广东与广西同是讲粤语的地区，同属岭南文化，但因地域不同产生了巨大的变异。在漫长的发展过程中，广西粤剧受广西民间音乐、风土民情、壮族文化等影响，成为了粤剧大系中的一个独立单元，有必要从个体角度来进行研究。为进一步提高广西粤剧的认知度与影响力，推动该剧种更好地传承发展，戏剧周举办了广西粤剧图片展，以图文形式生动地展示广西粤剧的发展历史与艺术特色，同时还举办了当代社会与文化记忆——广西粤剧专题学术研讨会、南宁与东盟非物质文化遗产交流学术研讨会。

3. 京沪两地群众性戏曲艺术活动蓬勃开展

自中国共产党在十七届六中全会上倡导文化大发展大繁荣以来，全国各大城市依据各自的地缘文化，寻找着自身的文化定位。戏曲作为中华民族的优秀传统艺术再度成为文化大发展的焦点，各地的戏曲艺术中心如雨后春笋般纷纷成立，其中戏曲活动最为突出、最为活跃的还是北京、上海两地。这两个国际化大都市均背靠着历史资源、人才优势，却形成了完全相反的两大运作模式。

在对历史的回溯方面，上海戏曲艺术中心承继了昆曲传习所的衣钵，而北京丰台中国戏曲文化中心的历史更为久远，可回溯至金元时期，两者都有着得天独厚的历史渊源。上海戏曲艺术中心是以专业团体的整合为主，向内形成凝聚力，以传承传统文化为己任，打造经典剧目，培养精英人才；而北京丰台中国戏曲文化中心则是依托专业院校向外扩展，以草根的力量弘扬传统文化，以渗透方式形成天涯芳草的弥漫型态势；上海戏曲艺术中心内的戏曲院团集群是非营利性的事业单位，而北京丰台中国戏曲文化中心的终极目标则是形成“吃住行游购娱”产业链条。

在相同的意识形态下，2013 年度产生出了北京与上海两种截然不同的文化运作模式，其目的都是为了推动戏曲事业的健康发展。在这一共同的奋斗目标下，北京丰台中国戏曲艺术中心可以与上海戏曲艺术中心互相学习，可用上海戏曲艺术中心的精英人才来培训北京丰台的草根民众，也可以北京丰台的群众文化活动影响上海人的业余文化生活，两地还可凭借各自的优长相互形成合力，摸索出更为科学更为普及的新生代模式，带动其他城市的文化艺术发展，推进戏曲艺术在 21 世纪的全面提升。

三　2013 年戏曲理论与批评

戏曲理论批评的建设与发展为戏曲的革新与探索提供着强劲的助推力，因而在戏曲研究领域，2013 年度有几个重要的导向值得关注：

1. 关于“剧诗说”及“戏曲本体”的论争

著名戏剧理论家张庚先生提出的“剧诗”说，在中国戏曲研究领域具有广泛影响。近些年，有学者对这一学说提出质疑，甚至加以否定。这涉及如何理解戏曲的起源、戏曲的现代化以及中西戏剧融汇等问题。中国艺术研究院王文章院长对当前戏曲理论批评问题极其重视，并且鼓励支持相关学者积极地参与理论批评。因此，2013 年度针对质疑者的观点，戏曲研究所在代所长贾志刚的带领下撰写出三篇论争性的文章，从不同的角度对“剧诗”说进行新的阐发，力图正本清源，将相关问题的研究引向深入。

贾志刚的《“乐本体”是一个伪命题——兼与董健、施旭升商榷》一文，对“乐本体”提出质疑，重点论述哲学术语“本体”概念的产生与演变，阐释戏曲理论引入“本体”概念后内涵与外延的变化，分析“戏曲本体”的本义与引申义，认为“戏曲本体”的本义所指的应该是戏曲艺术形成的最初状态由哪些要素组成，而“戏曲本体”的引申义实质上指的是戏曲艺术的主体特征，并根据张庚先生“剧诗”说中的诗化原则将戏曲的主体特征概括为描景、抒情、写人的浑然一体与运用唱念做打来创造意象。同时，对认为戏曲发展必须全盘西化的观点进行批评，提出只有坚持与发扬戏曲艺术的民族性，才能使传统戏曲艺术走向世界。

毛小雨的《“剧诗说”是东西方戏剧文化的结晶——兼与施旭升及其他“剧诗说”质疑者们商榷》一文指出：张庚的“剧诗说”为中国戏曲的本体研究勾画了一个轮廓，并且触及到了事物的本质，在中国戏曲的创作与研究方面影响巨大。然而，张庚的这一学说提出之后，质疑诘难者不绝如缕。本文通过对东西方戏剧理论的研究，从理论渊源到创作实践对张庚的学说进行分析，证明张庚的“剧诗说”是吸收东西方戏剧文化的精华，以中国传统诗论为基础，总结历史与现代创作而形成的中国独特的戏曲美学理论。它涉及诗歌、音乐、舞蹈、绘画、雕塑、灯光诸多方面，说明作为综合性艺术的戏曲是在“诗化”原则统领下达到完美的呈现。可以这样讲，“剧诗说”展现了戏曲美学的内核，同时也说明，中国戏曲是东方戏剧体系中一个有机组成部分。而所谓的戏曲“乐本体”的提法是站不住脚的。

王馗的《“前海学派”的戏曲史研究在新世纪以来的意义——从董健“脸谱主义”的误断说起》一文认为，以张庚先生为代表的“前海学派”几代学者，对中国戏曲史的研究历时半个多世纪，其成果《中国戏曲通史》等史论著作，系统地完成了中国戏剧从孕育到成熟、从转型到变革的全部历程的体系构建，在以王国维为开端的百年戏曲史写作中可谓独树一帜。其中秉持的对戏曲遗产的宽容、对“戏曲本位”的坚持、对演员体验的挖掘，使戏曲史研究成为不断完善戏曲艺术理论体系的重要内容，显示出对中国戏曲艺术的深刻体认和完整把握。21 世纪以来，“前海学派”的戏曲史研究，为非物质文化遗产保护工作的不断推进和戏曲史论的不断深入，提供了扎实的理论基础和系统的史学依据，呈现出历久弥新的学术价值。

三篇文章公开地表达了学术观点，将戏曲艺术本体和“剧诗说”研究推向深入，同时拉开了对于“前海学派”研究的序幕。

2. 第六届中国（海宁）· 王国维戏曲论文奖

2000 年年初，《戏曲研究》编辑部和浙江省戏剧家协会携手发起举办“中国王国维戏曲论文奖”评选活动，至今，这一活动日益受到学术界的关注。

2013 年度为继承和弘扬民族文化，总结戏曲在新时代条件下的发展规律，推动戏曲理论的学科建设，促进当代戏曲事业的繁荣发展，由中国艺术研究院、浙江省文化厅、浙江省文联、海宁市人民政府共同主办了第六届中国（海宁）· 王国维戏曲论文奖评选活动。学术界的同人们怀着对民族艺术深深的挚爱之情，踊跃参与，评审委员会共收到来自全国各地的论文 188 篇，征文数量为历届之最。

这些论文坚持“双百”方针，贯彻落实科学发展观，关注戏曲理论发展，重视戏曲现状研究，关注非物质文化遗产保护中戏曲的保护和研究，论文触及面相当广泛，戏曲理论、文学、历史、表导演、音乐、舞美、地方戏剧种、田野调查、比较戏剧、剧团体制改革等均有涉猎，为戏曲研究的发展和戏曲学建设作出了贡献。

从筹备、征文到初评、复评，历时 7 个月，共有 46 篇论文进入终评，最终 18 篇论文胜出。黄婉仪《钱德苍编〈缀白裘〉与翻刻、改辑本系谱析论》和徐宏图《都说诗词曲，谁解其中味——王国维“唐诗宋词元曲”代兴说用意新探》两篇论文荣获一等奖；白勇华《福建高甲戏“净”（北）的价值钩沉》等 4 篇论文荣获二等奖；龚战《楚曲〈打金枝〉考述——兼谈〈四进士〉故事并非出自鼓词〈紫金镯〉》等 12 篇论文荣获三等奖。获奖论文均具有不同程度的创新性，具有较高的学术价值。

3. 2013 年戏曲青年论坛

21 世纪的青年学者，他们依托网络形成的多维多层的立体思维模式以及视野的丰富性、独特性、开阔度常常令前辈专家击节叫好。与前辈专家不同，青年学者的研究方法呈现出向微观细部深化的趋势，可谓“处处留心皆学问”，他们中不少人都发现了前辈专家未发现的新选题，开拓出研究的新领域。

就“2013 年戏曲青年论坛”上提交的 33 篇论文来看，从微观细部寻求新发现的趋势已基本形成，以马晓霓《略谈“先学无情后学戏”》、胡淳艳《昆笛改良与昆曲的当代传承》、孙红侠《洋车舞是不是新程式？——也看现代戏与表演程式创新》、张继超《从新见史料看〈三十六声粉铎图咏〉的剧目排序问题》最为突出。青年学者们从一句戏谚、一件乐器、一种程式、一项排序生发开去，进行哲理思辨，让人耳目一新。

关注点的移位，必然带来新奇的发现，在研究不断深化的过程中，新发现层出不穷，灵光一闪的独特选题比比皆是。比如，李小菊《中国戏曲中的“疯癫”人物形象》，发现了一个戏曲研究领域长期忽视的问题，视角较为独特；吴向天《梅兰芳古装中的继承与创新》，其新奇之处在于以梅兰芳 48 个古装图谱为切入点进行研究；李小佳《梅、程出访与艺人戏剧观》则是从艺人出访后国内外媒体的反映延伸到艺人戏曲观的改变，而不是从艺人自身的感悟出发，选题别致；刘内屿《梨园内外的战争——1910 年代上海京剧界之冯贾“党争”》从京沪两地捧角现象入手，选题极具新意；江棘《戏曲译介与“代言人”的合法性——一九三零年代围绕熊式一〈王宝钏〉的论争》，开拓了关注外文译本的新视野。

4. 郭小男文集《观/念》暨郭小男导演艺术研讨会

2013 年 10 月 25 日、26 日，由上海市文广局、上海市文联、上海戏剧学院联合主办，上海市剧本创作中心、上海市戏剧家协会承办的“郭小男文集《观/念》暨郭小男导演艺术研讨会”在沪举行。此次研讨会上，龚和德、薛若琳、荣广润、张仲年、王安忆、贾志刚及来自美国、韩国等国家和地区的四十余位专家学者，就《观/念》所呈现的郭小男导演艺术观和郭小男导演艺术进行了研讨，深层次地剖析了导演艺术的制高点——导演的观念，在如何于继承基础上博采众长、推动戏剧的发展等问题上提出了指导性的建议。

郭小男是当代戏剧导演艺术家，国家一级导演。1987 年毕业于上海戏剧学院导演系，现任职于上海市文广局剧本创作中心，担任中国戏曲导演学会副会长、中国戏剧导演艺术委员会委员、中国莎士比亚研究会理事等职。

他从事舞台艺术三十多年来，先后编导了六十余部舞台剧，是具有代表性的合璧中西、学贯古今、个性鲜明的导演。他秉承旧中有新、新中有根的戏剧理念，在剧种自身传统美的基础之上，将简约、恣肆与形式美贯穿于作品之中，其作品既是对中国美学精神的直接继承和发扬，又是超越了言语表述的一种状态和感受。他追求新的文化思考与审美愉悦，注重传统戏曲与当代人文观念及欣赏习惯相契合，努力发掘人物的情感困境与人性的秘密，尤其喜欢将一个已经完整甚至定型的剧本撕开裁碎，然后按照他的导演构思重新组接，不但大刀阔斧地删改剧本，而且敢于在激情勃发、心灵闪电之时，调动一切艺术手段，冲破一切陈规旧习，毫无顾忌地去创造气势恢宏的场面，尤其看重戏剧效果的强烈和舞台景观的新鲜，格外地富有表现的欲求和不同凡响的创造性想象。

郭小男作品多次荣获国家级大奖，个人多次荣获国家级专业奖项，2006 年被《中国戏剧》杂志社评为“新世纪杰出导演”，2011 年被评为上海市领军人才。2010 年，他的文集《观/念——关于戏剧与人生的导演报告》在上海出版。该书中，缜密的理论阐述与对舞台实践经验的总结兼收并重，围绕着中国戏剧的诸多美学命题、技术性问题乃至生存发展的根本性问题，进行了一系列的阐发。2012 年，该文集荣获第八届中国文联文艺评论奖二等奖。

四 年度焦点问题：地方戏曲剧种保护与扶持

（一）地方戏曲剧种保护与扶持

地方戏曲剧种是中华民族传统文化的重要载体，也是非物质文化遗产的重要组成部分。地方戏曲剧种曾经创造了色彩斑斓的辉煌历程，然而在今天的时代大潮中，它却面临着前所未有的危机。为此，国家的文艺政策从打造精品化的戏曲舞台转向了对地方戏曲剧种的扶持。

为贯彻落实党的十八大精神，深化文化体制改革，引导树立以人民为中心的创作导向，促进舞台艺术全面发展，文化部出台了《地方戏曲剧种保护与扶持计划实施方案》。

《实施方案》指出，文化部将全面加强地方戏曲剧种保护与扶持，推动地方戏创作和地方戏曲艺术表演团体建设。以5年为周期（首期实施时间为2013年至2017年），确立40个左右全国地方戏创作演出重点院团，创作一批地方戏优秀作品，培养一批潜心地方戏曲艺术、德艺双馨的专门人才，挖掘、整理一批珍贵的地方戏曲史料，使重点院团成为地方戏曲剧目创作中心、地方戏曲剧种保护中心、地方戏曲艺术传播普及中心和地方戏曲资料收集整理与研究中心，逐步建立起地方戏曲艺术的生态保护区。

《实施方案》提出的主要措施包括：确定全国地方戏创作演出重点院团，以重点院团的扶持促进地方戏曲剧种的保护，各省级文化行政部门应结合实际，确定本地1至2个全国地方戏创作演出重点院团（含转制、民营及其他社会力量举办的各种体制地方戏曲院团）并报文化部；对全国地方戏创作演出重点院团的剧目创作给予资助，以剧目的扶持促进地方戏曲剧种的保护，2013年，首批资助40台左右优秀地方戏剧目，2014年至2017年每年资助10台左右优秀地方戏剧目，力争推出一批具有民族精神和浓郁地方特色、思想性艺术性观赏性相统一、人民群众喜闻乐见的优秀作品，推动地方戏曲院团科学发展；对全国地方戏创作演出重点院团的表演及创作人才进行培训，并鼓励各省采取多种方式完善地方戏曲人才梯队建设。为培养地方戏新一代领军人物，文化部组织对全国地方戏创作演出重点院团的定向招生或委托培养项目给予资助；分年度委托戏曲院校开展全国地方戏曲编剧、导演、作曲、舞美人才培训班，每年资助10个地方戏曲剧种人才培训班，并对各地开展的各类特色鲜明、重点突出的地方戏曲人才培训项目进行资助；支持各地对最具代表性的地方戏曲剧种的史料进行抢救、保存；通过文字、图片、影像等方式，加大对现存的地方戏曲文献、资料的保护；加大对健在的老一辈艺术家丰富多彩的舞台艺术实践、艺术精粹和历史记忆的挖掘、抢救和保护力度。文化部将对以上项目予以分年度扶持，每年资助10个地方戏曲剧种文献、资料的抢救、保存；举办有影响的地方戏曲展演及表彰活动；对全国地方戏创作演出重点院团赴境外演出和艺术交流活动实行补贴。每年资助10个地方戏曲剧种的10个院团走出去，由各院团向文化部提出申请，审核通过后拨付经费；地方各级文化行政部门应制定相应政策措施，保护和扶持地方戏曲剧种。

2013年度《实施方案》所承诺的首批资助40台左右优秀地方戏剧目的工作正在紧锣密鼓地展开，其成效还未能显现。但为响应这一导向性政策，中国艺术研究院、四川省文化厅、南充市人民政府于2013年9月19日至9月21日在四川南充市举办了“第二届中国（南充）嘉陵江灯戏暨地方戏剧艺术节”。

南充传统文化资源丰富，异彩纷呈，有川北灯戏、川北大木偶、川北皮影、川北剪纸，号称“四朵金花”，其中川北灯戏、川北大木偶、川北皮影被授予首批国家级非物质文化遗产称号。“第二届中国（南充）嘉陵江灯戏暨地方戏剧艺术节”是一次具有鲜明地方特色的盛会。由中国艺术研究院戏曲研究所邀请的6支地方戏剧艺术团与四川本省的4支灯戏剧团，在剧场与广场连续演出，观众反响强烈，好评如潮。艺术节同时举办了“灯戏暨地方戏研讨会”，来自全国各地的40位专家学者围绕地方戏的发展和非物质文化遗产保护问题展开热烈讨论。可以说，这次学术交流活动取得了丰硕的成果，有利于进一步弘扬优秀传统文化，加强非物质文化遗产保护与传承，促进灯戏与地方戏的交流与发展。大会提交论文13篇及论文提纲3篇，其中刘文峰《传统戏曲传承保护的困惑》、王馗《中国戏曲的地方个性与地方声腔的国家品格》、毛小雨《风流总被雨打风吹去》、孙红侠《趋同、错位、有“传”是否有“承”》、刘慰东《整体观念、剧种意识与地方戏保护》、李志远《地方戏曲的发展机遇与困境》等论文，对地方戏曲剧种的保护和扶持均从宏观的视角给予了分析和建议。

另外，值得一提的还有第三届中国少数民族戏剧会演。

中国少数民族戏剧会演由国家民委文化宣传司、文化部艺术司和中国少数民族戏剧学会共同主办，每3年举办一次，是一项国家级的少数民族戏剧盛会。第3届全国少数民族戏剧会演于2013年7月25日至8月13日在呼和浩特市举办，为地方戏曲剧种的相互交流提供了很好的平台。此次活动在举办之初就明确表示，少数民族戏剧不仅仅局限于少数民族特有的剧种，而是扩及到各种地方戏曲，只要演出剧目是关于少数民族的故事，都可以参加。显然，这种戏剧集中的表演，无形中促进了地方戏曲自身艺术水平的提高，刺激了地方戏曲剧种向更好的方向发展。

与以往两届相比，2013年的全国少数民族戏剧会演有三大亮点。一是规模影响更大，艺术名家更多；二是更加突出民族特点和地方特色；三是国家级精品获奖剧目多。在此次会演的同时也举行了各种奖项的评选活动，曲剧《烟壶》、京剧《孔雀翎》、傣剧《刀安仁》、山东梆子《萧城太后》、吉剧《贵妃还乡》获得剧目金奖；特别值得提及的是失传50年之久的吉林省朝鲜族唱剧《沈清传》在会演中精彩呈现，并获得剧目金奖。

（二）戏曲艺术未来可能面临的问题及其路径预测

戏曲艺术在20世纪取得的辉煌是历史性的，但是在走向21世纪之时，它所处的困境和危机也是有目共睹的。戏曲正遭遇着来自内部及外部的双重挤压，戏曲的道路在哪里？这需要戏曲人与广大观众共同探讨研究，及时总结经验教训，并展望未来。

1. 深度挖掘现代题材剧目依然是未来戏曲创作的主题

表达时代诉求，传递人民心声，是现代戏天赋的责任。现代戏巨大的精神力量是通过艺术地再现和艺术地表现真实的生活、人物、故事的方式传达出来的。创作现代戏具有直指人心的力量，但创作者必须具备非凡而敏锐的洞察力、坚实的生活体验和高超的艺术提炼能力。现代戏直逼当下现实矛盾，直抵社会焦点，这正是现实主义创作的本质原则所在，所呈现出的深刻的现实意义正是观众需要的，观众期盼的，因而能够引起普遍共鸣。

艺术家身处火热的生活之中，可感可知，内心自然被较大地触动。从2013年度现代戏的成功创作来看，戏曲在现实题材领域可以有所作为，同时为传统戏曲艺术与新文学相结合揭示了新的可能性，因而深度挖掘现代题材剧目依然是未来戏曲创作的主题。

2. 戏曲导演如何应对话剧导演的全面介入

从第14届文华奖戏曲类大奖的获奖情况看，获奖剧目的执导者中，戏曲导演与话剧导演之比为29%，是历届文华奖中戏曲导演所占比例最低的一届。文华奖从1991年至2000年共举办了9届，除第5届、第7届外，戏曲导演所占比例均达到了100%，而第5届、第7届文华奖，虽然戏曲导演的比例只占50%，但由于获奖的戏曲剧目只有两部，戏曲导演与话剧导演各分得一部，因此未能引起戏曲界的关注。

进入21世纪以来，戏曲导演执导剧目的获奖情况直线下滑，在2002年至2006年举办的连续3届的文华奖中，戏曲导演的获奖比例分别是67%、60%、67%，这一现象引起了戏曲界的高度关注，引发了2006年度关于“话剧导演可否导演戏曲”的一场全国范围内的大讨论。这场大讨论一直波及到现在，人们各执一词未能达成共识，话剧导演介入戏曲舞台非但没有因此止步反而更加迅猛。2008年第13届文华奖中，戏曲导演所占比例只有40%。直到5年后的2013年第14届文华奖，戏曲导演的获奖比例仅剩下了29%，不足三成，这一比例无疑宣告了话剧导演对戏曲舞台的全面介入。

面对这样的局势，戏曲导演当如何应对？这是摆在每一位戏曲导演面前急需解答的问题。在传统剧目整理改编、新编历史剧及现代戏创作这三大类别的戏曲剧目当中，戏曲导演渐失新编历史剧和现代戏两大舞台。要重建这两大舞台，未来的戏曲导演面对现代戏创作，要进一步强化本剧种的优势，适应现代都市文化的需求；面对新编历史剧的创作，要在舞台表现力上有新的拓展。

所幸的是戏曲导演保留住了传统剧目整理改编这一锥之地，第14届文华大奖中，谷奎林导演的评剧《赵锦棠》的获奖，为戏曲导演留下了唯一一块可施展拳脚的用武之地。戏曲导演在传统剧目整理改编中向来占有优势，这优势得益于前人遗产的丰厚。传统剧目历经几代艺术家的打磨，是大浪淘沙后的艺术精品，饱含着民族情感，具有延续下去的内在生命力。但随着时代的变迁，需要在思想内容上进行变革，在表现形式上进行创新。评剧《赵锦棠》提供了未来传统剧目整理改编的一个范式。

可喜的是，在如此不利的创作环境下，大多数戏曲导演没有被获奖概率颇高的话剧导演所同化，他们清醒地意识到必须秉持戏曲的美学特征，坚守原有的舞台样式，最大限度地挖掘表演的潜力，尽心竭力地张扬角儿的个性特点，这才是戏曲导演的职责，这才是戏曲舞台恒定的规律。

3. 地方戏曲剧种如何自我成全

造成地方戏曲剧种危机的原因是多方面的，改革势在必行。

20世纪80年代中期开始，政府试图通过文化体制改革，引进市场机制增强戏曲剧团活力，振兴传统戏曲，改变戏曲演出团体生存困境，出发点是好的，但事与愿违。第一轮文化体制改革的结果是县级基层剧团得不到政府财政补贴而解体，老演员得不到妥善安置，生活陷入困境，戏曲人才青黄不接。

21世纪初的第二轮文化体制改革规定一个省只能保留一个戏曲院团事业编制，其他戏曲院团都要限期改为企业，与市场接轨，自主经营。这项改革措施迫使艺术骨干提前退休，年轻演员不堪重任。

文化部颁布《地方戏曲剧种保护与扶持计划实施方案》，是对两轮文化体制改革的纠偏与保障，是政府为地方戏曲发展提供的良好的政策机遇，加之当前推行的非物质文化遗产保护机制以及在全国范围内举办的各种戏曲节及评奖活动，构成为地方戏曲剧种保驾护航的三架马车。

《实施方案》中提到的设想及实际操作面面俱到，既考虑到了创作，又考虑到了保护传承，还考虑到了普及教育的问题，如果第一个五年计划完成，戏曲生存状态将大为改观。有专家指出，省级剧团条件相对好一些，而基层是戏曲最深厚的生存土壤，不少稀有剧种偏于一隅，如果文化部的战略规划能深达二、三线城市乃至县级市，那么地方戏曲剧种复兴将大有希望。

国家的政策是面向全国的，而每一个地方戏曲剧种各自有各自的问题，政策不可能照顾到方方面面，这就需要地方戏曲剧种自身找到差距，完善自我。如果简单地把自身的问题归结为国家政策的不完善，不思进取，以守株待兔之势，盲目地等待政策扶持，那么，即使文艺的春天再度降临，自身的种子已然灭绝，又怎能生根发芽、开枝散叶？地方戏要焕发生命力，除了政府和社会重视支持外，必须自我成全，做好三件事：第一，地方戏曲剧种必须坚守自身的独特性，“民族的才是世界的”，同理可证“地方的才是全国的”，否则趋同一致的剧种剧目便很难在市场中存活；第二，地方戏曲剧种必须接地气，关注现实生活，反映社会热点，贴近群众，推陈出新，这既是地方戏振兴的前车辙印，也是其前行的方向；第三，地方戏曲剧种要与时俱进地提振其审美趣味，增加其自身的艺术持久魅力，寻求更好的符合自身条件的发展路径。

（贾志刚　中国艺术研究院戏曲研究所代所长、研究员
熊姝　中国艺术研究院戏曲研究所副研究员）

戲曲研究

非物质文化遗产语境下传统戏剧传承保护研究

刘文峰

在世界经济一体化的进程中，越来越多的传统文化、民族文化、地域文化遭到冲击、破坏，走向消亡，随之而来的是不同文化背景下的民族冲突、地区冲突。如何使不同肤色、不同种族、不同语言、不同生活习惯、不同价值观的人们和平共处，在一个地球村里安居乐业？在此背景下，保持文化的多样性逐步成为大家的共识。于是联合国通过《保护文化多样性公约》和《保护非物质文化遗产公约》，我国全国人大通过《非物质文化遗产保护法》，“非物质文化遗产”这个陌生的外来词，逐步被学界、新闻界乃至广大群众所认可和理解。下面就非物质文化遗产语境下的传统戏剧传承保护研究谈谈我的认识。

一 传统戏剧的概念与分类

1. 传统戏剧的概念和范畴

在谈传统戏剧之前，我们首先要明确传统戏剧的概念和学术范畴。国务院公布的我国非物质文化遗产名录共分十大类，传统戏剧是其中非常重要的一个门类。大家知道在我国哲学社会科学学科门类中有戏剧戏曲学这样一个门类，许多学者不解，戏剧不就包括了戏曲在内的所有的戏剧形式吗，为什么还要将戏曲与戏剧并列呢？起初，我也不明白。有一次我向张庚先生汇报戏曲志编纂工作，问到这个问题。张庚先生说，之所以将戏曲和戏剧并列，是为了强调和突出戏曲的地位。戏曲是我国特有的民族民间戏剧形式，但在过去的学术界没有得到应有的地位，有的人甚至不认为戏曲是一门学问，一谈戏剧，只承认从欧洲传来的话剧、歌剧、舞剧，将民族民间戏曲排除在外。文化大革命以后，恢复学位制度，张庚先生是国务院学位委员会委员，在他的倡议和大家的支持下，设立了戏剧戏曲学，保证了民族民间戏曲在学术界的地位。那么，在非物质文化遗产分类中为什么没有用戏剧或戏曲的名称，而使用了传统戏剧呢？这是因为，我国的非物质文化遗产要保护和传承的是我国独特的民族民间戏剧形式，而不包括外来的话剧、歌剧和舞剧。戏曲虽然代表了我国传统的戏剧形式，但在20世纪80年代之前，并没有将我国所有的传统戏剧形式包括在内，如皮影戏、木偶戏，还有一些与民间祭祀活动有关的祭祀仪式剧便不在其内，十大文艺集成志书中的《中国戏曲志》、《中国戏曲音乐集成》就没有包括这些内容。为了全面、系统地保护我国的传统戏剧文化遗产，在非物质文化遗产保护名录的分类上，使用了传统戏剧这个比戏曲包容性更大的概念，有利于我国民族民间戏剧的保护和传承。

2. 传统戏剧的分类

剧种的分类是随着近现代戏曲史和声腔剧种研究的深入提出来的。20 世纪 80 年代以前中国戏曲史的研究中，大部分学者是把中国古典戏曲作为研究的主要对象，对近现代戏曲史的研究，特别是对地方戏的研究较少。80 年代以后，随着《中国戏曲志》和《中国戏曲音乐集成》的编纂在全国开展，中国近现代戏曲史的研究才越来越引起大家的重视，并取得不少研究成果。如由中国艺术研究院牵头，与各地艺术研究所联合召开的几次全国性的梆子声腔剧种学术讨论会、高腔剧种学术讨论会、皮黄声腔剧种学术讨论会、民间小戏学术讨论会、傩戏学术讨论会、目连戏学术讨论会、少数民族戏曲学术讨论会等，提交会议的论文都编印成册，此后各地都陆续出版了剧种史、剧种志等。但这一时期，近现代戏曲史的研究除余从先生的《戏曲声腔剧种研究》外，多数还局限于一地或某一声腔剧种的研究，缺乏对中国近代戏曲的分类和宏观研究。

剧种的分类是非物质文化遗产研究和戏曲遗产的抢救保护工作要解决的重要问题。昆曲被列入“人类口头和非物质遗产代表作”名录以后，对包括戏曲在内的民族民间文化艺术的保护，不仅引起我国各级政府的关注，而且越来越成为全民的共识。国务院发文在全国范围开展民族民间文化的普查工作，在文化部的领导主持下，设在中国艺术研究院的中国非物质文化研究国家中心组织非物质文化遗产各个学科的专家编写了《中国民族民间文化普查手册》。各地文化部门正按照国务院的要求，开展民族民间文化的普查工作。这一次的普查工作与以往普查不同的地方在于充分利用现代的科学技术和传媒手段，不仅搜集有关文字资料，而且注意搜集采录图片资料和音像资料，并把普查的成果数据化，输入计算机。根据 20 世纪 80 年代编纂《中国戏曲志》时的统计，在我国戏曲史上有文字记载和虽然没有文字记载但有过演出活动的剧种有 394 种，有一些剧种因种种原因，已经被历史淘汰，至编撰出版《中国大百科全书·戏曲曲艺》卷时，还有

317种。20年后，2002年至2004年，中国艺术研究院戏曲研究所承担艺术学科国家重点科研项目《全国剧种剧团现状调查》，根据调查所得和文化部有关部门的资料统计，目前全国的戏曲剧种已经减少为二百六十多种。如何将这些剧种分类编码，这是我接受《戏曲普查提纲》起草任务以后一直在思考并想解决而没有完全解决的一个问题。

在我国戏曲的百花园里，既有众多汉民族的戏曲剧种，又有各少数民族的戏曲；既有从宋金时期传承下来的古老剧种，又有清末民国时期由民间小戏发展而成的新兴剧种；既有行当齐全、表演程式性较强的大戏剧种，又有在民间歌舞和民间说唱基础上形成的小戏剧种；既有单声腔剧种，又有多声腔剧种；既有自娱或娱人的世俗戏剧，又有以祭祀和驱傩为目的的仪式剧；既有由演员扮演人物故事的舞台剧，又有由演员操纵皮影和木偶表演故事和人物的影偶戏。如果按音乐结构来划分，则可分为曲牌体剧种、板腔体剧种、曲牌和板腔综合体剧种三大类。由于角度和出发点不同，在剧种的分类上有不同的方法，大致有以下几种：

1. 按照声腔分类，如分为梆子腔、皮黄腔、昆腔、高腔等。

2. 按照音乐结构分类，如分为曲牌体、板腔体、曲牌板腔混合体。在曲牌体中又分为曲牌联套体、曲牌连缀体、单曲体等。

3. 按照剧种形成的时期分类，如分为古老剧种、新兴剧种等。

4. 按照剧种的功能分类，如分为大戏剧种、小戏剧种等。

这些分类方法都有优长，都有一定的理论依据，但是有一个共同的缺点，就是没有一种方法能涵盖和解决所有剧种的分类问题。我国各地各民族的戏曲形成发展的历史千差万别，很难以一种分类的方法将它们归类，比如按民族、按剧种形态、按剧种声腔分，都会有这样那样的缺点，特别是多声腔剧种，很难归入某一个声腔。

既然上述分类方法不能解决所有剧种的分类问题，那应当另行设法，最后我想到了“约定俗成”四个字。人类的许多概念并不是由大家讨论总结出来的，而是人们在社会的实践中约定俗成的。或者是由某人首先提出，后来得到大家的认可，比如我们现在称之为秦腔、豫剧、晋剧、赣剧、湘剧、婺剧的诸多剧种，首先是由一些对戏曲感兴趣的文人在写文章时起的名称，有些是外地人先叫出来的，比如秦腔、晋剧、豫剧、山陕梆子等名称，无论是在陕西，还是山西，在清末民国初年的时候，当地人都称之为乱弹。新中国成立以后，过去的戏班、剧社、剧团等表演团体都归属于某地、某一级地方政府管理，于是有了剧种按行政区划的细分，如花鼓戏分为长沙花鼓、衡阳花鼓、荆州花鼓等，花灯戏分为四川花灯、贵州花灯、云南花灯等，秧歌戏分为蔚州秧歌、广灵秧歌、繁峙秧歌、祁太秧歌、襄武秧歌、定县秧歌等，采茶戏分为赣南采茶、赣东采茶、吉安采茶、粤北采茶等。开始的时候，它们之间的差异并不大，但由于地区经济、文化发展的不平衡和受地域其他文化艺术的影响不同，剧种之间的差异越来越大。过去相邻地区剧种的演员可以互相搭班同台演出，比如豫剧与上党梆子、蒲州梆子与同州梆子、北路梆子与河北梆子等都是如此。现在经过几十年的发展变化，它们之间不仅在唱腔上区别很大，而且在演出剧目上也各有所取，演员之间根本不可能再同台演出了。我们今天在划分剧种时，只能按现在约定俗成的既成事实处理，而不能回到新中国成立之前的状态。根据这一思路，我在编写《中国戏曲文化史》、《中国清代戏剧史》、《中国近代戏曲史》中把现存戏曲剧种分为以下10类：

1. 南北曲传承下来的古老剧种，如昆曲、弋阳腔、梨园戏、莆仙戏、潮剧等。

2. 梆子声腔剧种，如秦腔、蒲剧、晋剧、豫剧、河北梆子等。

3. 皮黄声腔剧种，如京剧、汉剧、徽剧、宜黄戏、汉调二黄等。

4. 多声腔剧种，如川剧、湘剧、祁剧、赣剧、婺剧等。

5. 民间小戏，如各种花鼓戏、花灯戏、采茶戏、秧歌戏、曲子戏、道情戏等。

6. 新兴剧种，如评剧、越剧、黄梅戏、沪剧、锡剧等。

7. 祭祀仪式剧，如傩戏、赛戏、队戏、锣鼓杂戏、跳戏等。

8. 皮影戏。

9. 木偶戏。

10. 少数民族戏曲。

这样基本上可以涵盖所有的戏曲剧种，也不会出现将一个剧种分为若干类的尴尬局面。但这样分法，也有让人可挑剔的地方，比如分类的标准不统一等。如何使剧种的分类更科学、更可行，需要大家共同研究。以上只是我个人的一点想法，提出来供各位专家学者批评指正。

二　传统戏剧的形成规律

1. 由说唱艺术或民间歌舞到“两小戏”，发展为“三小戏”，最后形成地方大戏。

中国的戏曲艺术产生于民间，是一种活在舞台上、艺术形式不断新陈代谢的艺术。一种新的戏曲形态在民间形成后，流入城市，受到城市文化和市民审美意识的影响后走向成熟，由小旦、小丑的“两小戏”发展为小旦、小丑、小生的“三小戏”，然后发展为生、旦、净、末、丑行当齐全的大戏，并由俗向雅发展。步入上层社会的艺术殿堂后在形式上逐步凝固以至僵化，最后走向衰落。在我国戏曲发展历史上，北曲杂剧、南戏传奇、近现代传统戏剧都经历过这样的道路。

2. 由曲牌体到板腔体。

由曲牌体到板腔体，中国戏曲在音乐上完成了由古典到现代的变革。梆子戏是最早出现的板腔体戏曲形式，它是直接由诗赞体的民歌和说唱艺术发展起来的。弋阳腔流传到各地以后经过“滚唱”、“滚白”等通俗化的改造，发展成为各种高腔。高腔既保留了曲牌体音乐的基础，又发展出了板腔体音乐的成分。由曲牌体向板腔体发展是戏曲音乐发展的趋势，除高腔剧种外，一些道情戏、秧歌戏也由曲牌体向板腔体发展。

3. 由单一的声腔到多声腔。

明清时期，我国的经济、文化中心南移，长江流域成为戏曲诸腔杂调会聚的地区。清末民初，戏曲改良运动在全国各地兴起，为编演新戏，争取戏曲观众，不同声腔的戏班联合，组成新的演出团体，为多声腔剧种的形成创造了条件，如川剧即是这样由昆腔、高腔、胡琴、弹腔、灯戏五种声腔组成的。在辛亥革命之前，这五种声腔原以不同的剧种分别在四川各地演出，后逐渐合流，形成高昆兼唱的班子或胡弹兼唱的班子，以及昆、高、胡兼唱的班子。约在辛亥革命前后，随着城市工商业的发展，各个剧种的戏班涌入城市演出。为了适应各个层次观众欣赏的需要，出现了融五种声腔为一体的演出团体，如“三庆会”。“三庆会”成立于清宣统三年（1911），它是由唱高腔的戏班宴乐、长乐、宾乐、翠华，唱昆腔、弹戏、胡琴为主的太洪、舒颐、彩华等班经过协商，自愿成立的。“三庆会”的出现，标志着川剧的成熟。湘剧、祁剧、赣剧、婺剧等多声腔剧种都经历了与川剧类似的形成过程。在多种声腔并存的戏班里，无论何种声腔，唱、白的语言都是统一的，用相同的打击乐、统一表演的节奏，故逐步形成了表演风格统一和谐的剧种。

三　传统戏剧的文化特点

我国的传统戏剧有三百多种，它们的文化特点主要有以下三个方面：

1. 地域性。

梆子、秧歌、道情一般流传于黄河流域，昆腔、高腔、花鼓、采茶戏多流行于长江流域。黄河流域多单声腔剧种，多声腔剧种一般流传于长江流域。同一声腔不同剧种，主要的区别是语音，如梆子腔，有秦腔（西安梆子）、同州梆子、蒲州梆子、中路梆子、北路梆子、上党梆子、豫剧、宛梆（南阳梆子）、河北梆子、西调、山东梆子、莱芜梆子、枣梆等之分。早期的梆子戏是没有剧种之间的区别的，当地人统称为乱弹。江浙和东南沿海一带的文人墨客按照他们的习惯和地理概念，给梆子戏起了一个雅号，叫秦腔。因梆子班中的演员大部分来自山西和陕西，北京的观众称梆子戏为山陕梆子。清同治、光绪以前，各地的梆子戏演员无论在北京，还是在上海，都可以互相搭班，同台演出。陕西同州、山西蒲州、河南陕州三地的戏班、艺人之间的交流更是频繁。如清乾嘉年间，就有河南祥符人张喜儿搭秦腔“永庆部”的记载；同光年间以演《忠孝宴》享有盛名的蒲州梆子演员白菜心郧三吉为河南卢氏县人；以演《葵花峪》、《明公断》享有盛誉的蒲州梆子名旦杨雨春出自河南怀庆府；以演《牧虎关》声震晋南的蒲州梆子名净刘福奎亦为河南人。蒲州梆子名旦王存才更为典型，他学艺在河南灵宝，后在晋南搭班演出，抗日战争至新中国成立前与王秀兰、阎逢春等在西安献艺。他的《杀狗》、《挂画》等剧，在山、陕、豫都留下深远影响。至于同州、蒲州两地的班社、艺人的交往更是不胜枚举。山西蒲州的梆子戏演员和陕西同州的梆子戏演员无论在黄河东岸还是在黄河西岸，都可以互相搭班，上党梆子演员也可以和豫剧演员相互搭班演出。清嘉庆年间，晋北出现了本地人开办的梆子科班。虽然晋北的梆子科班也崇尚“蒲白”，但终因语言的差异，有了上路和下路之分。清光绪年间，晋中商人出资开办了许多“字号班”。他们嫌梆子腔过于火爆，就支持艺人改革，吸收了晋中秧歌的唱腔和伴奏乐器，使上路梆子戏有了中路和北路之分。由于演员的本地化，语言和所受民间艺术的影响不同，中路梆子和北路梆子的差异在进一步扩大。抗日战争时期，蒲州梆子的名伶都避难到西安等地演出，受西安秦腔的影响很大。现在，蒲州梆子的唱腔与中路梆子（晋剧）和北路梆子的差别较大，而和秦腔比较接近。但蒲州梆子演员无论是与中路梆子、北路梆子演员，还是与秦腔演员，都难以互相搭班，同台演出。河南梆子（豫剧）和上党梆子在新中国成立以后，在音乐上发展很快，差异也越来越大，两个剧种的演员也已经很难同台演出了。河北梆子是山陕梆子流传到河北和京津地区以后逐步衍变而成的。由于地域的接近，河北梆子与北路梆子在唱腔上比较接近。清末民初，河北梆子和北路梆子的演员很容易互相搭班，同台献艺。天津的河北梆子女演员兴起后，河北梆子的唱腔调门变高，现在两个剧种的演员很难同台演出了。

2. 民族性。

中国戏曲在宋金时期形成后，经历了北曲杂剧、南戏传奇、板腔体传统戏剧这样几次在音乐结构和剧本体制上的变化，先后产生过三百九十多个剧种。在这些剧种中除为数众多的汉族戏曲剧种外，还有藏戏、蒙古戏、壮剧、维吾尔剧、白剧、傣剧、侗剧、彝剧、布依戏、苗剧等少数民族戏曲。在少数民族中，也有一个民族因居住的区域不同，语言和风俗习惯的不同，而形成若干个剧种。如藏族，在西藏自治区就有白面具戏、蓝面具戏、昌都戏、德格戏、门巴戏；在四川、甘肃、青海的藏区有安多藏戏、康巴藏戏、甘南藏戏、黄南藏戏等。再如白族戏曲有吹吹腔、大本曲之分；壮剧亦有师公戏、土戏、沙剧之分。这些戏曲剧种尽管唱腔不同，表演风格不同，所走的艺术道路不同，艺术成分的含量亦有很大的差异，但它们有一个共同的特征，就是王国维先生所概括的“以歌舞演故事”。戏曲艺术的这种多样性，另一方面也反映了我国地域辽阔、民族众多、语言丰富、民间艺术多姿多彩等状况影响下形成的戏曲文化发展的不平衡性；戏曲艺术“以歌舞演故事”的这种共同特征，反映了我国各地各民族戏曲文化在共同的历史背景下，经过长期的相互影响、相互交融而形成的内在联系。

中国各地各民族的戏曲除了“以歌舞演故事”这一不同于西方戏剧的基本特征外，均具有各自的民族特征。

中国戏曲的民族特征，首先表现在各个民族的戏曲剧种都采用了本民族的语言，唱腔曲调是在本民族的民间音乐基础上根据抒发感情、塑造人物、渲染环境的戏曲化要求而整合创造出来的。如藏戏的唱腔称“朗达”，它是在藏族鼓舞音乐、道歌和“谐钦”歌舞音乐的基础上形成的，具有雪域佛国浓郁的民族风格。蒙古戏是在蒙古族的民歌、说唱曲艺和宗教音乐的基础上形成的，有的早期剧目的名称甚至和民歌完全一样，如《达那巴拉》全剧采用了科尔沁民歌〔达那巴拉〕，《诺丽格尔玛》也是采用了科尔沁叙事民歌〔诺丽格尔玛〕的曲调；后来的一些剧目采用了“民歌联曲体”的手法，根据剧情和人物需要，采用多首民歌，如《赛乌素沟畔》一剧是由〔巴音杭盖〕、〔查干宝力格〕、〔丹钦扎布〕、〔脑门达莱〕、〔那仁高勒〕、〔白音都民〕六首民歌的曲调组成。蒙古戏的音乐唱腔具有高原游牧民族悠扬、豪迈的风格。维吾尔剧的唱腔是以维吾尔族的民歌、说唱音乐和古典套曲〔十二木卡姆〕发展而成的，具有嘹亮、欢快的特点。彝剧唱腔是以彝族的民歌〔梅葛调〕、〔过山调〕、〔玛嫫若调〕、〔嫁调〕、〔阿噻调〕、〔左脚调〕等民歌为素材创作的；白剧唱腔吸收了白族的说唱音乐“大本曲”；傣剧的唱腔中，用了大量的民歌，如用〔琴调〕表现哀怨、悲伤或思念之情，用〔婚宴调〕表现人物的庸俗、轻浮，用〔孔雀歌〕表达热烈和欢快的情绪，用〔鹦鹉调〕作为剧中的序曲和剧终时的合唱，用芒市〔城子山歌〕和〔坝子山歌〕作为表达男女主人公感情的对唱等。南方少数民族戏曲的唱腔，都具有感情细腻、缠绵、热忱、奔放的风格。

戏曲的民族特征，在表演上也非常鲜明。如藏剧中的骑马、放牧、剪羊毛、纺织、挤奶、炼制酥油等表演动作，是从藏族人民的生活动作中提炼出来的；彝剧的欢快步、愁烦步、迎客步、送客步、登山步、催马走场等表演动作是在本民族的生活动作和彝族舞蹈的各种跌脚步法基础上，借鉴兄弟民族戏曲表演技巧创造出来的。云南的西双版纳和德宏是大象和孔雀的故乡，傣剧的表演就吸收了许多傣族舞蹈中表现大象和孔雀形象的动作，如“见面礼手”就是模仿大象形态提炼出来的一种身段："演员右手垂直向下，握掌，下弯的腰部和微低下的头相配合，造成下垂'象鼻'的感觉。左手配合膝部弯曲的双腿，身体作大幅度的起落动作，形象地刻画出庞大而笨重的象体行进的形态。"① 傣剧《海罕》中王子骑象出征时就用了这个身段。傣剧的"孔雀身段"是模仿静静屹立的孔雀形体而来的，"身法是右腿微弯，左脚尖着地，右手向上成三道弯，掌心向上，大指成垂直状，左手自然向后，掌心向外，与大指成垂直状。动作完成时，要眼神平视，收腹提气，多用于霎间亮相或舞蹈的旋转"②。傣剧《朗推罕》中的七位公主就经常使用这个身段。"孔雀碎步"也是傣剧常用的身段步法，这是从傣族民间舞蹈孔雀舞中直接引用的一种表现孔雀快速行进的步法。在傣剧中，常常用这种步法表现少女欢快、愉悦的心情。傣剧正是运用了大量本民族的舞蹈语汇，使它的民族特色非常突出。

戏曲的民族特征还表现在类似和相近的剧种或表演身段由于民族不同，而形成多样性的表演特点。如同样是花灯，四川和贵州的花灯保留了汉族民间花鼓小戏载歌载舞、生动活泼的特点，演员的舞蹈动作突出了一个"扭"字，主要是靠腰腿的功夫，做出各种舞蹈动作、身段；而云南彝族等少数民族的花灯则吸收了彝族等少数民族的舞蹈动作，突出一个"崴"字。"崴"有正崴、反崴、小崴、等点步、扭步、颠步、大屯步、白云步、鸭子踩水步、双十字步等步法，靠胯部的扭动，形成婀娜多姿、热烈奔放的表演动作，民族特点非常鲜明。再如，汉族戏曲旦脚的手势，多数是用兰花指，掌心向内，表现出一种文静的、优美的风度；而云南的傣剧、白剧、彝剧等旦脚的手势，则较多地汲取了孔雀舞的动作，手心向上，表现出一种热情高雅的姿态。再比如，同样是骑马，汉族戏曲中的趟马就和蒙古剧等少数民族戏曲中的"马舞"有明显的区别。为了突出戏曲的民族特色，许多

①② 《中国戏曲志·云南卷》，中国ISBN中心1984年版，第352页。

剧种都按剧情和场面气氛的需要，直接插入各种各样的民族民间舞蹈，如汉族戏曲中的花轿舞、扇舞、鼓舞、灯舞、手绢舞、挑担舞、绸舞、长袖舞；藏剧中的拟兽舞、拟禽舞、面具舞和宗教舞蹈羌姆，民间舞蹈谐钦、果谐、踢踏、热芭等；傣剧中的孔雀舞、象脚鼓舞、刀舞；侗剧、苗剧中的芦笙舞、振铃舞；彝剧中的跌脚舞；唱剧中的长鼓舞，等等。

3. 多样性。

戏曲的多样性，除了体现在不同民族有不同戏曲剧种，同一民族有多个戏曲剧种外，还表现为同一地区存在多个剧种，以及一个剧种存在不同的戏曲声腔，如戏曲大省山西、陕西、河南、河北、安徽、江西、山东、湖北、湖南、江苏、浙江、福建、广东等省的戏曲剧种都在20种以上，其中山西一个省就有45种。有的省剧种不多，但在一个剧种内存在着几个不同的戏曲声腔，如四川的川剧，就有昆腔、高腔、胡琴、弹戏、灯戏5种声腔。湖南的湘剧、祁剧，江西的赣剧，浙江的婺剧，广西的桂剧，广东的粤剧等也都是多种声腔并存。另外，有的剧种形成后，迅速流传到它周围的地区，与当地民间艺术相结合，产生出新的剧种，形成一个声腔剧种体系。

戏曲的多样性，不仅是中国戏曲文化的特点，也是中国戏曲文化的优势。文化的品类和自然界的物种一样，其生存发展不仅要有一定的质量，也要有一定的数量。中国戏曲文化之所以源远流长，延绵不断，有旺盛的生命力，就是因为它家族兴旺，品类繁多。人类创造了丰富的物质文明，也创造了多彩的精神文明。然而随着世界经济一体化和信息化的发展，不同民族、不同地域文化的特色日趋淡化，甚至消失。物质世界的发展需要生态平衡，需要将一些濒临灭绝的生物加以特殊保护。精神世界的发展也需要生态平衡，也需要将一些濒临灭绝的文化品种加以特殊保护。戏曲作为中华民族的优秀传统文化要发扬光大，需要保持群体的优势。联合国教科文组织已经将昆曲列入首批“人类口头和非物质遗产代表作”名录加以保护。在中国戏曲百花园中，具有艺术品位和文化价值而濒临灭绝的何止昆曲？现在许多外国的艺术家和学者都重视学习和研究中国的戏曲文化，而我们自己却对本民族、本地区日益衰落甚至消失的戏曲熟视无睹。中华民族要自立于世界民族之林，不仅要创造更加丰富的物质文明，而且要保持和创造更加辉煌的精神文明。我国各地各民族戏曲文化的保护和发展问题应该引起大家充分的重视。

四　传统戏剧的文化艺术价值

传统戏剧的文化艺术价值主要体现在以下几个方面：

1. 创立了板腔体的戏曲形式，为加强戏曲音乐的戏剧性开辟了新的途径。

梆子腔出现之前，我国各地流传的北曲杂剧和昆腔、弋阳腔等戏曲声腔均是以曲牌联套或曲牌连缀为其音乐结构形态的。每支曲牌虽然是由若干乐句组成，但曲牌中任何一个乐句或一个片段都不能抽出来单独构成一段唱腔。同时，曲牌与曲牌的组合，是按一定的调式、调性分别列入相应的宫调里去的，一组套曲里只能用同一宫调的曲牌。因此，一场戏不管情节需要与否，场上的角色必须唱完一套或一支完整的曲子。剧本作者为了适应这种音乐结构形式，往往不顾情节和人物需要，按宫调组曲，依曲牌填词。这无形之中限制了剧中人物内心世界的自然抒发和角色之间矛盾冲突的表现，削弱了作品的戏剧性。梆子腔采用的则是以各种不同板式的变化为特征的结构方法，每一种板式的基本结构单位均为一个对称的上下句，两句唱词就可构成一个独立的唱腔。剧作者可以不受曲牌音乐的限制，完全按剧情和剧中角色情感的需要编写唱词，当长则长，当短则短，长者可达几十句、上百句，短者则只有两句。演员演唱时也可以根据自己对剧情的理解和对角色的体验及自己的嗓音条件等，在一支曲调的基础上，选用不同的板式、润腔方法，以声传情，塑造形象，刻画性格。因此，梆子戏板腔体的出现，是对曲牌体戏曲音乐的一次重大变革。这一变革不仅解除了曲牌联套的音乐结构形式对戏曲剧本创作的桎梏，而且也为戏曲音乐的发展和演员演唱技巧的发挥开辟了自由的天地。

2. 创立了分场结构的剧本形式，解放了艺术生产力。

地方戏的剧本体制与板式变化体的音乐结构相适应，采取分回或分场结构形式，有戏则长，无戏则短，场次的安排完全根据剧情发展的需要来设置，克服了杂剧“四折一楔子”的局限和传奇剧本冗长、松散的痼疾，提高了戏曲剧本的戏剧性。此外，地方戏的唱词采用的是以七言或十言为主的诗赞体句式，与说书等说唱文学相近似，不仅具有生动明快、节奏感强的特点，而且易于被艺人们掌握和运用。板腔体的地方戏成熟后，新剧目源源不断地搬上舞台，至清末民初，达到上千种，说明地方戏在音乐形式和剧本体制上的变革解放了艺术的生产力。

3. 用农民和市民的眼光审视历史，产生了一大批反映阶级矛盾和民族矛盾、歌颂反叛者形象的剧目。

地方戏形成和发展的年代，正是我国封建社会日薄西山，阶级矛盾和民族矛盾日益尖锐，农民起义接连不断，封建制度和封建礼教土崩瓦解的时期。明末席卷全国的农民大起义和清初汉族人民反抗异族统治的斗争虽然被清王朝残酷镇压下去了，但革命的影响却深深留在广大人民群众的脑海里。地方戏的作者多是民间艺人和下层知识分子，他们虽然不敢直接搬演明末的农民起义和汉族人民反抗清王朝统治的斗争，但从三弦书、鼓书、评书等民间说唱文学中选取素材，创作了《反五关》、《李刚打朝》、《刺中山》、《薛刚反朝》、《花打朝》、《斩黄袍》、《夜打登州》、《打渔杀家》、《串龙珠》等一大批反映忠奸斗争、歌颂反抗精神、把批判矛头直指皇权和封建制度的剧目。

4. 塑造了一批巾帼英雄形象。

地方戏在表现人民群众反抗封建黑暗统治和抵御外来侵略势力斗争的过程中塑造了一批巾帼英雄形象，如薛家将故事戏中的樊梨花，杨家将故事戏中的佘赛花（佘太君）、穆桂英等。这些巾帼形象不仅具有美丽的相貌，而且深通韬略，武艺高强，在战场上驰骋冲杀，胜过须眉，表现出胸怀大志、英姿飒爽、朝气蓬勃的精神风貌。在剧中，她们无论是在反抗强权暴政和封建压迫的政治斗争中，还是在保卫国土、抵御外来侵略的战场上，都起着举足轻重的作用，反映了清中叶以后觉悟中的中国妇女要求解除封建压迫、投身于反帝反封建的革命洪流和民族解放斗争的强烈愿望。

这些巾帼形象还有一个共同特点，就是她们的爱情婚姻都具有反封建礼教的传奇色彩，如樊梨花与薛丁山、佘赛花与杨继业、穆桂英与杨宗保、刘金定与高俊保、陈金定与罗成、红娘子与李岩等，他们的爱情不是产生在花前月下，也未遵循“父母之命，媒妁之言”的古训。巾帼们与她们所钟情的男子几乎都是由刀枪相拼的劲敌而成为恋人，进而结为夫妻的。他们的爱情产生于两军对阵的战场上，双方的厮杀之中。吸引男女双方的，除俊美的相貌外，主要的是高超的武艺及战斗中所表现出来的精神气质，保家卫国、建功立业的志向将他们的命运联结在一起。在这种传奇式的恋爱和婚姻中，这些巾帼英雄始终处于主动和积极的地位，她们表达爱情之直率、大胆，即使今天的青年男女亦望尘莫及，然而这些言行又不使人感到唐突，因为她们这种表达爱情的方式是符合她们的身份和特定环境的。这些巾帼人物大都出身于绿林豪杰家庭，没有受到封建礼教的腐蚀，且又占山为王，处于官府、王法管不着的地方，她们的武艺又高于对方一筹，所以才会有如此的爱情表达方式。自然，在她们身上，亦表达了梆子戏编演者及广大观众的爱情理想和生活情趣。这样的爱情、这样的婚姻无疑是对封建婚姻制度的挑战和否定，这是地方戏中爱情剧目在思想上超越杂剧和传奇爱情戏的地方。

5. 推动了舞台表演艺术的发展。

地方戏为适应表现复杂的宫廷斗争、波澜壮阔的农民起义和千军万马厮杀的战争场面，不仅继承了北杂剧和昆剧、弋阳诸腔的舞台艺术，还广泛吸收了武术、杂技、社火、宗教仪式等民间表演，把戏曲的表演艺术推向高峰。

在梆子戏之前，北杂剧和昆剧在艺术上均是以唱为主的，所演出的剧目亦多是才子佳人悲欢离合的爱情故事，正面表现宫廷政治斗争和战争场面的戏较少。梆子戏则不然，在其传统剧目中，多数是表现宫廷斗争和战争故事的，从远古时期舜帝征三苗到清末的辛亥革命，中国五千年历史中发生的重大政治事件几乎都曾被编成戏，在梆子舞台上演出过。为把这些丰富复杂的历史故事搬上戏曲舞台，梆子戏艺人对凡是有用的、适合舞台表演的艺术技巧都加以吸收，如早期武戏中的真刀真枪开打及武打技巧就是取自民间的武术表演，要手绢、要扇子、要茶盅、要草帽圈等特技取自民间的杂技表演，髯口功、翎子功、捎子功、帽翅功、跷功、椅子功、吹火等特技取自民间社火表演。梆子戏的艺人将这些特技表演与戏剧的情景融合在一起，为刻画人物服务，成为梆子戏表演艺术的重要组成部分和一大特色。

梆子戏表演艺术的丰富和发展，做工戏和武打戏的不断增多，使演员脚色行当的分工亦进一步趋向细密。生行中出现了武生、武小生，旦行中出现了武旦，净行中出现了二花脸，丑行中出现了武丑，这些行当均以做工和武打见长。与此同时，须生、小旦、小丑等的做工亦进一步加强，出现了许多以做工见长的剧目。

五　传统戏剧的保护与传承

20 世纪末 21 世纪初，中国由一个曾经的农业国发展为一个工业化、信息化发达的国家。随着生产方式和生活方式的变化以及外来文化艺术的冲击，中国戏曲赖以生存的社会条件发生了深刻的变化，戏曲统领城乡舞台的局面一去不复返了，戏曲不仅退出了城市舞台，而且在乡村的演出市场也日益萎缩。

中国传统戏剧的衰落引起了国内外文化界的关注和我国政府的重

视。在各界关怀和支持下，经中国艺术研究院申报，号称“百戏之祖”的昆曲被联合国列入首批“人类口头和非物质遗产代表作”名录。国家除通过文华奖、舞台艺术精品工程等促进戏曲创作外，还逐步建立起国家、省、市、县四级非物质文化遗产保护制度。在国务院公布的两批1082项国家非物质文化遗产名录中，传统戏剧有126项，保护的剧种有210个。

1. 传统戏剧的传承特点。

戏曲是融文学、音乐、舞蹈、美术等为一体的高度综合的表演艺术，它的创作和演出人员，除了演员之外，还有编剧、导演、音乐设计、舞美设计、乐师等，就演员而言，亦有生、旦、净、丑不同脚色行当的分工，因此必须要有一个由这些人员组成的团体。其艺术的传承，除了各个艺术行当的个体传承外，还需要集体的传承，这样才能保持艺术的完整性，才能形成剧种和流派风格。

2. 传承人的标准。

戏曲是以演员为中心的表演艺术，艺术的传承主要靠艺人的口传心授。许多名艺人既是优秀的表演艺术家，又是杰出的教育家。他们掌握并承载着戏曲文化遗产的丰富知识和精湛的表演技艺，既是非物质文化遗产活的源泉，又是其代代相传的代表性人物，如元杂剧演员珠帘秀，《青楼集》说她“杂剧为当今独步；驾头、花旦、软末泥等，悉造其妙”①，她培养出赛帘秀、燕山秀等著名演员，被后人尊为“朱娘娘”；昆曲的奠基人魏良辅，清代秦腔演员魏长生，近代京剧演员谭鑫培、王瑶卿、梅兰芳等，他们承前启后，创造了丰富多彩的艺术流派，为戏曲的传承、发展与繁荣作出了巨大的贡献。

传承人在传统戏剧保护中的重要性得到了政府的高度重视。在国务院公布的两批777名国家非物质文化遗产代表性传承人中，传统戏

---

① 夏庭芝《青楼集》，载《中国古典戏曲论著集成》（二），中国戏剧出版社1959年版，第19页。

剧的代表性传承人就有304名，其中既有昆曲、京剧、秦腔、豫剧、评剧、越剧这样影响广泛的大剧种的传承人，也有花鼓、花灯、秧歌、道情这样一些地域性的民间小戏的传承人，还有藏剧、白剧、傣剧、侗剧等少数民族戏曲剧种的传承人。

戏曲是综合性的表演艺术，它既有师傅带徒弟的个体传承方式，又有父传子、母带女等家庭传承方式，还有科班和学校集体传承的方式。根据戏曲传承的多样性修订的传承人评审标准，既有“溯源三代以上师承关系”的条款，同时又增加了“具有30年以上从艺经历”的条件限定。尽管如此，从通过评审产生的传统戏剧代表性传承人来看，代表性还是很有限的。这些传承人绝大部分是演员，从事音乐设计的只有两人，编剧、导演、舞台美术设计一个都没有；在演员中又以生脚和旦脚演员为主，净脚、丑脚演员很少。这也反映了我国戏曲从艺队伍的实际，演员中缺乏净脚和丑脚人才，创作队伍中缺乏编剧、导演、音乐设计、舞台美术设计人才。一个剧目要搬上戏曲舞台并传承下去，需要一个演出团体，需要各方面的创作人才；一个剧种的传承更离不开集体的传承。人才的缺失，是制约戏曲传承和发展的重要原因。

3. 传承人的责任和义务。

文化部对国家级非物质文化遗产项目代表性传承人提出了应承担的6项责任和义务。一是在不违反保密制度和不侵犯知识产权的前提下，向省级文化行政部门提供项目操作程序、技术规范、原材料要求、技术要领等非物质文化遗产资料；二是制订项目传承计划和目标任务，报文化行政部门备案；三是努力从事非物质文化遗产的生产、创作，提供高质量的非物质文化遗产作品及成果；四是认真开展传承工作，无保留地传授技艺，培养后继人才；五是积极参与展览、演示、教育、研讨、交流等活动；六是向省级文化行政部门提交项目传承情况报告。戏曲是高度综合的艺术形式，一个剧种的传承需要一个表演团体各方面的艺术人才，如编剧、演员、导演、音乐、舞美等。

就演员而言，还有生、旦、净、丑等各个行当，在行当中还有各个不同的艺术流派。因此，就戏曲的代表性传承人而言，第三项、第四项尤为重要，首先要把自己所掌握的技艺传授给年轻一代，使流派艺术后继有人。传承人的主要责任是培养新的传人，而不是到中小学普及戏曲知识。当然，传承人可以在培训中小学教师方面做一些工作。

4. 传承人的权益。

传统戏剧的保护，传承人是关键。尊重和保护国家赋予传承人的合法权益，这一点应得到全社会的高度重视。首先要赋予传承人个人荣誉，使他们能够受到社会和世人的尊重，增强传承人对所做工作的自信心和自豪感，使传承人能够更加积极主动地投入到非物质文化遗产保护工作中；同时还要赋予他们传承历史文化的重任和保护非物质文化遗产的责任。国家和各级政府要关心他们，为他们的生活和工作提供良好的条件。现在一些地方、一些剧种传承人的基本工资、医保等基本生活条件还没有解决，更谈不上传承艺术所应有的条件，特别是在经济落后地区，这一问题尤为突出。因此，国家针对包括传统戏剧传承人在内的非物质文化遗产传承人的实际情况制定统一的政策是非常必要的。

结束语

中国的戏曲不仅是中华民族优秀传统文化的重要组成部分，而且在世界戏剧文化中也占有独特的、非常重要的地位。当世界经济进入一体化的新时期，中华文明中独特的戏曲文化不仅不应该削弱，而且应该得到大力扶植。中国能不能成为世界强国，除了经济的发展外，最终要看我们能不能保持中华民族独特的文化传统。戏曲是中华传统文化的集大成者，是民族精神的集中体现者。它熔铸了中华民族的歌舞、文学、音乐、历史，凝聚着中华民族独特的生活情感、道德情操、喜怒哀乐以及不同于西方的价值观；千百年来，它犹如一种血脉，融化和流淌在我们民族的肌体里，渗透在我们民族的灵魂中，反映在我们的生活中。建设有中国特色的先进文化，必须建立在中国优秀传统文化的基础之上。古老的中国戏曲文化在信息时代的今天出现生存危机，这并不可怕，可怕的是我们无动于衷，无所作为，甚至以外来的所谓先进文化取代包括戏曲在内的中国传统文化。在全球经济一体化过程中如何保存和发展包括戏曲在内的优秀传统文化，已成为摆在我国政府和人民面前的重要课题。特别是昆曲列入联合国教科文组织通过的首批“人类口头和非物质遗产代表作”名录后，如何保护各地各民族的戏曲文化，已成为文化界、新闻界议论的热点。能够将传统戏剧列入联合国和我国各级政府文化遗产保护名录自然是幸事，但更重要的是把工作的重点放在发展上，不断创作出优秀剧目，满足广大群众的精神文化需求，这才是保护发展传统戏剧的根本。

（刘文峰　中国艺术研究院戏曲研究所副所长、研究员）

戏曲的性质、命运与未来

麻国钧

一　戏曲程式系统不可再生

戏曲程式是一个完整无缺的系统，这个系统带有全息性质。我们不妨把构成戏曲的各个部分看作是一个独立的信息元，它独立却不孤立，与整个系统保持着密不可分的关联，在每个单一的部分中，都反映着整个系统的性质。这个全息的系统包括一度创作、二度创作以及演员养成三大部分。笔者认为，从戏曲演员的培养训练开始，就已经在戏曲特有的程式之中，戏曲演员的培养训练不能脱离戏曲程式而独立进行，它必须严格地遵循戏曲程式，在戏曲程式的制约之下展开。舞台呈现部分则包括行当、音乐、唱腔、舞蹈、身段、宾白、文场、武场、服装、道具，等等。一度创造即剧本编写，也在戏曲程式的制约之下完成，脱离戏曲程式的剧本无法搬演。这三大部分各自之间存在着密切的依存关系，不可割裂，就像《华严经》那个“因陀罗网”的隐喻一样，“因陀罗网”悬挂在因陀罗的宫殿里，一颗颗宝珠的光，互相辉映，一重一重，无有穷尽，一颗宝珠可以看到由它反映出来的其他所有宝石。这种由宝珠所结成的“因陀罗网”，暗示这样一个道理：宇宙中万事万物之间具有无穷联系性。所谓一粒微尘见无量佛刹，一世界入多世界，多世界入一世界，一即全体，全体即一。

戏曲程式也具备这样全息的性质。戏曲就是用这套程式系统敷衍故事，塑造人物。换言之，戏曲已经离不开这套系统了，没有它，戏曲就不能奏之场上，不足以完成搬演。缺失了这个完整的程式系统，严格地讲，就不成其为戏曲。

戏曲程式系统经过相当长久的时间锤炼而成。为了表现古代生活的方方面面，历代戏曲人从各种生活中挖掘，不知下了多少功夫，经长期切磋、锤炼、研磨、修正而定型，终于完成了一整套足以表现古代各种生活、各类人物的中介性质的艺术表现形态——程式。它既不是生活的，也不是场上的，而是介于二者之间的，戏曲从业人员，从编剧到演员通过这些中介，最终完成场上的演出。其中心是演员，戏曲演员不是直接用自己的身体、语言、歌唱等扮演人物，而是通过程式去完成这些任务。戏曲演员首先通过艰苦的训练，掌握表演程式，在排戏、演出时，再根据剧情、人物的需要而打乱程式、化解程式、活用程式。严格地讲，观众在剧场中所看到的已经不再是程式本身，而是戏，是演员利用程式所敷演的故事、展开的情节、塑造的人物。在场上，优秀的演员可以在一定程度上把程式化为无形，但是那些夸张的造型、简洁的舞台装置、节奏鲜明的武场、夸饰美妙的文场等，又不时地提醒观众程式的切实存在。

不承想，时代变迁了，社会的剧烈转型使得近现代生活迥异于从前的生活，各种礼节在变化，各种生活用具在更易，书面的、口头的语言在变化，衣物鞋帽在改换。说起服饰，在现当代的中国，服饰的变化程度极大地超越历朝历代。古代的中国服饰虽然也在不断变化中，但是它同时具有明显的继承性，尤其民间服饰，它的“变”是“不变”中的“变”，是小变，承袭性明显。现当代的服饰变化体现在对西方服饰的引进，当代中国人的服饰已经大踏步地西方化了，而中国传统服饰几乎成为点缀。中国生活服饰的巨大变化在短时期完成，其速度远远超越以往任何历史时期，新异的服饰充斥社会人群。一句话，现当代中国人已经完全接受了西方服饰。戏曲的表演程式，在其创编之时，是依据古代服饰而完成的，当人们利用这些程式表现古代生活的时候，看上去是多么自然，多么和谐。

但是，从前的既定程式系统在表现现当代生活、塑造现当代人物时，显出或多或少的游离，总是不太自然，即便勉强而为之，其艺术风格终不能完美统一。数十年来，可以称之为精品的戏曲剧目绝大多数是古典题材，“国家舞台艺术精品工程”中的精品剧目，百分之八十以上剧作题材是古代的。

戏曲程式是一个严密的系统，它的严密性意味着：即便某个单一的具备“程式”意味却未能融入程式系统中去的“程式”被创造出来，也没有多大意义，单一的程式如果不整合在程式系统之中，达到水乳交融的程度，那么势必造成艺术上的隔膜。戏曲程式虽然不排斥单一程式的创造，但却要求统一的艺术风格。数十年来，单一的、个别的戏曲表演程式多有创设，甚至不乏精到者，它们在一定程度上拓展了戏曲表现现当代生活的手段，但是终究不成系统，那个赖以表现现当代生活、塑造现当代人物、反映现当代人精神世界的戏曲程式系统始终没有出现。

在笔者看来，个别的程式可以再造，但是作为程式系统，再生起来困难重重。

再生一套充分表现现当代生活的戏曲程式，需要各个方面的人士依照统一的理念去反复切磋，长年锤炼，不断修正，才有可能完成，然后还需要经过多年的剧场实践检验而最终使之在剧场之中定型。定型的过程不单是对程式本身的加工与锤炼，更加重要的是，它必须得到大多数观众的接受与认可，要在观众的检验中确立，剧场才是它最终的验收场。

从严格意义上讲，程式系统的诞生，要重走前人走过的老路，捷径大约是没有的。虽然从理论上说似乎可以，但问题之一还可能出现在实际上，我们到哪里去寻找这一群人呢？到哪里去寻找这一群志同道合、敢冒风险、不计成败的人士呢？更加重要的还在于，程式创造的理念在日渐淡化，写实主义的艺术之风日渐强盛，冲淡了并且将继续冲淡写意主义的美学意蕴，戏曲艺术的话剧化倾向越来越明显，坚守固有的阵地已经不那么轻松。在这种形势下，再造一个戏曲表现现当代生活的程式系统，几乎是痴人说梦。

在这个方面，我们似乎可以远观日本古典戏剧的发展历程，或许有某些参考与借鉴价值。能、狂言，日本人把它们几乎原封不动地保存下来；可喜的在于，能、狂言并没有走进博物馆，它一直活在日本戏剧舞台上。日本江户时代逐渐兴起并迅速完善的歌舞伎，并不是在远比其古老的能、狂言等戏剧基础上形成的，它没有弃旧而创新，它不是在能乐的老树上发出的新芽，而是植根于大地的别一棵大树。这棵新生长的大树以其独特的艺术品格与能、狂言以及文乐并行于世，合称为日本四大古典戏剧。值得玩味的是，另起炉灶的歌舞伎依然充满着浓郁的日本文化意味，也在其艺术表现的方方面面明显地表现出与古老戏剧艺术的继承、借鉴关系，显示着变异与发展。歌舞伎使用的舞台就明显地具有能舞台的影子，但却不是能舞台，二者在似与不似之间。作为戏剧赖以展现的空间，能舞台与歌舞伎舞台已经成为程式被分别确立下来。

反观我们，戏曲改革的出路究竟在哪里？笔者以为，以京、昆为首的传统戏曲，一定要恪守其原本的艺术风格，不要轻易改动，像标本一样保存其古典美。在这一前提下，不妨彻底放开手脚，走出一条民族戏剧的自由之路。我们是否过分地囿于“名不正则言不顺”的古训呢？在笔者看来，大可不必拘泥于是否是“戏曲”而大胆地创新，不必先立名为“戏曲”而后行动，只需大胆地去做。我们尽可以摆脱程式化的“镣铐”而轻装上阵，不必羞羞答答，不必戴着镣铐而起舞，戴着镣铐起舞，因受镣铐的束缚，其舞姿又能美到哪里去？

二　戏曲行当系统的本质

以表演程式为中心的戏曲程式系统的不可再生，还不是根本，根本问题在于行当体制几乎是不可再生的。

前文说道，戏曲程式是一个完整庞大的系统，它由多个子系统结构而成。诸多子系统在系统中的作用并非平分秋色，而是有主次之别。行当即是系统中的一个子系统，也是一个带有主导性质的子系统。如果说，系统是一张网，各个子系统是网上的目，那么作为子系统的行当便是网上的纲。纲举目张，正是这个纲，襟带起全网。行当体制规范、制约其他子系统，构筑、提领起全部戏曲程式系统；也是这个子系统的存在，使得戏曲获得了独立于其他多种戏剧样式的艺术品格。那么，是否可以说，行当体制是戏曲的根本属性呢？

戏曲区别于其他戏剧形式的根本在哪里？是唱、做、念、打综合一体的表演方式吗？歌舞剧、芭蕾、音乐剧等也是综合戏剧艺术，却不叫“戏曲”。是程式吗？试想，哪一种戏剧形式没有程式？中外古今我们还不曾发现完全没有程式的戏剧样式，没有程式就完全不能显现戏剧样式的艺术特点。所以，单纯而笼统地说程式是戏曲与其他戏剧样式的分水岭是没有意义的。笔者以为，戏曲区别于其他戏剧形式的根本点在于，戏曲有一整套脚色行当体系。脚色行当在东方古典戏剧中带有普遍性，这也是东方古典戏剧之共性所在。不过，迄今为止，没有哪一种东方古典戏剧的脚色行当体制像中国戏曲这样完备而细密。

脚色行当作为前提，一旦确立，就襟带起戏曲全部的构成部分，服饰、化妆、表演、唱腔等便得以确定，最终完备为程式，甚至在培养演员时，就已经针对不同脚色行当进行专门训练了。

可见脚色行当的重要！没有脚色行当就不成其为戏曲。

2009 年 8 月，在云南“首届彝剧国际学术研讨会”上，讨论彝剧的未来发展时，专家们给彝剧的前途开出种种药方，有人主张彝剧要走戏曲的路子，要创造行当，就像戏曲有行当体制一样。该意见抓住了戏曲艺术的本质，即要把彝剧戏曲化，必须创建自己的行当体制，说者显然意识到脚色行当的关键性和重要性。问题是，有必要吗？可能吗？姑且不论大量戏曲剧种的快速消亡，只看当下，正值社会迅速现代化，世界文明广泛交流、日渐融合，人们的审美观念快速变化的时代，变鲜活的彝剧为相对僵化的彝族戏曲，显得不合时宜。

如果彝剧要走戏曲的发展路数，就必须构建一套自己的脚色行当体系，即便不成体系，至少也得创造“二小”或“三小”戏。

然而，脚色行当的创立不知有多难！中国历代艺术家为了它，摸索了许久许久。当优从巫觋中分化出来以后，便有倡优、俳优之别，在表演上有了初步分工，这或许可以勉强作为中国古典表演艺术脚色行当的滥觞。唐代参军戏中“参军”与“苍鹘”的出现，标志着中国古典戏剧脚色行当的初步确立。从此便一发而不可收，经宋杂剧、金院本、南曲戏文、北曲杂剧、明清传奇而至近代地方戏等，脚色行当体制渐趋缜密、周全。这中间历时不止千年，脚色行当一旦形成，就与戏曲艺术不离不弃，终至不能离，也不可弃。

脚色行当作为一套体系，它中介于戏曲演员与剧中人物之间，是二者之间可以跨越的桥梁，也是戏曲演员完成角色创造的必经之路。

严格地讲，“戏曲演员”之称谓，是没有意义的，空泛的，无所指向，使听者不明就里的。只有说出生、旦、净、末、丑，甚至老生、小生、青衣、花旦等脚色行当或具体应工时，才具有实在意义，听者才知道他究竟是干啥的，甚至他所能够演出的剧目，其表演——唱、做、念、打等的大路数，他所表现人物的大体装扮等，无不了然。因为早有以脚色行当为先导的程式摆在那儿，谁也不能逾越，谁都一目了然。

这个“中介”的高明之处就在于，它既勾连起演员与剧中人物，也断然割开二者，使得二者之间永远不可能达到完全统一，永远达不到“我就是”的程度。戏曲演员永远要通过脚色行当去扮演人物，而经过这个转换，演员就已经不再是他“本人”，而是行当了。换言之，戏曲演员不是自己去直接扮演人物，而是通过脚色行当去扮演人物；极言之，是脚色行当在扮演剧中人物。

这是一种境界，这种境界的有与无，本质上分割了东方戏剧与西方戏剧。中国乃至东方古典戏剧从来不隐晦地宣称其戏剧主张——表现的！究其根本，就在于它们所遵循的脚色行当体系。

而历史不会再一次给予我们机会，去创造一套类似的体制，因此新的戏曲剧种不易再生。

新的戏曲剧种不必新生，也就是说，不必下心思去创造新的戏曲剧种，费九牛二虎之力，却未必收获渴望的结果。说到底，我们不必也无须为了创生一个新的戏曲剧种而费尽心机地重构一套行当体制。我们的努力方向是延缓固有剧种乃至整个戏曲艺术衰颓的速度。

三　戏曲的地方属性

戏曲史上出现的全部戏曲形态，无论古今，都带有“地方”属性，从来没有完全超越“地方”性的戏曲形式。所以，笼统地讲历代戏曲都是地方戏，或者说都带有地方的性质，或无大误。

远的，如南戏，一个“南”字，所指示出的也是一个地域概念，即主要流行在南方的戏曲。甚至连“南方”都显得大，实际上主要指其发祥地温州即古代称之为“永嘉”为中心的一片区域，故南戏初名“永嘉杂剧”或“温州杂剧”。

又如“元杂剧”，这一概念以“元”这一历史时代冠名，带有不尽合理性，因为任何一个戏曲种类从来不会以朝代的兴起与衰亡为其自身的兴衰。相对而言，“北杂剧”、“北曲杂剧”就显得科学，也切近实际。前者，以其流传的地域为着眼点，而后者是以其所用音乐形式冠名。所以，北曲杂剧也在一定程度上属于地方戏：它是金末—元代—明代中期以北方为主要流行区域的、以北曲演唱的杂剧。

较远的，如昆山腔，最初不过是吴中的地方小曲，命名很准确。明代的四大声腔，无一不是地方声腔，也无一不以地名冠之，曰“海盐”、曰“余姚”、曰“弋阳”、曰“昆山”。日后，才以其发端地为中心向四周拓展。徐渭在《南词叙录》中明确地告诉我们：“今唱家称‘弋阳腔’，则出于江西，两京、湖南、闽、广用之；称‘余姚腔’者，出于会稽，常、润、池、太、扬、徐用之；称‘海盐腔’者，嘉、湖、温、台用之；唯‘昆山腔’止行于吴中……”① 听举诸腔无不显示地域性。

四大声腔中，余姚、海盐两腔衰亡较早，弋阳、昆山腔虽流布全国多个地域，形成影响全国的大声腔，但是无论传到哪里，透入其骨髓的地方性特征始终未能脱尽。

今天的情况怎样呢？昆曲已经跨出国门，名字标注在联合国教科文组织“人类口头与非物质遗产代表作”名录之中。但是平心而论，除去我们这一帮文人之外，究竟有多少普通百姓喜欢昆曲？究竟有多少北方普通百姓喜欢昆曲？事实上，昆曲不大入北耳。即便在昆曲的故乡，喜闻评弹者也远比爱看昆曲者众。如同以赵本山为号召的二人转一样，北方人趋之若鹜，而南方人大都不屑一顾。就连央视的“春晚”，它的受众面也主要在北方，“春晚”是北方人的“春晚”，在长江以南，央视“春晚”并不那么受欢迎。

为什么？一言以蔽之，它们无不带有明显的地方属性。戏曲，在

---

① 徐渭《南词叙录》，载《中国古典戏曲论著集成》（三），中国戏剧出版社 1959 年版，第 242 页。

一方水土中发生发展，在一方人的呵护下发扬光大，只要地方属性存在于艺术作品之中，就不可能放之四海而皆准。那样的艺术品，入眼易，入心难。严格意义上讲，“公中”的戏曲是不存在的，它是地方的。

极言之，地方属性是地方戏的生命力之所在。如若削弱了地方戏的地方文化属性，则地方戏一定成为姥姥不疼舅舅不爱的东西。地方戏消除了地方文化属性之时，一定是地方戏病入膏肓之日。

时下，地方戏趋同的迹象日渐明显，很多主创者满足于一时一刻的“成功”，为获奖而弹冠相庆，拿回到地方之后，当地观众不买账，票房不佳，只能束之高阁。昨天，捂住双耳，仅用眼看，不能辨其剧种当属正常；今天，即便不掩双耳，也快不辨剧种了，这是很不正常的。地方艺术特色的削弱，是部分获奖剧目生命力不强的原因之一。

这种局面不知距地方戏的灭亡还有多远！地方戏不景气的原因固然很多，任意削弱地方戏的地方文化特色是其中重要原因。仅就不精心维护地方文化艺术属性这一点来说，谁是地方戏的掘墓人呢？非从业者其谁耶？

四　地方剧种的存与亡

1998 年，联合国教科文组织在越南胡志明市召开大会，大会的中心议题是传统文化如何面对现代文明的挑战。联合国的文化官员早就意识到传统文化生存问题的严重性，予以高度重视，并警示各国文化官员以及专家学者，不全力保护民族的传统文化是危险的。现代文化与古老文化的对垒，是人类永远面临的问题，它不以民族、时代、政治的变异为转移。人类永远徘徊在传统与现代二者之间，面临着抉择。结果，只有那些继承并包容了传统文化的现代文化成为最终的胜利者。历史就这样无数次地重复着。

地方剧种的减少甚至消亡带有必然性，这种减少与消亡的命运无可逆转，不以人们的意志为转移。明末清初地方声腔剧种大爆炸，花部乱弹如雨后春笋一样涌现乃至极大繁盛的时代一去不复返了。

更有甚者，十数年间，地方戏曲剧种消亡了百余种！

我们不免为此而心疼，因为我们热爱戏曲；我们心焦，因为我们眼看一个接着一个地方戏剧种无奈地向我们挥手永别。而我们只能用自己的双手抚慰我们的伤痛之心，我们无力回天。

戏曲剧种的地方性，声腔使之然也，声腔的差异造成剧种的根本差异。语言、语音一日不统一，声腔的差异便会存在，地方戏剧种也便增加了一个存在的可能。

然而事与愿违。当今的大城市五方杂处，或甚或微，无不带有“移民城市”的味道。人们要在更加广泛的空间中寻找自己的位置，要在更加广大的人群中求得发展，方言却成为交流的阻力，耗损着人们的努力。国家为人们的交流与沟通而大力推广普通话，普通话是当今的“官话”。虽然，官话与方言从来就是并存的，历朝历代无不如是，但是如今政府的高度提倡、大力推行及大众媒体强大的宣传力度远超任何历史阶段，民族语言丰富性的降速空前提高。

普通话的推广带给我们沟通上的便利，促进工作效率的提高。但是任何事物都存在其另一面，普通话日渐推广所带来益处的背后，意味着乡音、乡言、乡调的逐渐消歇，这是一个令人失望的、痛心的悖论，地方语音、地方语调乃至地方小曲，地方音乐乃至戏曲声腔艺术的地域特色必将伴随着普通话的日渐强化、逐步深入人心而逐渐削减以至消亡。福兮祸所伏，进步是要付出代价的。

回过头来再看方言的另一面。地方语言具有相对的顽固性、稳定性，乡言、乡音、乡调是人们割舍不掉的，随着年龄的增长，这种乡土情怀一般会逐渐增长；人们背井离乡，离家乡越远，这种情怀也就越强。于是我们不再惊异，地方剧团来京演出时，总会有大批的当地观众前来观摩，他们在剧场寻找家乡的亲切感、人群的归属感，在剧场——这一临时性的“同乡会”中，抚慰思乡之心。君不见，即便京城的外地打工者，也在马路边小憩时，用收音机或手机听家乡地方戏唱腔吗？

此其一。

其二，娱乐方式层出不穷，老的、新的、民族的、舶来的，面对着五花八门的适情之处、适情之物、适情之趣，人们的选择日渐增多。戏曲艺术作为主要消费品种的时代一去不返，娱乐市场这块蛋糕被切割得七零八落，任何艺术消费品都不能一尊独大，任何艺术消费品都只能在一定的甚至固有的人群中管领风骚。而这“固有的人群”是一个动态结构，也可能朝不保夕。

奇怪的还在于，社会进步了，生活水平提高了，但人类的生存似乎更加艰难，需要付出比从前更大的努力。为什么？因为需求与付出成正比。于是人们的余暇少了，消遣的心情相对淡薄，在为消费所付出的代价增加的情况下，会有多少人分出余资用于观摩戏曲演出呢。何况，到剧院看戏可是一笔不小的开支呀！

大众传播媒介日新月异，电视、电脑甚至手机，都在不同程度上提供给人们以娱乐，为什么非要钻戏园子看戏呢？

美国国家档案馆铭刻着一句话：“凡过去的皆为序曲。”历史的车轮总是以民族积淀下来的传统以及新的因素为动力而前行，同时也将遗弃甚至碾碎那些不合时宜的东西，压着它们的尸体滚滚向前。

必然中包含着残酷！

残酷中孕育着新生！

我们不必为某些剧种的衰落甚至消失而扼腕叹息，在大势面前，我们所能做到的，仅仅是努力地减缓其衰亡的速度。

我们为什么要做这种努力？因为我们喜欢它，因为在我们看来，它是中华民族的精神家园，是民众情感的渊薮，是民族文化的瑰宝。

问题是，这个“我们”是大多数人，还是少数人？这种努力是多数人的不离不弃，还是少数人的个别爱好？如果是前者，则这种努力是有意义的；假若是后者，恐怕只是在做无用功。而这个所谓“我们”是现今的“我们”，不再是从前的“我们”，“我们”也会随着时代而变化；“我们”的情感，“我们”的兴趣，“我们”的审美取向，都不会停留在从前的时代，也不会停留在当下，“我们”们也会像花心男一样喜新厌旧。

审美情趣的变异，既体现在戏曲的观者身上，也体现在戏曲的创作者身上。什么是美的？在创造者与观者那里都在发生变化。

“袅晴丝吹来闲庭院，摇漾春如线”、“朝飞暮卷，云霞翠轩，雨丝风片，烟波画舫”，从前这景物在我们心里，当我们玩味这意境时，感到无限美好；如今的戏曲舞台上，往往把那美好的感受从心中拉出，摆在眼前，满足了眼睛的欲望，然而刺目却未必夺魂，一览而已，余味尽失。当某些戏曲作品迎合着观众的浅层喜好时，却轻易地丢弃了民族的美学传统。于是创造者与观者在不断地互相刺激中，每况日下，逐渐地互相拉扯着跌向深渊，一边却还在自鸣得意。眼看着这种“得意”的神态挂上观演者的脸庞，我的心不断地沉下去……

似乎杞人忧天了?!

不过，我们依然抱定某些信念，真正美的东西一定会找到它存在的空间。真正美的东西，尽管在一个时期内被有意无意地忽视，或因诸多因素被遗忘，但是它终究会在某种机会中以某种方式延续其生命之火，甚至完全复活。被人们盛赞为一代文学、中国戏剧黄金时代产物的元明北曲杂剧，红火了百余年后消亡了。一种文化艺术形态看似消亡殆尽，实际上其部分生命的基因被别样的文化艺术形态所吸纳或继承。北曲杂剧在明代中叶前后退出历史舞台，但是它剧本文学的魂魄、戏剧艺术的精灵却久久地徘徊在大江南北、大河上下，迄今挥之不去。君不见，大量的北曲被南曲声腔系统所吸收；它某些文学的、艺术的构成因素，被继承，被纳入明清传奇中去，北曲杂剧的生命在那里得到延续，它以捐弃躯体为代价，换取其精魂在别处潜伏下来。21 世纪的教授们不是还在大学讲堂上津津乐道关、马、郑、白、王以及南洪、北孔的伟大剧作吗？

博大精深的昆曲，从兴盛到几乎衰亡，然后再次兴盛，终被封为世界性的“人类口头与非物质遗产代表作”的历史，也是明证，喜欢昆曲的人似乎也在缓慢地增多。这就足以令人欣慰了！

五　戏曲的文化空间

地方戏在一个相对稳定、相对封闭的文化空间内存在。它虽然流动，但有限。与流动相比，封闭是绝对的，而流动是相对的。

戏剧的特性之一，是它离不开观众，戏剧演出在演员与观众的不断交流与反馈中完成。不同的演出，在不同的观众中会得到不同的反馈，交流的方式与内容也自然不同；相同的演出，在不同的观众中会形成不同的交流，得到不同的反馈。

戏剧的另一特性，是它需要一个空间。

地方戏文化空间的缺失，是地方戏乃至戏曲衰落、消亡的因素之一，甚至可能是一个主要原因，只不过未能引起人们的注意罢了。这里所谓的文化空间，不单单指戏剧本身，也包括戏剧赖以存在的方方面面。千余年以来，乡村包括部分城镇的神庙、寺院、祠堂等是地方戏主要的献艺场所，那里供奉的神灵、建筑、陈设、祭礼仪式以及祭礼期间众人的聚会、序齿、餐饮、游乐、商贸甚至周边的地理环境以及在那里竞演的四方散乐、地方戏曲等，一同构成这种特定的文化空间。从前的人们，从小在这样的文化空间中成长，耳濡目染于家乡的戏曲。农村的庙台演戏无不与庙会文化融为一体，每一次庙会都是民间的一次狂欢，人们在那里购物，在那里看戏，在那里互通情感，在那里交朋觅友，甚至谈情说爱。

遗憾的是，数十年间，农村的许多寺庙连同寺庙戏台，不是被侵华日军野蛮地摧毁，就是被视为“四旧”而遭到无知无畏者的轻易拆除、砸烂。一场又一场浩劫之后，不少寺庙的砖瓦、石碑砌在了农民自家的房屋、墙垣、牛棚、猪圈之中；庙里、庙外的戏台被拆毁，百余其一算是万幸。那些劫后幸存于世的，也不见得仍然用于地方戏演出，断壁颓垣者比比皆是，修葺后依然空闲着的也不少见。乡村、城镇人民观看戏剧演出的古老风俗习惯已经不复存在，历史上戏剧赖以存活的文化空间几乎荡然无存！

这种存在于广大农村的文化空间恰恰是地方戏艺术存在的空间，至少是一种主要的文化空间。从前，一两千人的村子建有一两座戏台的情形大量存在。在山西，迄今劫后残余的戏台数量足以令我们惊叹，其数量远远超出今天城镇配建的剧场数量，今天的数万人城镇，没有剧场的比比皆是，即便建有剧场也往往闲置不用。

我们更不能忘记，地方戏的欣赏者曾经是这一空间的主体，戏曲艺术主要活在与之相对应地域的乡亲们中间。今天的戏曲艺术基本上脱离了它的欣赏主体，离开乡村走进城市。诚然，戏曲艺术需要经过市民文化的洗礼、熏陶而快速成长，洗礼、熏陶、成长的过程同时也是它适应城镇文化、争取市民观众的过程。但是戏曲也不应该彻底脱离那曾经养育过它的文化土壤，不应该抛弃它的主要观众群体。就这样，戏曲被人为地拖拽着离开养它育它的空间，而当它脱离民众，特别是乡村民众的时候，也是它被那些基本观众抛弃的时候。

时下，戏曲向着高雅文化的目标高歌猛进，大制作、高票价的风气愈演愈烈，戏曲逐渐地变成了城市小部分人群的娱乐品。更有甚者，躲在某些戏曲演出炫目大制作背后的，却是内容空泛、思想浅薄的东西，到头来，绚丽的布景成了过眼烟云，思想内涵缺失的作品不能给人以启迪，何谈流芳百世?!

复杂的因素还在于，观众虽然久已被剥夺了在剧场观摩戏曲的权利，但是当电视普及到最偏僻的乡村的时候，他们的口味却在提高，他们通过那个小匣子看到了高水平的演出，从前五子班、七子班艺术水准相对低下的演出也不大能够满足他们的口味了，大剧团、大演员或不屑于上山下乡，或无暇上山下乡，即便走出城市，走进村寨，也只能蜻蜓点水。加上戏剧院团的改革之风无比强健，改革者的头脑里装着的主要是城市观众，目光盯着的主要是城市演出市场。于是，在错综复杂因素的共同作用下，我们曾经看到过的乡村戏剧文化空间几乎被蚕食殆尽。

除了空间氛围之外，作为文化传统的庙会演出在特定的时间内周期性地重复展现，这种特定的空间与特定的时间，共同构成庙会演戏的文化空间。也就是说，这种文化空间兼具空间性与时间性。神灵的诞辰、神迹的显现日期等，往往是庙会举行的恒定日期，周而复始，不可更易。庙会期间所上演的剧目大都与前述之空间性、时间性相吻合。当神灵信仰被作为迷信扫荡之后，寺庙变得可有可无，庙会以及由此而形成的系列文化——祭祀礼仪、戏剧演出、乡人狂欢、经贸活动、交友联谊等，也便骤然消歇。传统戏曲文化在农村，至少在为数不少的农村，断了档。

从前人们在寺庙等演剧空间中所能够得到的最初的戏剧熏陶，在数十年间很少或不复存在。那些从小疏离了这种文化空间以及缺少了戏曲熏陶的少年，无论是留在乡村的，还是走向城市而成为城市新民的，已经成长为青壮年，成为城乡社会的主体。试想，从小失去欣赏地方戏曲机缘的这些城乡的主体人群怎么可能会唤起对戏曲的怀恋呢?

文化空间的丧失所失去的，与其说是物质文化以及非物质文化本身，不如说是一代甚至两三代观众，而后者更加重要。物质空间丧失了，可以修复，可以重建，然而观众的丧失是致命的，没有数十年的培养是无望恢复的。说到底，保护、振兴地方戏曲本身不过是治标，而恢复、培育戏曲赖以生存的文化空间才是治本。后者比前者更加艰难，更加难以见效。诸多难点中，最难的是这种文化空间中的地缘环境以及人的因素。传统戏曲文化空间的恢复与养育，需要有识之士的努力，主要是当地各级官员的努力，而这些官员文化修养参差不齐，他们本身就是在戏曲文化空间缺失的环境中成长起来的，其中很多人不具备或不那么具备我们所期望的戏曲文化素养，我们还能指望这些为官者做得更多，做得更好吗？

城市也不例外，城乡大同小异。今非昔比，整个形势发生了巨变，在今天的形势下，培养戏曲观众要付出的代价，不知是从前的多少倍！

以上议论，是笔者长坐书斋，剧场观摩，或在考察民间戏剧的乡间旅程中时常想到的问题。拉杂写来，本以为说出心里话，能够舒缓一下不甚乐观的心绪，但是在写到文章的结尾时，心情反而越发沉重起来。或者，多愁善感也是一种精神疾患吧！？

然而，从另外角度看去，光明就在眼前。2004 年 8 月，我国政府经全国人大常务委员会批准，正式加入了联合国教科文组织《保护非物质文化遗产公约》，成为全球为数不多批准加入该公约的国家之一。我国政府随后出台了一系列文件，以强化保护意识，以法律的约束性规范着各级政府的行为。这些英明的举措，或许是我们期望之所在？但愿吧！

（麻国钧　中央戏剧学院教授）

戏曲研究

川剧丑角脸谱研究[①]

杜建华

脸谱是中国戏曲人物造型的一个重要组成部分，从发生、发展到基本定型，历经数百年，其间积淀着诸多文化元素，充分承载着中国传统文化的内涵，也与特殊演出环境、社会物质条件、观众审美心理趋向有着密切的联系。这是就中国戏曲脸谱发展的一般规律而言。多种声腔的川剧，其形成发展与昆曲、弋阳腔系诸剧种、梆子、皮黄等有着直接的渊源关系，自然，其脸谱的绘制也沿袭了多种声腔剧种角色的脸谱形制。同时，由于四川幅员辽阔，各地戏班演员沿用的脸谱又各有承袭和发展，导致了川剧脸谱的多样性和特殊性。尤其是川剧丑角的脸谱，由于丑角为主的小戏在民间拥有最广泛的接受群体，剧目丰富，角色众多，演出频繁，且演员具有极大的自由发挥和创作空间，川丑脸谱的发展必然摇曳多姿、别显异趣。本文着重探讨川丑脸

① 随文图中角色剧照由刘又积先生提供，脸谱图案选自陈云先等《川剧舞台美术》，四川美术出版社 1989 年版；《陈全波舞台艺术》，重庆出版社 1983 年版。

谱的类别、特色、运用及其文化意蕴。

一　川剧丑角脸谱整理研究述要

川剧丑角的脸谱是丑角行当最显著的外部特征，是丑行区别于花脸和其他行当的最直观最明显的标志。无论是穿小生褶子的角色还是穿蟒袍官衣的角色，只要他的鼻梁上有一块白色豆腐干，观众一眼就可以辨别出来，他是小丑，而不是小生或者花脸、老生行当。这块白色豆腐干在不同人物脸上伸发开来，变换形制，或加以黑、红二色，便构成了变幻莫测的川丑脸谱系列。

新中国成立以来，开展了对传统戏曲大规模的抢救整理工作，取得了显著的成就，这其中也包括对川剧脸谱的搜集整理工作。早在1963年，陈云先等人便开始对搜集到的川剧脸谱进行整理绘制，并由上海文艺出版社出版了《川剧脸谱选》。在此基础上，四川省川剧艺术研究院陈云先、尹珍等人编绘了《川剧舞台美术》一书，由四川美术出版社于1989年出版，收入川剧传统脸谱124幅。该书难能可贵之处在于，所收入的脸谱皆有所本，大多数源于川剧名角或代表性剧目使用的基本定型的脸谱，一个角色一般仅选择业界公认名家的典型脸谱一幅，因而具有规范性、代表性、准确性。其中花脸脸谱108幅，丑角脸谱17幅，旦角专用脸谱1幅。该书绘制者皆有美术学院专业学历，且长期从事戏曲实践与研究工作，在形形色色的脸谱的搜集、选择、绘制过程中没有贪多图大，而是注重其类型代表性和典型性，并通过比较、分辨给予科学合理的解释，也正因此，《川剧舞台美术》至今仍然是川剧脸谱学习、研究的重要书籍。

2009年，重庆市合川区川剧院龚思泉先生绘制的线装本《川剧脸谱》由学苑出版社出版，全书分上下两册，共收入脸谱385幅。龚思泉先生在基层剧团从事川剧美术工作五十余年，搜集各种脸谱达两千余幅，皆为川剧演出所用脸谱。该书对川剧脸谱的选择，具有代表性、广泛性及乡土性特征，还显示出脸谱的变异性。每张脸谱皆有所本，许多脸谱源于基层剧团的演出化妆，因而更具有草根的鲜活气息。在脸谱分类上，该书不取单一标准，而是根据所绘制脸谱的实际情况加以分类：一是以剧中角色姓氏的汉语拼音首字为序排列，将同一人物形象在不同剧目、不同年龄时段的不同脸谱集中排列，同时也将不同戏班演员扮演同一角色所绘的不同脸谱并行排列。这样，有利于读者充分认识角色脸谱的发展变化，加深对川剧脸谱本质的理解。二是采用专题分类法，如三国戏、水浒戏、封神戏等人物脸谱集中排列。三是以一个剧目如《白蛇传》为例，将剧中 34 个角色五彩缤纷的脸谱荟萃一堂，不仅可以为剧团演出提供实际脸谱样品，也有助于读者对该剧目人物形象的完整认识。据笔者粗略统计，其中上册收丑角脸谱 62 幅，丑旦脸谱 5 幅，下册收丑角脸谱 34 幅，共计 101 幅。这里不包括地府小鬼、阴差之类的脸谱，也不包括那些介于武生与武丑之间的角色脸谱。

2011 年 10 月，著名川剧表演艺术家阳友鹤子女搜集整理的《欧阳氏川剧脸谱》由四川人民出版社出版，这是迄今为止汇集川剧脸谱数量最多、规模最大的一个集子。全书共收入川剧脸谱 579 幅，其中归入丑角行的脸谱 61 幅，归入丑旦行脸的谱 9 幅，其他同一人物随年龄或心态变化而使用不同的丑行脸谱 4 幅，共计 74 幅。该书将二饼饼脸归入丑行脸谱。由于欧阳荣华先生出身梨园世家，本人也是演员，具有化妆开脸的实际经验，其脸谱绘制最突出之点在于：一是根据人物脸形采用立体的绘制方法，实用性强，演员可以直接比照化妆使用；二是装饰性少，图案线条清晰简洁，有别于其他一些经过美术工作者整理、绘制并经过了一定程度美化加工的脸谱；三是明确提出了“新创脸谱”的概念，将改革开放以后欧阳先生本人创作并在演出中使用过的一些脸谱归入新创的范畴，避免了新旧概念的混淆。同时，在川剧脸谱之外，欧阳先生还对部分同一角色的川剧和京剧脸谱进行了对比排列，差异、变化一目了然。

20世纪90年代初，四川万县川剧团著名川丑演员刘又积根据自己从艺五十多年所演所见的剧目，自费拍摄了近200幅川丑人物造型图片，为我们留下了珍贵的丑角人物形象资料。这也是笔者迄今所见到的最丰富、最真实、最系统的川丑人物造型图集。其中有50幅剧照重点突出人物面部造型，清晰地展示出鲜活的川丑艺术形象。这些照片的重要价值在于，它们所展示的都是由演员扮演的不同剧目中的具体角色，人物全部戏装彩照，每一个角色造型都在戏剧情节之中，角色服装穿戴、脸谱图案绘制清晰可见，具有真实性和立体感，生动鲜活，个性突出，变化多端，令人欣喜。20世纪90年代笔者曾协助刘先生共同整理这批照片，获益匪浅。

综上所述，川剧丑行的脸谱是十分丰富的，尽管搜集者选择整理的对象不尽相同，也有相当部分角色脸谱大同小异，但是有充分的数据说明，有名有姓、艺术个性特点鲜明的川丑脸谱大约有100个。

尽管对于川丑脸谱的搜集已渐成规模，但是，尚未见到专门的川丑脸谱图集，川丑脸谱的研究一直是一个薄弱环节。新中国成立以来，尤其是在改革开放以后，出版了刘成基、周企何、陈全波、李文杰、李笑非、赵又愚和周裕祥七位川剧丑角表演艺术家的相关著述，其中只有《陈全波舞台艺术》中专门谈到了“川丑脸谱与画法”，并附有川丑脸谱10幅，其他的著作皆甚少涉及丑角脸谱的专题。因此，川丑脸谱的整理研究是一项既有趣味又有开创意义的工作。

二　川剧丑角脸谱绘制原则及类型特征

1. 丑行与其他行当脸谱识别要点

众所周知，戏曲中生、旦、末行的面部化妆多是以俊扮为主，除个别特殊角色外，一般是不勾画脸谱的。净行和丑行则不同，脸谱是其行当的标志性特征。

净行的脸谱大多采用满脸着色、以浓重色彩勾画脸谱的方式，对

斜脸

角色面部造型加以极大的夸张，突出角色的性格特征或者标明其身份地位。而丑行的脸谱则不同，主要是在鼻梁及眼睛周围勾画白粉，着色面积较小。不论净行还是丑行，脸谱的设计一般要遵循两个原则，一是戏曲的审美共性，二是人物的个性特征。所谓审美共性，包括脸谱的历史传承、美饰、脸谱与穿戴风格的协调以及所寄寓的特殊意义等方面；所谓个性特征，是指各个剧种、剧目中具体角色各具特色的脸谱，也包括戏曲演出中因不同演员对同一角色内涵解释的差异而导致的脸谱变异。

差异和个性总是存在于比较之中，不妨先来看看川剧花脸的脸谱。川剧花脸的脸谱从构图方式上看大致可以分为 4 大类：一是整脸，顾名思义，即是在面部以整体对称的构图勾画脸谱，这类脸谱数量最多，如《战洛阳》之单雄信、《水擒庞德》之庞德、《下河东》之呼延赞的脸谱。二是块脸，主要以不同色块构成脸谱图案，包括三块瓦、猪腰子及霸二脸。三块瓦即两腮加额头分为明显的三块颜色，如《战长沙》之魏延、《失街亭》之马谡为白三块，《搬洞打珠》之赵公明为花三块。霸二脸又称“半截脸”，多用于角色的青年时代，如《七郎招亲》是开黑霸二脸，《送京娘》之青年赵匡胤为红霸二脸。三是非对称脸，如《逼宫》中的司马师，《三国演义》第一百七回中描述他的相貌是圆脸大耳，方口厚唇，左目下生一肉瘤，上有黑毛，因此其脸谱左眼向下歪斜，左眉杂乱，额上有两道刀痕，面目凶狠狰狞。《沙陀国》之李克用、《斩黄袍》中的郑恩也都是非对称脸。四是斜脸，如《博望坡》中的夏侯惇，其左眼为吕布部将曹性射瞎，故用歪斜脸谱，示其勇猛而性情暴躁。《盗银壶》中的武丑丘小乙也是斜脸。

2. 川剧丑角脸谱绘制原则

川剧丑行（小花脸）脸谱总体上延续了中国戏曲丑行脸谱的传统和审美共性，但长期浸润于巴蜀乡土文化之中，深受地方民众审美趣味的影响，必然形成自身的一些地域化、个性化特征。比如有人将京剧丑角脸谱归纳为“眉间两颊三片红，一块白粉七笔黑”，川丑脸谱则不然，黑色主要用于襟襟丑、烟子丑等，褶子丑、老丑、娃娃丑、婆子丑少用甚至不用黑色。总体上川丑脸谱勾画要遵循以下三项原则，这也是丑角脸谱区别于其他行当脸谱的一般规律。

老脸

一是构图面积小。丑行又称三花脸、小花脸，以区别于净行大花脸以及二花脸。顾名思义，其脸谱勾画的面积不但小于大花脸，也要小于二花脸。据川剧著名丑角表演艺术家、川剧学校教师许明耻介绍，这是川剧艺人在按角色开脸时所遵循的一个约定俗成的规范。一般来讲，川剧丑角（小花脸）的脸谱绘制部位主要以鼻、眼之间为基点，画一块白色图案，根据角色类型、人物个性的不同而分别向眼睛周围或者整个鼻梁以及嘴部延伸。老丑与一般小丑的脸谱不同，因为老丑扮演的是老年男性，年事已高，脸上出现了皱纹，这是老年人的面部特征。川剧丑行脸谱将这一特征加以突出、夸张并作了美化，以白油彩在脸颊、上额、眼角绘上纹饰，很少用黑色，有的角色根据性格的不同在鼻尖、中额、脸颊涂一点红色，寓示鹤发童颜、心地善良之意，其脸谱状如菊花、螃蟹、核桃，俗称老丑脸。

二是色彩简洁。从脸谱的色彩和绘制工序上看，大花脸多是以夸张的色彩作为底色，再勾画红、白、黑、蓝、绿、金等其他花脸脸谱常用的色彩。丑角脸谱则不然，基本上以肉色为本色，构图面积主要在鼻梁、眼睛周围，色彩以白、黑、红为主。袍带丑、褶子丑脸颊抹红，老丑、娃娃丑脸谱很少用黑色，而是加红作点缀，比如老丑角色通常在鼻头、中额、脸颊涂红圆点，以示精神焕发，老当益壮，因此黑、白、红三色是丑行脸谱的基本色彩。少数神仙、精怪之类的角色可以开金色脸，如《结草报》中的老丑祖能就是开金脸的。

三是脸谱绘制工序、方法不同。川剧丑行角色分类较为细致，脸谱绘制也各有不同。传统的化妆规范是：袍带丑、褶子丑、娃娃丑等要打底色抹红，襟襟丑、烟子丑只用黑白二色，不打底彩，直接用黑烟子或白油彩开脸，比花脸行化妆的程序简单一些。据陈全波先生介绍，丑角化妆具体程序为：（1）抹凡士林，便于卸妆洗掉油彩；（2）涂抹底色或脸红；（3）用烟子粉揉眼圈，勾画白鼻梁图案和面部纹饰，用黑油彩勾眉毛及脸部纹饰；（4）特殊角色加抹红色或其他色彩；（5）上定妆粉，褶子丑抹红嘴唇。在传统的民间演出中，丑行的化妆更为简单，一般没有定妆粉，尤其是襟襟丑、烟子丑之类，甚至也不用底粉。烟子丑中有一种常用的烂白菜脸，先用烟子揉眼圈，后紧皱眼睛眉头，以毛笔沾白油彩涂抹在眉鼻眼皱纹上，然后舒展眉眼形成自然纹路，状如烂白菜。①

3. 川剧丑角脸谱的基本分类与特殊脸谱

川剧丑角的脸谱虽然数量繁多，但也有一定的规律可循，它大致可分为通用脸谱、专用脸谱和特殊脸谱几种。

（1）有定式无定型的通用脸谱。川剧丑角的通用脸谱是指那些在长期演出实践中约定俗成的常用脸谱，若以丑角最明显的鼻、眼之间的白色图案来划分，大致可以分为豆腐干、猪腰子、葫芦形、元宝形、鞋底板、眼镜圈等形。其中豆腐干画在两眼之间的鼻梁上，面积最小，可以变化为圆形、方框、叉、钩，等等。猪腰子形又分正猪腰子和反猪腰子，将白色面积横向展开，覆盖双眼。以褶子丑为例，表现青年男子的褶子丑勾画的猪腰子稍小，袍带丑勾画的面积略大。

---

① 参陈全波《陈全波舞台艺术》，重庆出版社 1983 年版，第 85 页。

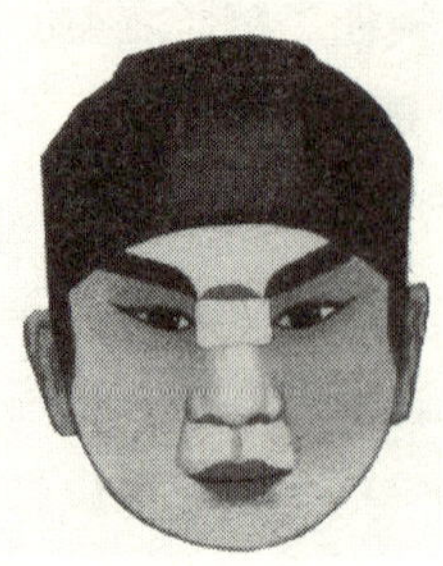

豆腐干

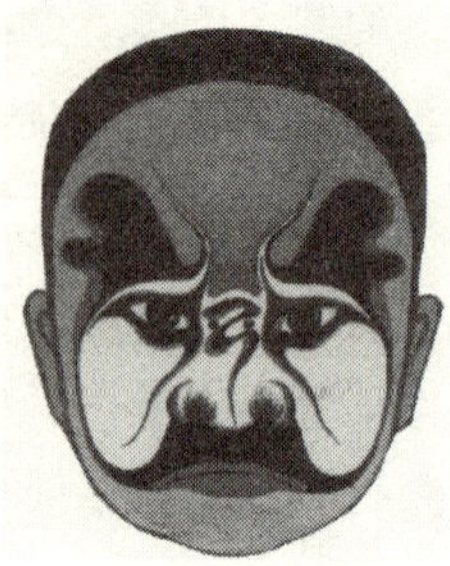

猪腰子

葫芦脸

眼镜圈指向明确，一目了然，一般是围绕双眼画上两个白色或黑色圆圈，形似眼镜，但是其面积要小于二饼饼脸。葫芦形也分正反两种形状，根据角色的性格特征将变形的葫芦绘于双眼和鼻梁上，但是并不全部覆盖鼻梁。鞋底板顾名思义为鞋底形状，白粉面积从双眉之间沿鼻子向下延伸至下巴，是一种纵向展开的图案。通用脸谱的各种图形都可视为基本图形，其特点在于有定式而无定型，为演员留下了创造性发挥的空间。演员在演出时可以根据角色的变换和自己对角色的理解作出相应的调整，变幻出形形色色、形状各异的脸谱来。

元宝脸

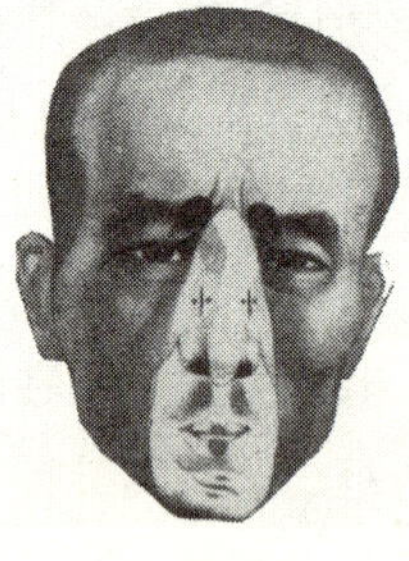

鞋底板

（2）专用脸谱。与花脸脸谱一样，川丑脸谱中也有一些特定角色的专用脸谱，绝不可与其他角色脸谱混淆使用，如《献地理》中张松的脸谱。张松为三国时益州牧刘璋的谋士，竟暗中绘制西川地图献给曹操，欲图重用，操恶其轻狂，驱而不用，后为刘璋所杀。其人狡诈诡异，卖主求荣，故为白脸，脸颊绘寿字纹，印堂加纹饰，示其足智多谋，擅长雄辩。也有的演员如陈全波在其印堂画笔架，示其满腹经纶。《盗银壶》中的盗贼丘小乙也是专用脸谱，因他浪迹江湖、以偷盗为业，故脸谱为斜脸，突出表现其盗贼身份。

另有一些类型化的专用脸谱，虽不是某一个角色专用，却是一种类型角色的通用脸谱，如川剧中的木偶脸等。《五子告母》中阎君画木偶脸，以陈全波先生的脸谱最为生动，涂黑眼圈，画白方框将双眼横向框住，鼻下部至上唇为黑色，白鼻头，下唇及下巴勾白色半圆形，整个面部构成三个活动板块，说话时恰似木偶，下巴可以活动，配合演员木偶眼神、身段的表演，令人忍俊不禁。川剧其他一些剧目中的木偶角色，大致都采用这样的脸谱造型。

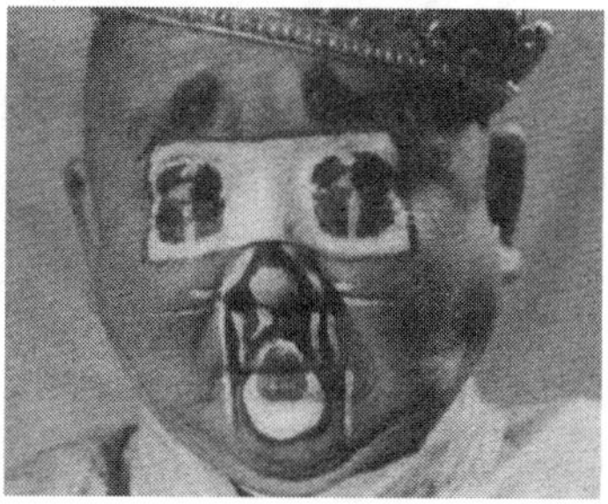

《五子告母》中的阎王

（3）特殊脸谱

川剧中一般神仙精怪多用金色脸谱，如《佛儿卷》中的释迦牟尼、《白蛇传》中的如来佛及镇台的灵官都开金脸，丑角扮演的此类角色也不例外。《果老配》中的张果老、《结草报》中的祖能皆以老丑应工，都开金脸。其脸谱不仅造型构图非同一般，使用的材料也有别于一般的丑角化妆。如川剧高腔传统戏《果老配》以老丑应工，故事情节为：天宫中嫦娥因贪恋红尘被责贬下凡，投胎为告老还乡的员外韦术之女，名韦月英，下凡后又终日思念天宫，玉帝知其有悔悟之意，遂命张果老度之回宫。百岁的张果老奉旨下凡，在韦家旁边建起小屋，开荒种菜，每日里挖土、提水、浇菜、收菜、卖菜，步履矫健，神采奕奕。韦月英在闺楼上百无聊赖，常看张果老种菜，久而久之，心驰神往，不禁赞叹道：

《果老配》中的张果老

“张公公人老精神爽，赛过十七八少年郎。我观他鹤发童颜神彩放，两眼如星似闪光。举步如像流星挥，登山如同下平阳。”竟至随张果老去了。韦家人初不悦，恐人笑话，经探访，始知张果老为仙家，女儿已随之登仙，遂不了了之。该剧情节简单，却是一出热闹戏，很有看头。在天宫的张果老头戴员外巾，穿员外帔、打腰裙，脚蹬夫子鞋，一派仙风道骨；下凡种菜时，是农夫穿戴，头戴草帽，脚踏草鞋，彩裤、腰裙，但面部化妆很讲究。据刘又积先生介绍，张果老下凡后开仙家金脸，眉毛、胡子不用髯或扎，而是用棉花剪成胡子眉毛来粘贴。左右额上两团白圆点表示道琴，三根直插鬓角的白眉毛表示筒板，椭圆形的半片胡子代表道琴的蒙皮，额头正中画一点太阳红，象征着正气、精神、阳刚。尽管这种造型有异于戏曲传统开脸，胡子不是挂上去而是粘上去的，但金面、白眉、白胡、红额三种色彩的搭配却能凸显神仙长寿的特征，给人以老而益壮、神彩飞扬的美感。是为川剧传统剧目中不多见的人物造型。

与之相类似的还有《结草报》中祖能的脸谱。《结草报》故事出自《东周列国志》第五十五回“老人结草亢杜回”，剧中土地爷由老丑应工，金色整脸，绘白色饰纹，印堂脸颊绘红圆圈，眉毛胡须皆用棉花粘贴，颇有立体感，气韵生动，更显仙风道骨，和蔼可亲。头上戴红绫，示其神仙身份。

川剧中出现的一些动物形象通常有自己的特殊符号，表示方法就是直接将动物形象绘在鼻梁或脸上。如《扯符吊打》中王道灵为蛤蟆精，便在其鼻梁上画青蛙图案，且根据面部肌肉运动方向绘制青蛙的四条腿，使之能随着面部肌肉运动而运动，颇为生动。又如《水漫金山》一剧中，白娘子率领的众水族中有一蟹将，其脸谱直接画蟹形，蟹的一支大钳恰好就画在嘴上，演员表演时嘴一张一闭，恰如蟹将的大钳一张一收，生动鲜活而别有异趣。

（4）眼部构图

眼睛是心灵的窗户，更是凸显角色性格特征的传神之处。面部色块与眼圈图案搭配适当，更能充分显示角色形象的神采与个性。与大花脸相比，丑角脸谱本来就专注于眼部，因此更加注重眼、眉构图的细小变化。川丑对于眼部的化妆十分讲究，细微之处变化多端，彰显出角色性格。大致而言，川丑眼部图形分圆形、三角形、菱形、斜眼等，但心地善良、品行正直的褶子丑或角色性格平和、行为愚拙者，多不用黑色勾画眼部图形。奸邪狡诈之徒绘三角眼，如《跪门吃草》之须贾即其一例。《芙奴传》中说唱卖艺为生的瞎子贾连以襟襟丑应工，他心地善良、见义勇为，

《瞎子闹店》中的瞎子

将陶氏父女的冤情编成唱本，传扬街头，最终使陶氏父女获救。其眉眼勾画为扁圆形白鼻梁，闭眼，眉平直下垂，面部表情呈现出平和、顺善、安详之态。《鸳鸯谱》中的乔太守以官衣丑应工，他处世圆融，成人之美，脸上画豆腐干，眉眼平直下弯，显得和蔼可亲。性格暴虐凶狠者多用抹黑眼部的方法表现，川剧行话叫拭暴眼，示其脸青面黑，心狠手辣。川剧传统剧目中盲人形象不少，多数以丑角应工，如《芙奴传》中的贾瞎子，《瞎子闹店》、《瞎子算命》中的盲人主角。盲人眼睛的化妆处理各有不同，有的直接闭上眼睛，如上述贾瞎子；有的则是在眼睛上贴一个红纸小圆圈，如《高山上坟》中的高三娘。

《高三上坟》中的高三娘

丑角眉毛主要有八字眉、圆点、平眉或倒八字眉等画法，但也因

角色性格的差异而形状各异。一般来说，有性格缺陷、性情愚顽但品性良善者多画八字眉或圆点细线眉，给人以滑稽、和善之感。

三　丑角脸谱的舞台运用与艺人创造

1. 脸谱的规范性与灵活性

川丑脸谱定式的形成，除了沿袭传统样式之外，效法名家名戏的脸谱也是一条不成文的行业规则。比如川剧四大名丑各有代表剧目，其学生后辈也会遵循乃师的脸谱造型，久而久之，形成规范。丑角脸谱勾画虽有一定之规，但在日常演出中具有很大的灵活性，演员可以根据自己对角色的解释以及生活的体验，对脸谱构图作一些调整，体现出更多的草根意识，呈现一种古朴稚拙之美。同时，由于演员脸形宽窄、长短方圆各有不同，开脸时也必须根据自己的脸形进行相应的构图调整。名丑刘又积先生生前拍摄的传统川丑人物图谱，造型生气勃发，野趣扑面而来。难能可贵的是，他对人物白鼻梁的勾画有自己的解释，比如《打面缸》中的风流县官鼻梁绘胡豆花形，此花春天开，以示其春心大动、贪花好色；《飞龙寺》中的火夫张标子鼻梁绘鸡翅形，示其才能有限，有翅不能高飞；《斩华佗》中的老丑禁子为人和善，易于通融，鼻梁绘一小方框，寓意留情洞、风门洞。刘又积先生对于这些人物的造型及其解说，代表着川剧艺人对角色的分析和评判，带有浓厚的个性色彩，从一个方面显示出川丑脸谱丰富生动的艺术个性。

2. 同一人物的不同脸谱

同一人物有不同的脸谱，这体现在两方面，一种情况是同一人物在不同年龄阶段或转换为不同身份、不同心态时，使用不同脸谱。另一种情况是，同一角色形象，由于不同的演员在演出时的理解、解释不一样，导致脸谱的变异。欧阳荣华先生将之归纳为：“相随心变，相随时变，相随物变，相随情变。”① 比如曹操历代被称为“奸雄”，在戏曲舞台上以大粉脸形象定型，人们认为他虽是英雄，但过于阴损，干过不少亏心事，因此只能是大白脸的枭雄。曹操在川剧中是一个跨行当的角色，伴随着其身份地位的变化，由丑角变成了花脸，脸谱十分丰富。《议剑献剑》一剧中的曹操初涉宦海，在董卓帐下为骁骑都尉，是个下级军官，以丑行应工，画二饼饼脸。《虎牢关》一剧中他已是主帅，三战吕布，讨伐汉贼，兴正义之师，故虽为丑行，却是俊扮小丑，脸上只画一小块豆腐干。当他执掌朝廷之后，用尽心机，舞台形象相应变成大粉脸，显示他虽具权势霸气，但心术不正②。曹操由年轻到老年脸谱的变化，皆有合理解释，体现了川剧以注重刻画人物为目的的特点及表现这一特点手段的灵活性。又如川剧中土地爷的形象，虽然都是丑角应工，但是因为剧中身份的差异，形象装扮迥然不同。如《三仙桥》中的天门土地，戴小官帽，画老丑脸，更显滑稽；《安安送米》中的土地则以官衣、腰裙装扮，头戴红花红绫，脸谱为秧苗形，帮安安照看着米口袋，是一个和蔼可亲的老丑形象。

《三仙桥》中的天门土地

《安安送米》中的土地

① 欧阳荣华等《欧阳氏川剧脸谱》，四川人民出版社 2012 年版，第 23 页。
② 陈云先等《川剧舞台美术》，四川美术出版社 1989 年版。

四　川丑脸谱的审美追求与文化寓意

1. 川丑脸谱的审美功能——滑稽、美饰、夸张

戏曲的生、旦、净、末、丑五行，从艺术功能来考察，各有其艺术表达的不同审美取向，净角的威武刚强，小生的儒雅俊逸，旦角的娴静婀娜，老生的威严正气，构成了戏曲舞台的神形中和之美，然唯有丑角出现，才能形成和谐娱情之美，调笑、滑稽、插科打诨、供人娱乐是丑行最基本的功能，也是戏曲艺术审美不可或缺的重要组成部分。为此，在突出人物性格身份特征的前提下，川剧丑角的化妆必须具备滑稽、美饰、夸张三个特点。面部造型的滑稽是丑角的第一要素，白粉涂面、红鼻头、黑眼圈的模样本身就带有天然的喜剧感，加之语言的幽默、形体动作的滑稽，形成了舞台的喜剧效应。二是脸谱的美饰因素，丑角脸谱无论如何构图，都要遵循美饰原则，以干净、简洁、灵动的面部构图来标示角色的性格特征。

《伍三拿虎》中的伍三

相反，脏乱的脸谱不能给观众带来滑稽、喜悦的感受。过去，有的演员在绘脸谱尤其是一些襟襟丑、烟子丑角色的脸谱时，常在眼角、鼻下、嘴唇处勾点黑色、白粉，形似鼻涕、眼屎，过于脏乱，令人望而生厌，这是丑角开脸需要避忌的。老丑的脸谱也绝不能依照生活原型涂抹皱纹，而是要将其皱纹美化为菊花纹饰，鼻头、中额点红色，显示其善良开朗的内心世界。三是面部造型夸张。夸张是戏曲脸谱的基本特征，无论大花脸还是三花脸都要遵循这一原则，不过由于各个行当的职能不同，川丑脸谱夸张的主要目的还是滑稽调笑，制造戏剧中的喜剧气氛，因此川剧丑角一般不用写实的脸谱，而是以局部突出的化妆方式渲染角色的精神气质和行为特征，夸大其相貌特点或者行为

的荒唐之处，引起观众对其错误或错位言行举止的嘲笑、耻笑乃至会心的微笑。比如《伍三拿虎》中的衙役伍三，奉糊涂县官之令到深山捉拿老虎归案，这本身就是一件十分荒唐之事，但伍三无法改变这个事实，他必须去捉拿老虎到公堂，由此发生了一系列荒诞之事。他以酒壮胆，喝得晕晕乎乎，手持铁链、打着灯笼上山拿虎。其脸谱十分夸张，画成猪腰子变形脸，眉中点白圆点，黑眉高扬，拉宽了眉毛与眼睛的距离，仿佛是要尽量睁大眼睛，寻找那只犯案的老虎，战战兢兢的模样令人发笑。又如《裁缝偷布》中的龚裁缝，汪洋先生的扮相特色鲜明，在两道眉头处画两个圆点，仿佛是对子眼，尤其是在穿针引线之时，给人以聚光的滑稽感，十分夸张，让人发笑。滑稽、美饰、夸张是川丑脸谱造型最基本的审美表达，也是其绘制的基本原则。当然，这是就一般规律而言，在一些特殊的角色形象中，也有突出其凶恶本质特征的脸谱。川剧中还有少数丑角形象是不绘脸谱的，如周裕祥先生在《晏婴说楚》中扮演的晏婴形象。此不赘述。

2. 川丑脸谱的构图寓意——会意、指事、象形

《治中山》中的中山王

戏曲是中国传统文化艺术之集大成者，脸谱的绘制也不例外，中国书法、美术以及中国文字构成的六书等传统文化观念在戏曲脸谱的绘制中也有明显的体现。川剧艺人在脸谱绘制中有诸多奇思妙想，有些是约定俗成，有些是即兴发挥，却都堪称妙笔。笔者将这些丑角脸谱分为象形、会意、指事等类型。

象形，即以具体明确的图形标识角色身份或者表示其本性特征。这种绘图形式在川丑脸谱运用中较为普遍，因图形明确易解，构图生动鲜活，观众易于接受。特别是动物身份的角色形象，一般都是将动物图形直接绘制于脸上以标识其身份，如《白蛇传》中的蛤蟆精、虾兵蟹将，《收

烂龙》中的刺婆鱼，《白狗争风》中幻化为人形的白狗精等皆来自此法。还有另一种情况，即是以动物形象作为脸谱，以表示角色行为品性中有某种动物的行为特征，故将其形体标示出来。如《十五贯》中的娄阿鼠因偷盗惹出人命案，行似鼠窃之辈，故在其鼻梁上画一只老鼠。《治中山》一剧的中山王鼻绘蝎子形，是因为该剧中战国时的魏国大将乐羊子挂帅征讨中山国，中山王以其子乐舒为人质，逼乐羊子退兵，未能得逞，遂残忍地杀死乐舒并将之烹为肉羹，遣卒以斗碗奉送乐羊子。其人之诡计多端，蛇蝎心肠，实属骇人听闻，故而川剧艺人在中山王脸上绘蝎子形，以示其险恶狠毒本性。

《群仙会》中的东方老人

指事，借用六书造字法中的指事之意，即以明确的符号脸谱表明角色的本性、身份或行为特征。以丑角扮演帝王公卿是川丑的一大特色。《仁义师》中的宋襄公为春秋五霸之一，也是中国历史上最具悲剧和讽刺意义的君王之一，他满脑子的仁义道德，施用时不分场合与对象。指挥军队与楚军作战，楚军渡河时他下令不得攻击，楚军上岸后排列阵形时他还是不准攻击，认为这样对待敌军不公正。结果楚军先发起进攻，他身受箭伤，落荒而逃。毛泽东同志曾批评宋襄公身上具有“蠢猪似的仁义道德”。川剧中这位君王的造型极具讽刺意味，直接在其脸上绘一“主”字形，显示他为一国之君主。《奔月宫》中的夏太康王，传说中也是一位荒唐帝王，闻后羿妃史女貌美，竟欲以雍州城换取。后史女偷食灵药，飞往月宫。川剧艺人为讽刺这位糊涂荒唐的帝王，根据老丑纹饰的画法，在其鼻梁上直接绘一个“王”字，突出其帝王身份。《群仙会》是川剧传统的亮台戏，戏中有所谓“天排朝”的表演，传说中天宫的各路神仙如西王母、五老、八仙、牛郎、织女、银河夫人会聚一堂，统统登台，以展示戏班行当、行头齐全。该剧中有东西南北中五方老人，在传统观念中，东为五方之首，为表明东方老人身份，故在其鼻上直接绘一繁体“东”字，戴老人巾，挂白五喜，一副眉开眼笑的模样。《绿娥配》中的王伯伦以老丑应工，专行邀媒送礼之事，故在其鼻梁上脸绘喜字形，指明其媒人公的身份。《王汤圆打鬼》是一出以丑角应工的喜剧，剧中假城隍骗汤圆吃，行为丑陋，故在脸谱上直接绘“丑”字形，表示对其行为的批评与嘲讽。这种直接将书法文字运用于脸谱的创意，表达了川剧艺人对丑角艺术形象直抒胸臆的解释，也体现了中国文字与脸谱艺术之间的艺术渊源关系。

《王汤圆打鬼》中的假城隍

会意，即以某种形象或者变形的图案绘于角色脸谱上，以寓示其独特的性格、行为特征或者反映角色所经历过的重要事件。这类脸谱不是直接将人物身份特征图案画到脸上，而是领会其意后，绘以比喻象征性图案，颇有意趣。当然，川剧艺人也常常根据自己对角色的领会来描画脸谱，具有很大的灵活性、变异性。比如《打面缸》中的县官觊觎衙役张千之妻美貌，有意遣张千外出公干，县官夜往张家欲行不轨，适逢张千返回，县官出乖露丑。川剧中这位县官脸勾白胡豆花形，此花春天开，示其春心萌动、好色贪淫；《拗考》中的丁不识系不学无术之徒，手持考卷，目不识丁，故鼻梁画叉，表示其错误百出；《出天行》中的刘斗蓬为市井游手好闲之徒，故鼻梁上画骰子形，示其赌徒身份。自然界有一奇异现象，螳螂雌雄交配后，雌螳螂便将雄螳螂吃下，以繁育后代，川剧艺人将螳螂这一罕见的繁殖后代的行为吸纳到脸谱之中。《双无常》中的恶少丁子卿行为荒唐无耻，装扮成无常去调戏李小姐，阴差阳错竟被李小姐棍毙。川剧艺人在丁子卿鼻上饰以螳螂形，示其好色不要命。《三龙图》中的恶棍皮燕龙欲拆散他人姻缘，貌似风流潇洒，却满腹男盗女娼，鼻饰蜜蜂形，寓示其人招花惹蝶、轻薄无耻。这种会意的丑角脸谱本身具有深刻的讽刺意味，也体现出川剧表演艺术家对丑角艺术的独特理解。这种无拘无束的想象，不仅丰富了丑角脸谱的造型，也传递着中国传统民间的善恶观和是非观，具有浓郁的乡土气息和民间美术的特征。

3. 戏曲脸谱与巫傩面具文化的变异延续

关于戏曲脸谱与远古祭祀活动中巫傩面具的关系，诸多学者已有专门论述，此不复赘。值得关注的是，无论是在远古的重大祭祀仪式活动中主持其事的巫师，还是游走于今日广袤乡村从事傩坛法事职业的端公、师公、坛主，当举行祭祀仪式之时，他们戴上面具，即由凡人变成了神灵或者神灵的代言人，一言一行都显示着神灵的旨意。在傩戏演出中，戴上面具的演员也可以驱鬼祛邪，这便是面具给他们带来的神灵的力量。比如现代四川南部县杜南楼的傩戏班子在祭祀演出中，仍然有戴上面具为主家驱鬼逐疫的表演。

川剧目连戏《抬灵官》

传统戏曲演出活动中也有类似的仪式。比如川剧搬演目连戏时举行的灵官镇台仪式，就是由戴面具或者画灵官脸谱的演员扮演灵官，代表神灵降临此地，查看有无魑魅魍魉在人间作祟，并做一系列法事，以保证此次演出活动平安顺利举行。可以看出，此时画上了灵官脸谱的演员已由人变成了神，脸谱便是神灵身份的标志性特征之一。

祭祀活动、傩舞、傩戏的面具与戏曲人物的脸谱，都蕴含着诸多民俗和宗教的传统文化因素。正如祭祀活动中戴上面具的人变成神一样，戏曲舞台上演员画上脸谱，即变成了戏剧的角色——艺术形象。数百年来，戏曲舞台上涌现了难以计数的角色形象，这些角色形象日趋丰富，由此出现了与之相适应的某些角色的专用脸谱和一般角色的类型化通用脸谱。随着社会民众科学认知水平的提升和戏曲艺术的发展，脸谱数量和功能都发生了变化，从发展的趋势来看，脸谱的神灵意义和神秘性成分逐渐消解，平民性、艺术性成分不断增加，今天的戏曲脸谱远比传统的面具更加丰富生动，也更加人格化、个性化。但是，面具的神灵意义在戏曲脸谱中并没有完全消失，在川剧界还保存着一些约定俗成的行规，比如关公被民间供奉为圣人，扮演关公的演员在画好脸谱之后，便坐在衣箱上闭目静默，俨然成为关公的化身，不再与其他演员随意交谈。

从符号学意义上看，丑角脸谱与净行脸谱既有相同的文化属性与传承，又有各自不同的寓意，净行面部造型不仅从色彩构图方面突出了人物的性格、品质、身份特征，而且也代表了角色的艺术形象，其脸谱所代表的角色形象成分大于符号意义；而丑角的白鼻梁更多的是一种符号或标志，是对角色个性、身份特征的一种标识，而不代表角色本身的面部形象。

总之，不论是净行还是丑行，千变万化的戏曲脸谱延续了中华民族宗教、民俗和艺术的人文精神，其文化艺术价值和发展规律值得深入研究。目前，对于戏曲脸谱的研究尚处于搜集整理阶段，对于丑角脸谱的搜集整理还有待深入。本文对川剧丑角脸谱艺术的探讨限于资料和个人认知水平，或有不足之处，期待更多学者共同参与研究探讨。

（杜建华　四川省艺术研究院研究员）

新见神庙剧场看楼、看台、看亭（厅）[1]

颜　伟　曹　飞

神庙剧场中看楼的出现大约在明代末期[2]，是为了增加观众席以及防止男女混杂而专设的供妇女、儿童专用的观演场所[3]。即在庙院两侧的厢房之上加盖二层（横轴线与戏台所在横轴线成直角），如山西高平王何北五龙庙看楼[4]，戏台正对者一般为献殿或者正殿。车师文明在其《中国神庙剧场中的看亭》一文中介绍了在明、清两代少

---

① 本文为全国哲学社会科学项目“中国戏曲碑刻的收集整理与研究”（13BZS017），教育部人文社会科学研究项目“中国神庙剧场史”（11YJAZH003），山西省人文社科基地项目“山西戏曲碑刻集成”（2013317），山西师范大学课题“中国古代演艺场所研究”的阶段性成果。随文图除注明摄影者外皆为作者自摄。

② 参见车文明《20世纪戏曲文物的发现与曲学研究》，文化艺术出版社2001年版，第48页。曹飞《敬畏与喧闹：神庙剧场及其演剧研究》，中国戏剧出版社2011年版，第79页。从现存明代戏台及其庙宇结构分析，看楼的出现约在明代末期。

③ 参见车文明《中国神庙剧场中的看亭》，《戏曲研究》第87辑。

④ 参见冯俊杰《山西神庙剧场考》，中华书局2006年版，第236—238页。该庙院两侧为二层看楼各九间，其山门横批石刻“古庆云”落款为“时天启五年六月吉旦”，正殿脊枋亦有是年题记，看楼或修建于此时。

数神庙剧场中建起的位于戏台正前方、顶部加盖、四面透空、供乡绅及贵宾观剧之用的亭子形建筑——看亭[①]，如山西蒲县东岳庙看亭、山西夏县墙下村关帝庙看亭等，兴建此类看亭，提升观众观戏舒适性的目的不言而喻。结合看楼、看亭来考察，可以展现拥有正面观演建筑的神庙剧场形制，诠释神庙剧场建筑的多样化与人性化特征。此类看亭多出现在一些南方的宗祠之中，北方神庙并不多见，或因南方多雨，为使观众免受淋雨之苦而有此类建筑[②]。笔者在高平调查期间发现了几处特殊的神庙剧场形制，与上述戏台与献殿、正殿之间建看亭不同，它们一般是在戏台正前方建起看楼、阶梯形看台或其他形式的观演建筑，连同戏台、两侧看楼形成一个完整院落——无顶盖的封闭剧场，甚至有的如南城上韩庄玉皇庙剧场（见附录图 2－1）与一些封闭性会馆剧场如北京平阳会馆[③]、天津广东会馆等在戏台正面以及剧场两侧均设二层看楼的形制十分相似（见图 1－1、图 1－2）[④]，只是没有顶盖而已。以下作详细介绍。

南城上韩庄玉皇庙过亭看楼

玉皇庙为村中之大庙，庙宇三进院（见附录图 2－1），中轴线上自北向南依次为正殿、过殿（三道山门）、过亭看楼（其上正中为春秋楼，下为二道山门过道）、山门戏台，山门外有八字影壁。后院配殿、侧殿，中院厢房，前院两侧看楼等一应俱全。现存之过亭看楼为二层式建筑，上下各面阔七楹，下层中间为二道山门过道，上层中间一楹祀奉关帝，有“春秋楼”匾额悬于其上。其余作为观戏之用，

---

① 参见车文明《中国神庙剧场中的看亭》，《戏曲研究》第 87 辑。

② 参见曹飞《敬畏与喧闹：神庙剧场及其演剧研究》，第 76 页。

③ 参见周华斌《京都古戏楼》，海洋出版社 1993 年版，第 126 页。

④ 参见孙大章主编《中国古代建筑史·清代建筑》，中国建筑工业出版社 2002 年版，第 30 页。

因建在高 2.2 米的基础上，故其底层与东西两侧看楼高度相近，并相互连通。过亭看楼悬山顶，通面阔 16.6 米，进深 2.5 米，上下共十二楹。过亭看楼所连接的东西看楼均为硬山顶，面阔五楹 11 米，进深 2.2 米，下柱高 2.16 米，础高 0.3 米，上柱高 2.5 米。如此一来，前院剧场仅看楼就有 22 间之多。

图 1－1　上韩庄玉皇庙前院剧场（从戏台看）

图 1－2　北京平阳会馆正面看楼（选自《平阳会馆》彩页）

据庙内现存最早碑刻乾隆二十八年（1763）的《创建春秋楼碑记》记载，“是庙南壁中间创修春秋楼七楹”①，春秋楼建于此时，然碑文中并未提及戏台、看楼或酬神献戏相关事宜。又据西看楼脊枋题字“大清乾隆四十八年（1783）□□望日吉时□□□创建西看……韩永平石匠赵中和泥水匠张兴□□永保”可知，前院至迟在乾隆四十八年已经存在。虽如此，仍无法确定春秋楼在当时是否作为看楼之用。而碑刻中首次提到过亭看楼的是咸丰九年（1859）十月所立的《重修彩画妆修玉皇庙、土地祠功德碑记》：“村东北隅有玉皇庙一座，前后三院，楼屋平房上下百有余间，自道光二年开工补修，迄今三十余年未获完全……有韩姓名士衡者……愿为之整饰焉，村中闻之莫不赞勷其美……彩画前院戏台耳楼看楼大门……后院正殿耳楼风口

① 乾隆二十八年（1763）勒石，赐进士出身文林郎蒲州府教授加一级邹承颖撰，特选国学生陈万敬书，笏首方趺，现存玉皇庙后院正殿前廊东侧，保存完好，2013 年 9 月 23 日考察时抄录并拍照。

禅房……中院过亭看楼厦棚骡院钟楼……”① 可知玉皇庙至迟在道光二年（1822）已是前后三院之形制，亦可知前院戏台、两侧看楼、中院过亭看楼共同构成之剧场结构亦至迟在咸丰九年（1859）形成，至咸丰九年十一月“秋末始得完全，孟冬初旬谢土献戏”②。

图1－3　上韩庄玉皇庙前院剧场（从过亭看楼二层看）（王潞伟拍摄）

山门戏台悬山顶，面阔三楹7.64米，其中明间2.54米，进深4.8米，柱高2.75米，无柱础。戏台下山门通道柱高2.5米，戏房硬山顶各两间，面阔4.9米，进深4米。整个前院南北深13米，东西相距14米，宽敞的院落加上22间看楼，其容量之大可见一斑。站在正面看楼的二层，整个前院尽收眼底（见图1－3），观剧效果可想而知。

良户村大王庙正面看台及疑似正面看楼

大王庙在村之东南，始建年月不详。据庙内碑刻，乾隆二十九年（1764）至三十一年（1766），乾隆三十九年（1774）、四十七年（1782），嘉庆十五年（1810），道光十九年（1839）至二十一年（1841）以及民国十七年（1928）屡有置地、补葺之事。庙宇依地势而建为上下两进院（见附录图2－2），“位居离宫，大河临其前，不诚巍

---

① 咸丰九年（1859）勒石，撰文、书丹者不详，楷书，笏首，碑文记录由韩士衡主持，油画师牛春楼等彩画玉皇庙前、后、中三院等功德之事。现存三道山门前东侧，2013年9月23日考察时抄录并拍照。碑文见附录一。

② 出自庙内咸丰九年（1859）十一月刊立的《补葺妆修捐输花费碑记》，楷书，笏首方趺，额题“万善同归”，现存玉皇庙后院正殿前廊西侧，保存完好，2013年9月23日考察时抄录并拍照。

巍然也哉”①，“镇位离宫，负山带河”②。也正基于此，大王庙坐南面北，中轴线依次为正殿、二道山门前接台阶两组（下 11 级，上 13 级）、舞楼，戏房下各辟山门。正面看台、两侧看楼分列下院东西，台阶两侧石砌看台各三阶，逐级升高，长 3.84 米，高 0.42 米，宽 0.52 米（见图 1－4、图 1－5）。看台之后，上下院隔墙之前，各有疑似正面看楼分列左右。因庙宇毁坏严重，仅有残柱遗存，然有石柱则说明原必有顶盖，看楼之说或可成立，只是庙内现存碑刻并无相关正面看楼的记载，故此存疑并当作疑似看楼陈述之。面阔两楹 4.26 米，进深 2.9 米，现仅存二抹棱沙石柱。此看楼与下石砌看台之间施矮砖墙以相隔。

图 1－4　良户村大王庙二道山门台阶及分列左右看台（从戏台位置看）

舞楼三楹，梁架已坍塌，面阔 8.25 米，其中明间 2.9 米，进深 5.3 米，基高 1.46 米，柱高 2.45 米，左右耳房各三楹，面阔 5.8 米。悬山顶看楼两侧对称，各三楹，面阔 7.2 米，进深 3.4 米。整个下院东西 13.4 米，南北深（戏台前檐至看台最下一级）8.01 米。

据庙内嘉庆十五年（1810）《大王庙碑记》“修看台、彩画费四十二千乙百零四文”③ 语，可知看台修缮于是年。又据道光十八年（1838）《大王庙创修前院碑记》中“院前有舞楼，东西仅建墙墉，不足以壮观瞻，何以别士女之望……自道光壬辰年（1832）……共

① 王树新主编《高平金石志》，中华书局 2004 年版，第 304—305 页。见道光十八年（1838）《大王庙创修前院碑记》逐录。

② 引文据《高平金石志》所收录民国十七年（1928）《大王庙补修碑记》逐录，第 350 页。

③ 嘉庆十五年（1810）勒石，经手人郭殿元等立石，楷书，壁碑，高 39 厘米，宽 73 厘米，碑题“大王庙碑记”，局部漫漶，现存大王庙二道山门前东侧。2013 年 7 月 2 日考察时抄录并拍照。碑文见附录一。

图 1-5　良户村大王庙二道山门台阶西侧石砌看台

举前院当建看楼数间……东西特立看楼上下十二间……”① 等语，知为“壮观瞻”和“别士女之望”而创建两侧看楼。故而看台之建早于两侧看楼至少二十余年。因类似于体育场式逐级升高的石砌看台的出现，神庙剧场又增一特殊形式，场中有了真正的观众座席，并且与宋元时期瓦舍勾栏中出现的腰棚也有相同之处，只是腰棚是三面环绕并逐级升高，此只正面升高。但它还是实现了扩容的目的，而且逐级升高的看台也大大提升了观剧效果。遗憾的是该庙建筑大面积坍塌，虽格局完整，但是诸如梁架、题记等细节均已无法看到。

小河庄村玉皇庙及正面看亭（厅）

玉皇庙位于村西北的西花山顶，始建年月无考，据庙内碑刻知在道光二十八年（1848）、光绪十四年（1888）、民国十二年（1923）进行过补修。庙宇坐北面南，依地势而建，分上下两院。上院正殿三楹，祀奉玉皇大帝。东西侧殿各两楹，分别为蚕神殿和送子奶奶殿。两侧禅房各三楹，二道山门接东西两侧看亭（厅）（见图 1-6）；下院舞楼三楹接东西戏房各两楹，东戏房下为山门。庙内现存光绪十四年《补修西花山玉皇庙碑记》中提到：“依旧补葺南面看亭、东西禅室、大门、舞楼，遂皆焕然而一新。”② 民国十二年《永垂不朽》碑

---

① 道光十八年（1838）勒石，额题“万善同归”，楷书，笏首，2013 年 7 月 2 日考察时碑已多半埋入土中，引文据《高平金石志》迻录，第 304—305 页，且知碑为笏首，高 89 厘米，宽 52 厘米。

② 光绪十四年（1888）勒石，邑庠生部嗣姬撰文，职员李兴泰书丹，玉工李金镌石，楷书，方首，现存正殿前西侧，2013 年 8 月 4 日考察时抄录并拍照。碑文见附录一。

记中则说："补修正殿三楹，东北蚕神殿二楹，西北送子娘娘殿二楹，东西禅房六楹，东西看厅六楹，大门楼一楹，戏房五楹，南舞楼三楹，耳房二楹。"① 一说"南面看亭"，应是以正殿为参照物，故而称南面；一说"东西看厅"，因分列二道山门之东西两侧，故称。又二碑均言明"依旧"、"以故"补修，可知两碑所言应为同一建筑，且此看亭（厅）之创建应在光绪十四年（1888）之前。看亭（厅）各三间，两侧砌山墙，前后透空，均施高1米许裙墙，六架梁卷棚硬山顶，面阔7.2米，进深五椽4.7米。

图1－6 小河庄村玉皇庙看亭（厅）（杨波摄）

舞楼悬山顶，面阔三楹8.6米，其中明间5.1米，进深5.5米，基高0.95米，柱高3.2米，方凳础高0.5米。下院东西相距16米，南北深18米。

该庙2007年1月24日被确立为市级文物保护单位，是年重修，在补修原址一进两院的基础上增加了后殿——大雄宝殿，形成了现在一进三院的形制。庙会为每年农历六月十五，据村民介绍，届期仍旧在该戏台献戏，此神庙剧场之戏台、看亭（厅）仍在使用。然而此庙新修时此看亭（厅）是否真按照原有格局照旧重修还有待进一步确认，不过可以肯定的是，碑刻中提到的"依旧补葺南面看亭"、"东西看厅六楹"等事至少曾经真实存在。

① 民国十二年（1923）勒石，山西斌业中学校修业生邢治安撰文，国民学校教员王凤池书丹，玉工邓堆金镌，楷书，笏首，额题"永垂不朽"，现存正殿前东侧。碑文见附录一。

成家山关帝庙戏台及正面看楼

关帝庙位于村北，坐北朝南，始建年月不详，据戏台脊枋题字知该庙戏台重修于乾隆辛卯年（1771）①，则关帝庙之建早于是年。另据碑刻知该庙分别在道光五年（1825）和咸丰十一年（1861）进行过重塑神像和施地种树事宜②。庙宇依地势而建，北高南低而分上下两院，中轴线依次为正殿、前接献殿基址、山门、戏台、侧殿（二层）、配殿、山门耳房等，一应俱全。

图 1－7　成家山关帝庙山门及看楼（从戏台位置看）

正面看楼是在山门过庭两侧耳房之后，面戏台向外接两椽而为之（见图 1－7、图 1－8），东西各两间，旁开砌券门，俱为硬山顶和瓦屋面。面阔 4.6 米，进深 1.9 米，沙石柱高 2.6 米，券形门高 1.87 米，宽 0.6 米，看楼基高 1.4 米，面向戏台且所处又高于戏台，故自此处观戏，效果必佳，但因曾改作他用，砌墙换窗，外观已失原貌，又与山门紧连，故而在外很难分辨是否为看楼。笔者也是在考察过程中拍摄建筑侧面时产生疑问，询问村民后才得到正面看楼的解答的。但遗憾的是无碑刻记载，故此处作疑似正面看楼对待。

---

① 戏台脊枋题字“大清乾隆岁次辛卯年（1771）春大社重修戏楼三间正逢庚子吉时上梁自修之后合社……”，位于戏台明间脊枋，墨书，楷体，部分漫漶，2013 年 9 月 13 日考察时拍照并抄录。

② 庙内现仅存碑刻两通，其中一通为道光五年（1825）记录将神像由站像改为坐像并彩绘之碑刻，壁碑，楷书，现存正殿前献殿遗址西墙。另一通是咸丰十一年（1861）勒石，碑名“关帝庙种树施地碑记”，壁碑，楷书，现存山门过庭东山墙。2013 年 9 月 13 日考察时均抄录并拍照。

戏台距山门31米许，悬山顶，五架梁进深四椽，现于前檐砌墙，村民置杂物于其中。舞台面阔三楹8米，其中明间3.3米，通进深5.5米，后台进深2.2米，基高0.9米，檐柱高2.6米，方凳础高0.4米，耳房已毁。

图1－8 成家山关帝庙山门建筑侧面（图中烟囱在庙宇东侧）

以成家山关帝庙正面看楼的建筑形制推测，它应是为了满足观戏之需而加设的，建筑者很好地利用了地势和原有建筑资源，以依附于山门的做法而成看楼，既可使观众舒适观戏，又在一定程度上减少了兴建开支，可谓一举两得。

野川镇沟村关帝庙正面看楼

关帝庙位于村之西南，坐西朝东，一进院，有正殿以及北配殿，庙与村之西阁、南阁、南看楼相连且彼此相通（见附录图2－3）。戏台在山门外15米许，过路搭板式，与高平康营村关帝庙戏台相似①，即搭板式与跨街式过路台的组合体，戏台面向关帝庙山门及村之西阁，西阁之上又建正面看楼三楹，从而形成一个阁＋庙＋戏台＋（正、侧）看楼的剧场格局（见图1－9）。阁上有神殿，所祀之神为谁已不得而知，看楼是在阁上建筑基础上前接两椽而成，其外观形制与南看楼相同，正面均砌高1米许镂空花墙，且其上开窗（见图1－10）。然苦无碑刻佐证，只能推测。但不可否认的是它系在戏台建成的同时或之后，为了满足观戏之需而在阁上加设。阁上看楼面阔三楹6.4米，进深2.1米，檐柱高2.1米，院

① 参见冯俊杰主编《山西戏曲碑刻辑考》，中华书局2002年版，第475—479页。

图 1-9　沟村关帝庙外剧场全景
（右起依次为山门局部、西阁看楼、南阁、厢房、南看楼、戏台檐柱）

落东西约为 15 米，南北深约 12 米。依戏台脊枋题字，知戏台为道光年间创修①，则看楼之建应不早于此时。

戏台五架梁进深四椽，硬山顶。面阔三楹 8.3 米，其中明间 3.2 米，通进深 5.9 米，基高 1.5 米，柱高 2.6 米。金柱高 3 米。戏台下门高 3.6 米，宽 2.2 米，搭板槽 15 厘米 × 5 厘米。南耳房面阔两楹 3.9 米，进深 4.4 米，南侧看楼面阔三楹 7.8 米，进深 4 米，上柱高 1.7 米，下柱高 2.3 米。因北看楼已不存，阁 + 庙 + 戏台 + 看楼的剧场格局不够完整，然在临近沟村的路家村和后山沟村的两座关帝庙也出现了此种剧场格局，且戏台均为过路搭板式，作为其中一部分的阁，其上亦祀奉有神灵，每逢献戏，便可为庙、阁之上的诸位神灵共同献唱，收到了一石二鸟的功效，只是这两处没有正面看楼，此不赘述。

从已公布的拥有正面看亭的神庙剧场来看，看亭的位置一般在庙宇中轴线上、戏台与献殿或正殿之间的广场，或靠近戏台，或靠近献殿②，然而无论是何位置，它一般是独立存在且观戏之时或多或少会挡住其后观众的视线，并不能很好地实现剧场的扩容，也无法照顾到其后观众观戏的舒适性。本文所列举的这几处神庙剧场看楼、看台以及看亭（厅）在实现扩容的基础上充分考虑到观众的因素，一方面

---

① 戏台脊枋题记“时大清道光六年创修舞楼十月□□日吉时上梁……仝立吉……永垂不朽为云耳”，位于戏台明间脊枋，墨书，楷体，部分漫漶，2013 年 9 月 18 日考察时拍照并抄录。

② 参见车文明《中国神庙剧场中的看亭》，《戏曲研究》第 87 辑。

它们构成无顶盖的前院剧场，供奉神灵的正殿一般在其后一院，一定程度上减弱了神庙演剧的娱神性质，而将娱人作为重要的目的。另一方面因正面观演建筑位于剧场最后面，故而不会遮挡他人视线，其位置高于地面而又不为他人或他物所挡，充分考虑到了观众观戏的舒适性。虽然与戏台之间的大面积的空阔院落仍是最主要的观剧场所，但这种做法还是迈出了神庙剧场多样化与人性化的一大步，同时也体现了神庙剧场对观演场所的考量逐渐专门化的趋势。

图 1－10　沟村关帝庙西阁上面看楼侧景（从关帝庙院内看）

（颜伟　山西师范大学戏曲文物研究所硕士研究生
曹飞　山西师范大学戏曲文物研究所教授）

【附录一】碑刻

1. 山西省高平上韩庄玉皇庙

重修彩画妆修玉皇庙、土地祠功德碑记

村东北隅有玉皇庙一座，前后三院，楼屋平房上下百有余间。自道光二年开工补修，迄今三十余年未获完全。坐谈之间偶及社庙，有韩姓名士衡者，其先世治光之元长孙也，耆年硕德□□善士欣然□出，愿为之整饰焉。村中闻之，莫不赞勷其美。于是七月初间开工，会□三处工匠，施粉研朱，不惜丹青□□；捐金刊石，莫辞□□之劳。合社公议，有以记之，无以表其善。是以垂碑勒石，以示久远，遂为之记序云尔。

彩画装修功德主韩士衡施钱百四十千三百八十三文

油画师牛春楼　常□蛟　韩秉均　王敦技

彩画前院戏台耳楼看楼大门上下东西共三十五间，工价钱八十九千二百七十三文

彩画后院正殿耳楼风口禅房上下东西共三十四间，工价钱七十五千三百七十二文

彩画中院过亭看楼厦棚骡院钟楼上下东西共四十四间，工价钱八十一千七百二十八文

外土地祠一所，代妆神像

咸丰九年十月二十八日　合社公立

2. 山西省高平小河庄玉皇庙

补修西花山顶玉皇庙碑记

且夫事莫善于能创，尤莫善于能因，创于先则新基可立，因于后则旧址不颓，因创之机虽全凭乎人力，而成败之势实则赖乎神功。西花山顶旧有玉皇上帝庙宇一所，东北殿蚕神，西北殿高禖，自创建至今，多历年。风霜剥蚀，房屋已圮漏，檐宇不齐，栋楹寡色，村中父老、往来行人莫不触目而伤心。于是在社维首捐资布施若干，按社摊钱若干，鸠工庀材，依旧补葺，南面看亭、东西禅室、大门、舞楼遂皆焕然而一新。因众人曰：山立村外，庙居峰头，风雨不意，屋室无多，若不再为增修，演戏时节将何以栖梨园子弟欤？所以四社维首王宏、李兴来、明可诚、王振都等公同商议，增修钟楼一座，外面西戏房五间，厦棚二间，虽非广大，其居亦可为容身之地矣。斯知有创制之机，狭者故可使之广；有因革之势，旧者亦复可为新。工程浩大，事竟轻举，果不数月而观厥成者，正可验人力之与神功也。余才疏学浅，不堪为文，姑即素所表闻者勒诸贞珉，以遗后世而垂无穷。是为序。

邑庠生郜嗣姬敬撰

职员李兴泰敬丹

总理李兴来、明可诚

管账王清玉、明恕

督工维首王士俊、王振都、王黑孩、王万祥、王秃则、王圪嗟、王金英、王黑汉、王礼保、王德禄、王鹤松、王西山、王三昌、王家璧、王宏

泥水匠王德禄、李跟来

木匠王三昌刻石

小王秃则、王满金

玉工李金镌

大清光绪十四年四月初四日破图开工七月初一日告竣四社维首仝勒石

永垂不朽碑记

西花山之巅旧有玉皇庙，嗣经风雨剥蚀，庙宇倾圮。某等触目伤心，不忍坐视，惟恨力有未逮，乃举行募款，以为集腋成裘之计。犹幸四方善士赞勷厥事，不数年而募款若干，于是鸠工庀材，重事补葺。计自壬戌十月经始，至癸亥六月十五日告竣，共需洋若干，补修正殿三楹，东北蚕神殿二楹，西北送子娘娘殿二楹，东西禅房六楹，东西看厅六楹，大门楼一楹，戏房五楹，南舞楼三楹，耳房二楹。以故前之不堪寓目者，今竟焕然一新矣。追维厥功，果谁之赐，功成浩大，曷叫淹没，用将捐款人姓名勒诸石后，俾资计念云。

山西斌业中学校修业生邢治安撰

国民学校教员杨凤池书

经理募化人王鹤松、明国瑞、王毓芬、王丑则

总理明家瑞、王永盛

维首王家玉、王鹤松、王福元、王福宽、王很深、王凤业、王起成、王苇成、王德荣、王重庆、王枝生、王丑则

管账王锦

木工王文质，泥水王炳火，玉工邓堆金镌

中华民国十二年六月十五日补修碑记

四社维首仝勒石

3. 山西省高平良户村大王庙

大王庙碑记

连年存积谷石以及卖树、置地、修理、彩画、妆修一应出入使费开列于左：

嘉庆七年至十一年共得租谷十六石八斗，除每年敬神之费得净钱三十八千三百七十，得利钱十五千七百一十二，本利存钱五十四千二百八十二文，三次卖树银一百四十五两，买地二处使银一百五十两，税契及树税使银十二两六钱九分，收入揭头银十两，以上净存钱四十八千乙百三十文，又存十二、三年租谷十六石九斗，除修理谷三石，道士用谷四石，下余卖净钱十六千六百四十四文。修看台、彩画费四十二千乙百零四文，庙置家居、请住持费十六千五百一十九，道士家费使钱五千三百四十九文，以上净除下余钱八百零二文墙碑使用，出入各有花账，现存殿元手。南置东阴亩地十亩六分，南至垓下跟，东至张界石，西至垓下跟，北至垓下根。置苍王墓地五亩，南至垓下跟，东至田府佳城石，西至垓下水心，北至里垓根。

嘉庆十五年

经手人　郭殿元　袁秉德　赵永保　立

住持　赵合□

【附录二】建筑平面图

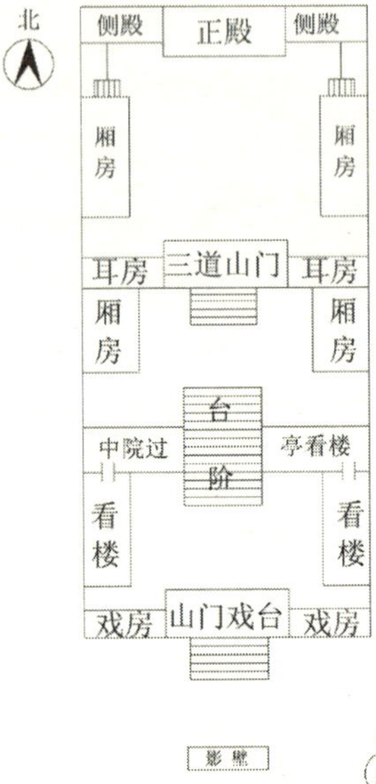

图2–1 高平上韩庄玉皇庙平面图

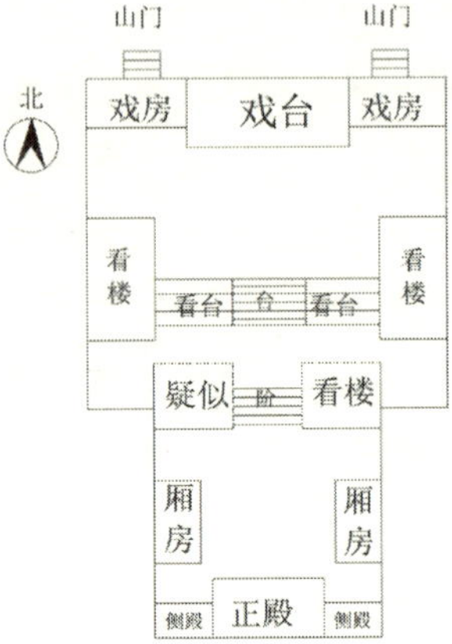

图2–2 高平良户村大王庙平面图

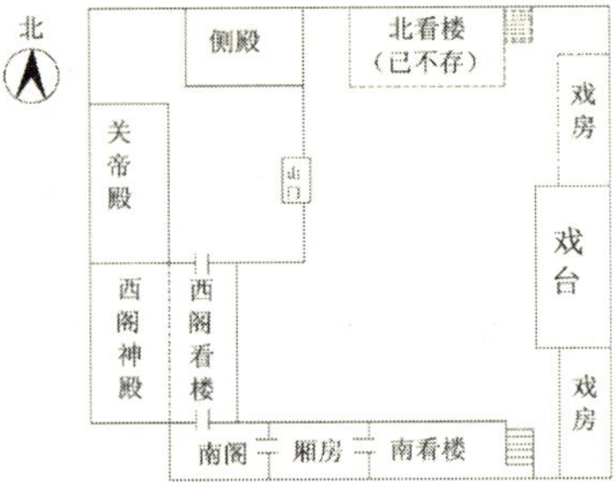

图2–3 高平沟村关帝庙平面图

重构20世纪50、60年代广州粤剧演剧[1]

——兼简介广州文学艺术创作研究院院藏粤剧剧本

罗　丽

剧本作为舞台艺术的文本载体，在保存舞台艺术和承继剧种历史方面，有着无可比拟的价值。广州文学艺术创作研究院资料室内藏有剧本近三千本，都是从20世纪40年代至80年代广州地区创作上演的粤剧剧目，当年系因剧目审查需要，由各剧团提交集中于此，其中以20世纪50年代至60年代的剧本居多。

六十多年后的今天，是时候揭开尘封的档案，再现当年粤剧走过的发展之路了，而这批粤剧演出审查本正是这段历史的见证。这批剧本对了解新中国成立前后二十多年间广州地区粤剧剧目状况有重要价

① 本文为“2013年度《广州大典》与广州历史文化研究立项课题资助项目”阶段性成果。

值，由此出发，可知半个世纪中广州地区乃至珠三角各地专区粤剧团体的创作演出情况，以及粤剧在中国政府戏曲政策指导下的发展轨迹。通过对该批剧本的整理和研究分析，可以重现在极端政治环境下，粤剧是如何受政策左右而改变其面貌，广州地区粤剧的发展是经过哪些观念及体制的影响从而呈现出今日的局面的。这是粤剧发展史上值得深入探寻的一段，它对剖析粤剧在新时代文艺政策影响下不断转变的局面，乃至对今天的粤剧艺术创新及粤剧团体体制改革，都有现实的借鉴意义。有鉴于此，2010 年年初，广州文学艺术创作研究院、粤剧中国保护中心启动“广州文学艺术创作研究院院藏剧本数字化保护项目”，力求抢救保存这一批完整的珍贵资料。

禁锢与审查：20 世纪 50、60 年代广州粤剧演剧

（一）1949 年以前广州的戏剧审查

作为监管国民话语系统的戏剧审查制度并非无源之水。1942 年 2 月 16 日，国民党中央执委会第 195 次常务会通过《剧本出版及演出审查监督办法》，规定剧本不仅在出版及演出之前要先经过审查，演出时还要“由当地政府派员检查所演出剧本是否与审查剧本相符”①。

演出剧本审查办法

中央政府所在地演出剧本审查事宜统归中央图书什志审查委员会直接办理，各地演出剧本审查事宜由各级地方图书什志审查处或分处办理，其未设有图书什志审查处或分处之地方暂由中央图书什志审查委员会委托社会或教育行政机关办理。

无论机关团体或个人组成之剧团应为其预备演出之剧本

① 国立中山大学《演出剧本审查办法》，编号 020－005－37－014、029，广东省档案馆 1942 年。

缮正原稿连同说明书缮正原稿各四份，于试演期至少十天以前送审并须于原稿封面上加盖各项剧团团章，如系机关学校或团体临时组合演出者由各该机关学校或团体负责送审并盖章。①

为此，国立中山大学代理校长金曾澄特地颁发布告，告知校内学生演剧团体演出前必须经由审查，以免触犯律例，并一口气发出了《国立中山大学关于演出剧本审查办法的布告》② 和《国立中山大学关于检发演出剧本审查办法一事的布告》③。当时政府对校内学生团体尚且如此重视，对在剧场公演团体进行更为严格的戏剧审查制度就更不用说了。

自20世纪初进入城市稳固了剧场演出的阵地后，经过近半个世纪的都市商业运营，粤剧自身灵活多变的演出风格、商品化的市场运作模式已经相当突出。1945年战争硝烟渐散后，省港两地的粤剧戏班往来频密，演出剧目丰富，新一代名伶辈出。粤剧在自由的商品市场内作为娱乐产品“供销两旺”、“生态正常”，至1950年，广州市内各戏院的演出剧目达一千七百多个。对照广州文学艺术创作研究院的院藏剧本，尤其是1946年至1949年间的本子，其剧目题材灵活多变的特点尤为明显，其中因色情暴力及败坏伦理道德“有伤风化”而未能通过政府审查的本子也并不罕见。单1947年就查禁多个粤剧剧目本，如在海珠戏院上演的《明皇爱贵妃》④、胜利剧团在天星剧

---

① 国立中山大学《演出剧本审查办法》，编号020－001－98－270，广东省档案馆1942年。

② 国立中山大学《关于演出剧本审查办法的布告》，编号020－005－37－013，广东省档案馆1942年7月22日。

③ 国立中山大学《关于检发演出剧本审查办法一事的布告》，编号020－001－98－269，广东省档案馆1942年7月22日。

④ 广州市警察局《禁演“明皇爱贵妃”》，全卷宗号7－目录号5－案卷号41，广州市档案馆1947年8月。

院演出的《野花香》[①]、觉先声剧团演出的《归来燕》[②]，以及《大闹广昌隆》、《生死恋》、《双料龟公》[③] 等剧。就现时档案内容可见，以上剧本中多因宣扬色情、有伤道德风化、宣传封建迷信鬼神等被禁查，涉及政治内容被查的暂未见。从广州文学艺术创作研究院的院藏剧本中可见一本泥印的觉先声剧团《归来燕》舞台演出本，里面保存有大量修改痕迹，该剧本封面盖有“广州档案馆”、“旧政权移交”的印章，以此为佐证，可知藏本系 1949 年前的审查本。

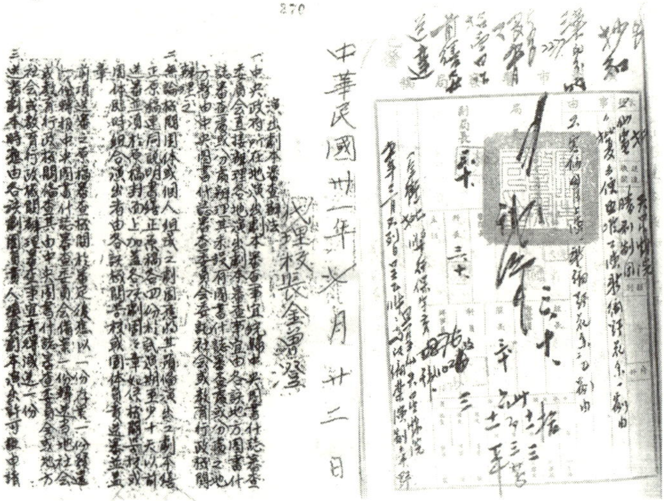

国立中山大学关于“演出剧本审查办法”的布告（左）

广州市警察局行政科 1947 年关于审查《归来燕》、《野花香》等剧情的批复（右）

（二）1949 年至 1956 年被戏曲政策左右的粤剧

政权的变更并没有使得戏剧审查制度出现松弛，情况恰好相反。

①② 广州市警察局行政科《关于审查“归来燕”、“野花香”等剧情的批复》，全卷宗号 7 - 目录号 5 - 案卷号 41，广州市档案馆 1947 年。

③ 广东省教育厅《禁演“大闹广昌隆”、“生死恋”、“双料”、“归来燕”、“野花香”五本》，全卷宗号 7 - 目录号 5 - 案卷号 40，广州市档案馆 1947 年 3 月 11 日。

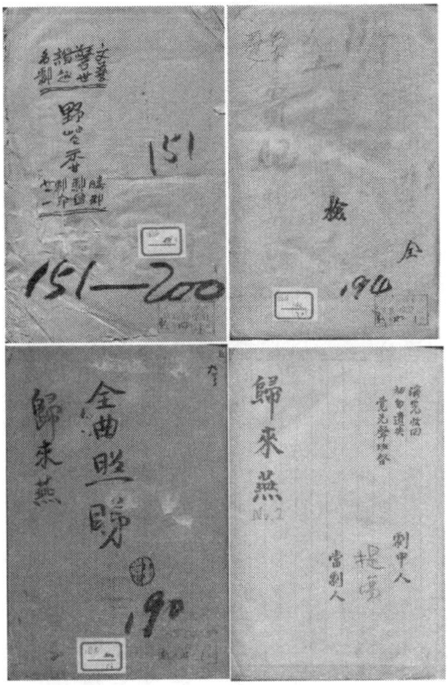

《野花香》（编号旧古3）（左上）、《明皇爱贵妃》（编号旧古301）（右上）、《归来燕》（编号旧古56）（下）

翻查1948年的《人民日报》（华北版），《有计划有步骤地进行旧剧改革工作》① 的政令赫然在目。“中国的戏曲……表现出中国人民勤劳、勇敢、智慧、善良的性格，他们要摆脱被压迫奴役的状态所进行的各式各样正义斗争，以及他们对自由、幸福、合理生活的渴望，因而它就有了民主性，这就是它的精华部分。另一方面又由于它是封建社会的产物，不能不蒙受封建思想的影响，不能不常常地被封建政治者加以各种歪曲，用作麻醉毒害人民的工具，因而它就有了封建性，这就是它的糟粕部分。”尽管当时中华人民共和国尚未建立，但执政者已经为日后的戏曲政策定下了基调——否定戏曲娱乐性，否定戏曲演出营利行为，否定没有先进的、符合新社会思想的戏曲剧目。

1949年10月中华人民共和国建立后，文化部设立“戏曲改进局”，田汉担任局长，统筹全国戏曲改革，以便“有计划、有目的、有步骤地发掘与整理民族戏曲的遗产，经过一番批判和扬弃，使之推陈出新，产生新的历史歌剧与时事歌剧等戏曲，成为为人民服务的崭新戏曲”②。中国的戏曲政策自中央到地方在不同剧种上各有不同体

① 《有计划有步骤地进行旧剧改革工作》（社论），《人民日报》（华北版）1948年11月23日。

② 萧风《访问文化部戏曲改进局》，《文汇报》1950年4月10日。

现，实际上已形成一套系统的戏曲审查制度，从省市的基层文化部门到中央，层层把关。1950 年 7 月华南文学联合会主席欧阳山在粤剧界座谈会上提出粤剧剧目应做到“好看有益”的意见，并随后在《南方日报》上发表《我对粤剧改进的意见》和《粤剧的出路》，成为号召粤剧剧目改革的先声。①

剧种的浮沉直接反映出剧种地域特性带出的自身尴尬，粤剧在 1952 年被着重点名批评的原因早在 1948 年的这份政令上已可见端倪。粤剧是 20 世纪 50 年代至 60 年代受政治因素影响比较大的地方剧种之一，相关政策直接影响到粤剧传统技艺的承传、粤剧剧目的创作演出等各个方面，广州地区的粤剧发展尤其如此。1951 年 2 月永光明剧团新编历史剧《刘永福》的上演，引发了一场针对“好看有益”的争论，有评论者认为欧阳山提出的这个标准是轻重倒置，“把艺术标准放在政治标准之上”②。如果说 1949 年以前的戏剧审查制度多针对剧目道德教化问题，那么 1949 年以后的戏曲改革则已经把审查的触角伸向政治，以阶级斗争为纲的标准去判别戏剧创作演出。

紧接着的 1952 年，当时的左倾思潮认为粤剧要改变过去那种单纯用故事情节吸引观众的错误做法，彻底否定粤剧的商品性、市场性、娱乐性。9 月在中南区全国戏曲观摩演出大会上，粤剧因为《三春审父》被点名批评，有关方面指责该剧主题思想混乱。时任中南军政委员会文化部副部长的陈荒煤指出：“据说广州市解放以来上演了一千七百多种剧本，但是这一次来汇演的节目《三春审父》却还是个维护封建的剧本，这就说明了‘多’是不能解决问题的。粤剧应该在这方面作很大努力，改变过去那种单纯用故事情节来吸引观众

---

① 唐忠琨《献身粤剧事业四十年——林榆同志纪实》，《粤剧研究》1989 年第 3 期。

② 何士上《关于粤剧改革工作的指导思想和创造方法的商榷》，《南方日报》1951 年 2 月 29 日。

的错误。这种做法，是把艺术变为商品，是艺术上的堕落。”① 这一次对粤剧传统剧目的公开否定，致使此后一个时期内粤剧界的创作陷入无所适从的局面。

同年底，广东省广州市全国戏曲观摩汇演传达学习委员会成立，组织广东省、广州市粤剧工作者举行全国第一届戏剧汇演宣传大会，展开长达四个多月的集体学习，为的是肃清流毒，清理粤剧传统剧目，进一步“改戏、改人、改制”。次年春，广东省、广州市戏曲改革委员会成立，该机构是担负有戏剧行政管理和戏剧研究任务的机构。

1953年4月成立的广东省、广州市戏曲改革委员会（下称“戏改会”），主任委员由广州市文化局副局长丁波兼任，副主任为李门、曾三多、罗品超、黄宁婴，“戏改会”属中共中央华南分局宣传部领导，日常工作委托广州市文化局负责，在市文化局机关办公。“戏改会”设行政组、辅导组、剧目审查组、剧目组和广东音乐研究组，主要工作是贯彻全国第一届戏曲观摩演出大会精神，继续抓好“改戏、改人、改制”工作。其中，由白驹荣、黄宁婴、李门、罗品超等43名艺人和戏改干部组成的粤剧剧目小组，专门对旧剧目进行审定，是正式以剧本审查为主要工作的专业机构。广州文研院能有如此多的院藏剧本，正与此机构的审查工作密切相关。同年6月，戏改会召开粤剧团代表大会，讨论澄清粤剧演出剧目混乱的现象，由粤剧剧目小组选订出280个长短剧目，“为彻底澄清粤剧上演剧目的混乱现象而斗争”。为达到净化舞台的目的，编印了《一九五三年下半年粤剧（古装戏部分）上演剧目》，其中整编短剧目107个，整编长剧目111个，

① 转引自谢彬筹《广东戏曲七十年叙略》，载《岭南戏曲思辨录》，中国戏剧出版社2000年版，第250页。

修订暂演剧目62个，三类共280部①。在广州文研院院藏剧本中，有一批带有“粤剧丛刊初稿”、“由中国戏剧家协会广东分会、广东省文化局戏曲研究室印”等字样的本子，相信就是这个阶段留下的。

为设法解决诸多小型剧团屡次提出的剧本缺乏问题，1954年，“戏改会”“召集粤剧编剧者自愿组成的编剧互助组，全体组员进行讨论，一致认为此种剧本困难情况必须逐步设法解决，尤其对缺乏编剧人才的下乡剧团，更须予以大力支持。经过多次研究后，编剧互助组同仁拟定了《粤剧剧本推广暂行办法》”。参加此项剧本推广工作的编剧者31人，拟出第一批推广剧本共78部，计长剧69部、短剧9部。②《粤剧剧本推广暂行办法》主要内容如下：

> 一、凡我等同人为某一特定剧团所编的剧本，经该剧团上演，由演出第一天来计，时间满两个月后，我们均愿将该剧本作为推广剧本，欢迎各剧团通过申请手续，取得该剧本的上演权。
>
> 二、申请剧团须用书面开列案取的剧目名单（注明该剧编者或曾演过该剧的剧团）并说明要求上演该剧的理由（第一次申请时并须将该剧团今年内曾上演过的剧目全部开列以供推广参考），直接向省、市戏改会辅导的编剧互助组提出申请。（申请书统一寄省、市戏改会转交。每月申请剧本以两部为限。）
>
> 三、剧团申请书经编剧互助组研究并征得该剧编者的同意后，即作出决定回复该剧团，该剧团收到接受其请求的通知后，即可将该剧本翻印上演。

---

① 省市戏改会《为澄清粤剧上演剧目的混乱现象而斗争》，307－1－7－76－85，广东省档案馆1953年以及省市戏改会《一九五三年下半年粤剧（古装戏部分）上演剧目》，309－1－24－172－173，广东省档案馆1953年6月。

② 省市戏改会《粤剧剧本推广暂行办法》309－1－27－15－16，广东省档案馆1954年1月11日。

四、上演推广剧本的剧团有责任严肃对待剧本演出及须向编剧者缴付上演该剧时，剧团全部收入的百分之一点五的剧本上演费。

五、推广剧本一经上演，原来优先演出该剧本的剧团，如仍继续上演该剧时，剧本上演费亦应自此时起按百分之一点五缴付。

六、上演推广剧本的剧团取得剧本后，每月须向编剧互助组报告该剧演出日期、场数及观众反映，并依规定将剧本上演费核计按月送交编剧者。

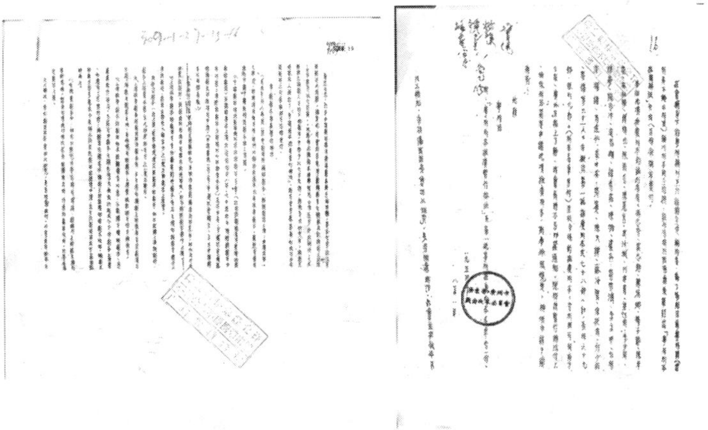

广东省、广州市 戏曲改革委员会《粤剧剧本推广暂行办法》及通知

七、上演推广剧本的剧团如未经编剧者同意，不能擅自增删剧本、或不严肃对待演出，不能歪曲剧本主题思想及无故拖延或不交付剧本上演费。如遇有上述情形时，编剧者有权要求编剧互助组随时将剧本收回，编剧互助组并得考虑在今后停止接受该剧团的继续申请，直至该剧团提出可靠保证时为止。

八、在推广剧本中，个别如发现内容有显著错误，经编剧互助组及编剧者研究后，认为必须进行修改然后继续演出时，得通知剧团收回，改后再交剧团上演。

1956年10月，中国戏剧家协会广州分会成立后，“戏改会”撤销。如果说1949年以前的戏剧审查制度只是在公演的剧目中限制超越社会道德准线的粤剧剧目，尚未直接限制剧目的创作；那么1949年以后，自“戏改会”成立以来，收集整理粤剧剧目的同时，颁布可供上演的粤剧剧目范围；又成立编剧互助组，实际已经从源头上禁锢了粤剧剧目的创作。

（三）1956年至1964年粤剧的波浪式发展

诸多禁锢之下，1956年前后的广州粤剧舞台已呈现剧目贫乏单调的状态，唯独1956年当年可算是粤剧在这个阶段波浪式发展的高峰期。粤剧界在左右困局之中，努力寻找既能继承粤剧历史、展现地方色彩，又能与政治脉络、戏曲政策不相抵触的平衡点。

1956年，在中国戏剧家协会广州分会成立后，工作人员大力发掘传统剧目，通过老艺人的口述，整理出3412个传统剧目。同年，由刚从香港回到广州定居不久的马师曾、红线女合演的日后被奉为经典的《搜书院》在北京演出，刘少奇、周恩来、沈雁冰等观看了该剧并接见演员。当时最为权威的戏剧刊物《戏剧报》6月号上刊登了马、红二人演出的《搜书院》剧照，9月号封底更印有周恩来和马师曾交谈的照片。周恩来的一段讲话更是为被打压已久的粤剧狠狠鼓了劲：“广东粤剧代表团在中南区汇演时受了批评，参加全国戏曲观摩演出后，回去就革新。1954年我看了粤剧，演得比较好，有很大进步。现在行家马师曾回来了，更提高了。过去我们只看到它的缺点，要求过高，对粤剧的艺术性和人民性忽视了。”① 周恩来的讲话，实际也承认了1949年至1956年间对粤剧思想性方面的批评过于偏激。

① 戏剧报记者《南国红豆发新枝》，中国戏剧家协会戏剧报编委会编印《戏剧报》1956年6月。

1956年8月根据粤剧传统戏重新整理的剧目《山东响马》由珠江剧团演出，随即，针对该剧的争论在《广州日报》、《南方日报》上轰轰烈烈地展开。此次争论的源头来自于1953年张华在《南方日报》上发表的《走入歧途的〈山东响马〉》[①]，珠江剧团重演此剧后，该剧的演员罗品超、文觉非、少昆仑和改编者莫志勤重提旧事，发表了《"山东响马"难道是一出"走入歧途"的"坏戏"吗》[②]。随后，张华等分别在《广州日报》、《南方日报》上发表了多篇文章，认为当前粤剧迷失方向，责任在戏改干部身上。争论甚至延续到1957年，负责戏改的领导人黄宁婴和李门因而写了《"齐放"与"独放"，"争鸣"与"独鸣"》、《关键在于反教条主义，在于检讨领导》[③]，从而使争论升级为1949年以后广东粤剧界影响最深的一次针对粤剧剧目整理改编、针对粤剧思想性和艺术性、针对粤剧戏改工作的论战。可见，如何对待粤剧传统剧目，如何摆正艺术性和思想性在粤剧剧目创作演出中的位置问题，一直未离开过言论的核心。

1957年4月27日《人民日报》刊登了《大胆放手，开放剧目》一文，文中针对1956年6月间所出现的"第一次全国戏曲剧目工作会议以来，各地进行了大量的挖掘整理戏曲剧目的工作，使得戏曲舞台的演出状况为之一变"的情况，进行了总结和指示，并对第二次全国戏曲剧目工作会议的最新精神进行了传达："必须在大力贯彻中央方针和巩固已有成绩的基础上，继续大胆放手，开放剧目。""目前的问题，不是戏曲剧目开放已经够了，而是'放'的还很不够。对挖掘整理传统剧目的重要性认识不足，估计不够，仍是目前相当普

① 张华《走入歧途的〈山东响马〉》，第一次刊登于《广州日报》1953年3月19日第2版，第二次刊登于《南方日报》1956年8月26日第3版。

② 罗品超、文觉非、少昆仑、莫志勤《"山东响马"难道是一出"走入歧途"的"坏戏"吗》，《南方日报》1956年9月3日第3版。

③ 李门《关键在于反教条主义，在于检讨领导》，《广州日报》1957年5月11日第3版。

遍的现象。”① 这篇文章所涉及的内容，正好与粤剧界关于《山东响马》的争论方向是一致的，显示出在“戏改”工作中，政治影响下戏剧工作开展的摇摆姿态。

自1960年起，广东省、广州市的戏剧单位都十分重视对粤剧编导人员的培养，积极开展戏曲理论的讨论，每年均在广州举办编导观摩座谈会、广东省粤剧编剧讲习会、广东省戏剧理论工作座谈会，对传统剧目的推陈出新、戏剧反映现实生活、对历史人物的评价、新编历史剧的古为今用、戏曲的教育和娱乐作用等重点理论问题进行了探讨。如1960年5月15日至6月6日，中国剧协广东分会与广东省、广州市文化局联合召开了为期三周的粤剧剧目创作座谈会。② 参加该座谈会的有广州市和佛山专区的编导及戏曲工作干部共24人，采取理论和实际相结合、从务虚到务实的方法，系统地学习了毛泽东《在延安文艺座谈会上的讲话》等文件，讨论了“文艺的任务”、“艺术与政治的关系”、“如何改造文艺工作者的世界观”等问题，然后对《马口英雄赞》、《人民公社万岁》、《李文茂》、《十奏严嵩》等4个现代剧和历史剧的剧本及提纲进行分析研究。

自1958年“大跃进”时期开始，粤剧界出现一股现代戏的编演风潮，粗制滥造的同时放松了对传统粤剧剧目的发掘。此外，粤剧“戏改”领导层面的理论探讨和学习从未停止过。从广东省档案馆现存的一份中国戏剧协会广东分会资料室的内部会议记录上看，范敏、李门、陈仕元、黄丽青、林愉等人曾在1961年1月3日进行了一次《漫谈戏剧剧本创作思想问题》的对话。其中，陈仕元就指出“大跃进以来，现代戏最多，起了很大作用，但艺术水平不高”③。

---

① 《大胆放手，开放剧目》，《人民日报》1957年4月27日第1版，本文来源于 http：//data. people. com. cn。

② 中国戏剧家协会广州分会《“粤剧剧目创作座谈会”总结》，307－1－154－96－97，广东省档案馆1960年7月17日。

③ 中国戏剧家协会广州分会《“漫谈戏剧剧本创作思想问题”的记录》，312－1－36－98－102，广东省档案馆1960年1月3日。

1961年国家戏曲政策提出要重视传统剧目、要“翻箱底”，戏曲迎来宽松的发展时期。1961年秋广东省文化局转发了文化部关于《加强戏曲、曲艺传统剧目、曲目挖掘工作》的通知①，同时中国戏剧家协会广东分会、广东省文化局戏曲研究室和广东粤剧院抽调干部成立了由李门任主任的“广东省粤剧传统艺术调查研究班”，对传统剧目、唱腔音乐、表演艺术和历史资料等进行全面而又系统的抢救发掘和收集整理。至1962年年底为止，编印《粤剧传统剧目汇编》25册、《粤剧传统排场集》等9册，《粤剧剧目纲要》（上下册）收集了1560个粤剧剧目的故事梗概，这是对粤剧传统剧目整理研究的一次骄人检阅。不但粤剧研究获得了前所未有的好成绩，更因这期间政策的宽松，粤剧演出又短暂出现繁荣，演出场次及观众人数增多。在广州文学艺术创作研究院的院藏剧本中，数量相当大的部分正是1956年至1964年间积累下的。

好景不长，1962年11月在广东省全省宣传文教会议上，转发了10月文化部党组下达的《关于改进和加强剧目工作的报告》。报告指出：“在戏曲方面，努力挖掘传统剧目是好的，但又出现了一些值得注意的消极现象，解放以后已经不演的某些有毒素的剧目，如《刁刘氏》、《蒸骨三验》、《黄氏女游阴》、《火烧红莲寺》之类又重新搬上舞台。”② 由于当年国内经济状况转好，中共八届十中全会上提出反对现代修正主义和加强阶级教育、加强对文艺戏曲的控制。

1963年1月18日的《南方日报》上，中国戏剧家协会广州分会为不断提高粤剧剧目的质量，提倡积累保留剧目，特向粤剧界推荐了86个新中国成立以来上演的比较优秀的粤剧剧目。1963年5月4日，中国戏剧家协会广州分会又“根据中央有关处理鬼魂戏、迷信戏的

---

① 广东省文化局《转发文化部加强戏曲曲艺传统剧目、曲目的挖掘工作》，307－1－183－74－76，广东省档案馆1961年10月14日。

② 文化部《中央批转文化部党组“关于改进和加强剧目工作的报告”》，307－1－218－100－104，广东省档案馆1962年11月22日。

指示精神，重新加以审查，其中《活捉孙富》、《牡丹亭》两个剧目因有鬼魂出现，建议文化主管部门给予停演处理（《牡丹亭》一剧中不涉及还魂的部分如《春香闹学·游园惊梦》可作折子戏演出）”①。在中国剧协广东分会呈报广东省委宣传部的一份材料中可见这样的意见：“根据中央关于处理鬼魂戏、迷信戏的指示精神和你部指示，我们初步了解广州市粤剧舞台上一年来（1962 年 3 月至 1963 年 3 月）的上演剧目，发现下列一些有问题的剧目，建议文化主管部门给予处理。”在当时的情况下，对直接出现鬼魂的长剧，有鬼魂但戏份不多的，宣传封建迷信和神怪力量的剧目进行禁演和整改，对其中不涉及鬼魂和封建迷信的片段则准予演出。②

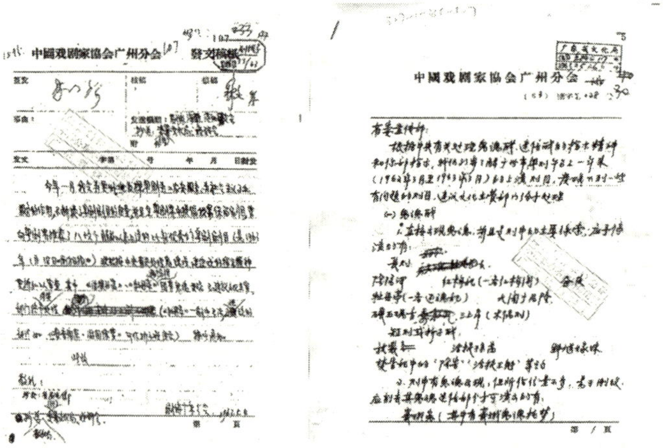
中國戲劇家協會广州分会

中國戲劇家協會广州分会

中国戏剧家协会广州分会建议文化主管部门禁演鬼戏

禁戏风潮使得粤剧传统戏的演出变得不合时宜。1964 年 10 月广东省文化局发出了《加强我省剧目管理工作的几项要求》，明令指出为全面掌握省内剧目上演情况，要求广州市、各专区剧团管理站和排

① 中国戏剧家协会广州分会《建议主管部门禁演鬼戏》，312 -1 -43 -108 -112，广东省档案馆 1963 年 5 月 4 日。

② 中国戏剧家协会广州分会《对于一些有问题的剧目给与处理建议》，307 -1 -255 -5 -7，广东省档案馆 1963 年 5 月 4 日。

期站，需每月定期向省有关领导部门汇报，切实加强对剧团、剧场、剧目的管理，特别指出："发现有问题的剧目（现代剧、古装剧），请同时附来说明书一份。"①

随着1963年"以现代剧目为纲"戏曲政策的颁布，以及1966年"左倾"风的再度刮起，排练现代戏、搬演样板戏成为戏曲演出的主流，刚刚恢复起来的粤剧传统剧目基本丢失，演出数量剧减。翻看这个时期所存的粤剧本子，移植的样板戏剧目成为粤剧演出重心，审查剧本以此类为主。"文革"后国家在戏曲政策上的解冻，使得观众长期积累下来的对传统戏、古装戏的审美饥渴彻底爆发。1977年粤剧的演出场次高达37000场，传统古装戏在舞台上占绝对数量。戏曲政策的解冻也使得自1949年以前便延续下来的剧本审查制度日渐松懈，从院藏剧本来看，20世纪80年代上交审查的粤剧剧本已经屈指可数。

再现与还原：广州文研院院藏粤剧剧本简介

（一）广州文学艺术创作研究院的历史沿革

查索广州文学艺术创作研究院的历史沿革，实际也是在追索这批粤剧审查本的历史轨迹。自成立以来，广州文研院便担负着广州市属戏曲团体剧目审定、市属剧场上演剧目动态调查研究和剧评工作，同时还承担着粤剧艺术研究工作。

1963年广州市剧目工作室建立，由陈仲达（兼）、王建勋领导，主要从事广州市属戏曲团体的剧目审定工作；1968年10月，广州市革命委员会政工组文艺办公室军管会成立广州农讲所创作组，后改为广州市文艺办公室创作组；1973年4月成立广州市文艺创作室，归市文化

① 广东省文化局《加强我省剧目管理工作的几项要求》，307－1－300－38－38，广东省档案馆1946年10月16日。

局领导，属县科级文艺事业机构；1974 年 11 月成立广州市戏曲工作室，负责市属剧场上演剧目动态的调查研究和剧评工作，1978 年后重点从事粤剧艺术研究工作。市戏曲工作室由市文化局领导，属县科级文艺事业机构，主要是担当市文化局的文化艺术参谋，负责市属剧场上演剧目动态的调查研究工作，把抓好剧本创作和戏剧研究放在主要工作重心上，其中的戏剧部由创作组和理论研究组组成。1981 年 1 月广州市戏曲工作室与广州市文艺创作室合并，成立广州市文艺研究室。研究室的戏剧部设有剧目组和研究组，继续进行粤剧艺术研究工作。

1986 年 4 月文艺研究室更名为广州市文艺创作研究所。2009 年 9 月，广州市文学创作研究所与广州市文艺创作研究所正式合并为广州文学艺术创作研究院，直属于市文化局，成为一个以戏剧创作、戏剧评论和文学创作为主的专业性文化事业单位。

（二）广州文学艺术创作研究院院藏粤剧剧本

现广州文研院所藏近三千本粤剧剧本是机构自成立至今所存留的重要资料，见证着戏曲政策的变迁及机构职能的转变。国民党政府主政时期，广州文化行政管理主要由教育部门兼任，国民党市党部宣传部、警察局、社会局也参与其事。现广州文研院院藏剧本中，20 世纪 40 年代的粤剧剧本是珠三角地区各粤剧团上缴至广东省教育厅、广州市警察局以供审查的舞台演出本。按照原目录，这批剧本中，1949 年以前创作演出、由旧政权移交的手抄或泥印剧本共 332 个（实 251 个）；1949 年后创作演出属整理剧目的油印或铅印剧本 1823 个（实 1753 个），属移植剧目的油印或铅印剧本 349 个（实 348 个），属创作剧目的油印或铅印剧本 412 个。这批剧本是历年广州及珠江三角洲地区各粤剧团上缴到不同政府部门以供审查的舞台演出本，送审单位以广州地区的为主，也有佛山、珠海、中山、江门、肇庆、湛江甚至柳州等地的剧团。此外，还有一些剧本来自一些业余社团，如粤剧剧本《夜证盟心》由佛山电机厂业余文工团印制，粤剧剧本《奇花姻缘》、《秋翁遇仙》分别是美都电池厂和荣庆帆布制品厂文娱组的演出本。

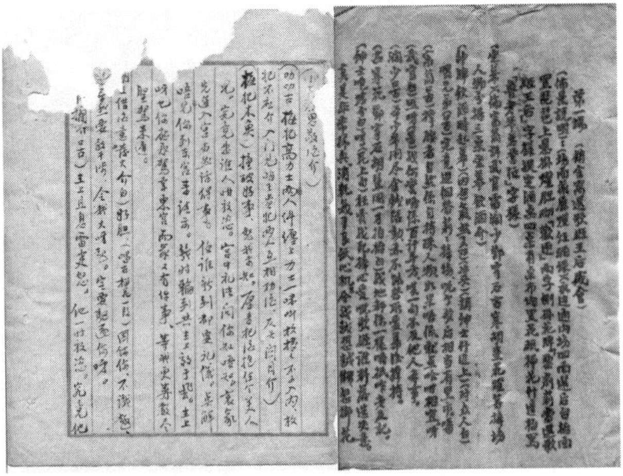

手抄本（左）、泥印本（右）

该批剧本的印制方式较为多样，有手抄、泥印、油印、铅印几种。最常见的为泥印剧本，多盖有“代抄印处，粤剧曲本抄印联合组”的印章。部分泥印剧本内附有工尺谱，以从右到左的竖排形式排版。部分1949年以前的泥印剧本，由于年代久远，不少已经字迹模糊。也有一些泥印剧本在审查过程中作了较多删改，显得场次混乱；有些还写有详细审批意见，如编号为古677的《青灯红泪》在封面处已有当时广州市文化局的审批意见：“这个剧本有些观点是值得研究的，请剧团管业务的团长、艺术小组及剧院艺术室一同开会研究。——朱慕湛。11.3.”。

泥印本纸质较差，尤易损坏，相比之下，不少油印剧本则保存得较好。油印剧本上，不少均标注有“粤剧丛刊初稿”、“由中国戏剧家协会广东分会、广东省文化局戏曲研究室印”等字样，如编号为古237的《醉打蒋门神》、编号为古257的《借靴》、编号为古960的《苏三起解》、编号为古133的《拉郎配》等均是如此。此外，还有一部分油印剧本盖有“广东省1959年专业与业余艺术会演大会办公室”的印记，如编号为古1165的《花云带箭》、编号为古1167的《崖门失玺》、编号为古1169的《血战金沙滩》等。就整批剧本而言，铅印本数量较少，年代较晚，印刷比较规范整齐，场次分明，且保存较好，容易辨认。

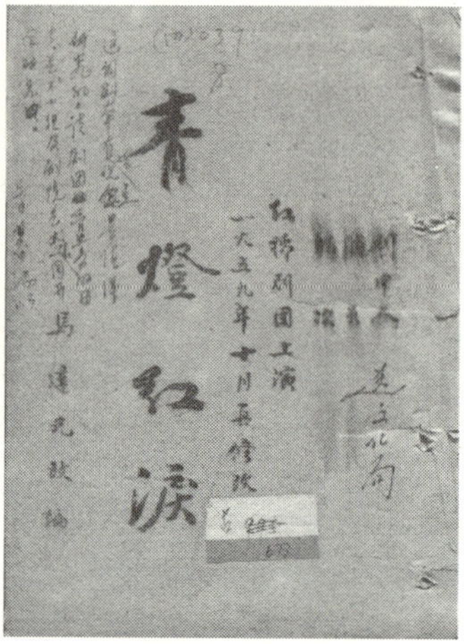

《青灯红泪》（编号古677）

广州文研院藏的这批剧本均为20世纪40年代至80年代的创作演出本，其中广州新中国成立前创作演出的主要集中在1946年至1949年四年间，而广州新中国成立后创作演出的整理剧目则多集中在1956年到1964年间。特别是1959年，广东省组织了专业与业余艺术汇演活动，大会办公室印制了不少参演剧目的剧本，如盖有“广东省1959年专业与业余艺术会演”印章的剧本就有数量不少的一批。另有一些是粤剧学校的教学剧目，如编号为古265的《庵堂认母》、编号为古287的《小青吊影》等均属此类。此外，还有不少为特定场合编写的剧目，如编号为古275的《荼薇仙子下人间》上标注为“四十周年向党献礼剧目”，编号为古752的《铁树开花》则标注有“1960年春节献礼剧目”等字。

值得一提的是，不少剧本附带有大量信息，是难得的文献资料。《女儿香》剧本前页附带的“普庆戏院演出的戏金及收支情况”和剧本页附带的“觉先声剧团每日成本概约预算表”，可使我们了解到当时一般剧团演出需要的各项成本及其收支情况，还可以了解到当时剧团和戏院的演出分成情况。1957年送审的马师曾首本戏《审死官》（编号古174）为广东粤剧团演出本，剧本附有马师曾所写的演出心得《以诙谐中而富有正义感的角式来演宋士杰的我见》，是比较难得的记录演员演出状态的文献。《素月孤舟》每场结束后都有附注，概括该场主要内容。《鸳鸯谱》第一场后，附有乐队多种乐器的乐谱简谱。

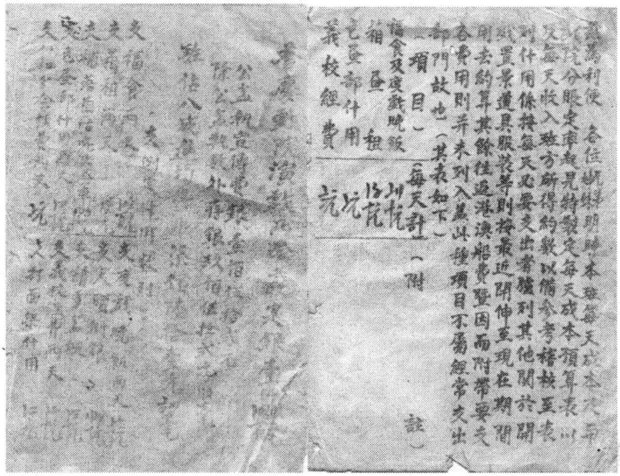

《女儿香》（编号旧古12）

从这批剧本上所刊载的信息能够得知部分创作和演出的情况，如编剧的署名情况等。现在可知，新中国成立前创作演出的剧本多为个人创作改编，而新中国成立后的一千多个整理剧目中，既有个人独立创作改编的，也有不少集体创作的，多为剧团艺术室集体创作形式。随着进一步的整理和研究，相信这批粤剧剧本能重塑出20世纪中期三十多年间粤剧发展的历史图景。

（三）广州文研院院藏剧本数字化保护项目

广州文研院藏的这批粤剧剧本原置于资料室的两个木制书柜中，保存条件较差，加上之前机构数次搬迁，有部分剧本不慎被水浸湿，所以，大部分剧本不同程度地出现潮湿霉点、字迹模糊等情况，更有的纸张干燥风化，一碰即碎，极易损坏。同时，由于部分剧本残破，字迹难以辨认，之前整理出的剧目目录便十分简单，只有编号、编者、剧名三项，且多有谬误。鉴于以上状况，2010年年初，广州文学艺术创作研究院、粤剧中国保护中心启动“广州文学艺术创作研究院院藏剧本数字化保护项目”，力求抢救保存这一批完整的珍贵资料。

2010年年初，粤剧剧本保护研究项目的第一步数字化复制（即剧本扫描）正式开始，至2011年2月，已经完成1949年新中国成立前粤剧剧本的扫描及其目录的整理和剧本基本信息的录入。2011年3月初，项目组开始对1949年以后的粤剧剧本进行整理扫描。根据原目录，1949年后的粤剧剧本分为整理剧目、移植剧目、创作剧目三类。

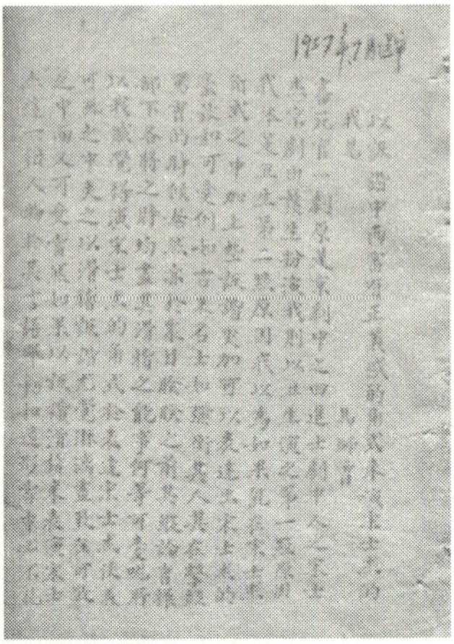

《审死官》（编号古174）

已扫描完成的251个1949年以前粤剧剧本中有7本为缺名本，还有10本在原目录中没有记载。而根据最初的资料目录，1949年以前的粤剧剧本应有332本，加上未记载的10本，共有342个剧本，但现存251个，有91个1949年以前的粤剧剧本已因机构更迭或管理不善而遗失。1949年以后整理剧目的扫描自2011年3月开始，至2012年7月已全部完成，扫描完毕的古本剧本共1752本，其中1个原目录中没有记载，实共1753本。1949年以后整理剧目原目录载整理剧本1823个，实际扫描剧本1753个，即有71个剧本未能扫描，其中4个剧本有部分错误，2个剧本因过于破旧无法扫描，65个剧本遗失。1949年后移植剧目及创作剧目的整理，至2012年10月，完成移植剧目共348个剧本的扫描，原目录载移植剧目共349个，扫描整理发现其中1个剧本遗失。至2012年10月，完成创作剧目扫描133个，原目录载412个剧本，还有279个剧本待扫描。经过小组三位助理两年多的努力，粤剧剧本全部的扫描工作已于2012年年底前完成。

广州文研院院藏剧本数字化保护项目的第二阶段——剧本目录整理工作也在同步进行中。项目组成员根据剧本内所载信息重新编订目录，并在扫描过程中不断录入信息，完善和规范了编号、剧目、作者、年份、印制方式、场次、场目、页数、演出剧团、演员等内容，并与《粤剧大辞典》、《粤剧剧目纲要》等工具书对照，筛选出可供对比查证的有效信息。新的剧目目录相当于一个简易剧目信息表，让人对剧本的基本信息有了一个最基本的了解，也方便研究者对照查询相关剧本。但由于剧本较为粗糙，且年代久远，加上之前保存不善，有不少剧本的编者、年代、演出剧团、演员等信息因字迹模糊难辨而无法确认。除通过网络检索及查证其他资料等方法来确认外，无法确认的信息也做了标记，待确认后补充入目录中。目前，1949年以前粤剧剧本目录的整理及信息录入已完成，1949年后整理剧目、移植剧目、创作剧目的目录正在整理当中。

与此同时，2012年7月，院藏粤剧剧本的数据库建设正式启动，由广州文木信息技术有限公司进行软件开发。2012年8月，数据库基础开发工作完成，根据数据上传要求，开始对剧本进行“加水印——制作PDF——分类”的后续整理。至2012年10月，已经完成一百多个剧本的上传，2013年陆续在“中国粤剧网”上线，可供查阅。

为吸引更多业界和学界的专家学者参与粤剧剧本保护项目，由人类非物质文化遗产中国粤剧保护中心主办，广州文学艺术创作研究院戏剧创作研究室承办的“广州文研院院藏剧本数字化保护项目专家论证会”于2012年7月7日举行，来自中国艺术研究院、中山大学、华南师范大学、暨南大学、广东省艺术研究所、广州市非物质文化遗产中心等多个机构的二十多位专家学者齐聚一堂，围绕剧本数据库的建设和利用，以及整理后专题研究工作的开展等问题进行讨论。随着项目的推进，如何合理使用这批剧本，并组织吸纳戏剧戏曲学、历史学、文学、人类学、音乐学等各方面专家对之进行专题研究，成为亟待解决的问题。

（罗丽　广州文学艺术创作研究院二级编剧）

戲曲研究

清乐戏剧戏弄考略[1]

黎国韬

清商乐又名“清乐”，是汉唐时期极为流行的歌舞乐曲。学界一般认为，清乐包括魏晋清商三调、相和曲、南朝清商新声、杂舞曲、琴曲等几个组成部分。在这批歌舞乐曲当中，还包含了一些戏剧、戏

① 本文为国家社科基金青年项目“汉唐戏剧新考”（批准号：12CZW045）的阶段性成果。

弄的成分,[1] 所以它们不仅与汉唐音乐史有关，也和汉唐戏剧史有密切联系。由于过往的相关研究甚少，以下拟对《凤将雏》、《文康乐》（《礼毕》乐）、《俳伎》、《老胡文康辞》、《女儿子》等清乐表演艺术稍作探讨，以说明它们与戏剧、戏弄的具体关系。

一

先说《凤将雏》，这是汉代以来的旧曲，与相和歌中的《陌上桑》有一定联系，据《宋书·乐一》及《通典·乐五》分别记载：

> 《凤将雏哥》者，旧曲也。应璩《百一诗》云："为作《陌上桑》，反言《凤将雏》。"然则《凤将雏》其来久矣，将由讹变以至于此乎?[2]

> 《凤将雏》，汉代旧歌曲也。应璩《百一诗》云："为作《陌上桑》，反言《凤将雏》。"然则《凤将雏》其来久矣。特由声曲讹变，以至于此矣。[3]

可见《凤将雏》和《陌上桑》大约同时，均属"汉代旧歌曲"之列，按照北魏人的观念理应划入清商乐的范畴。[4] 而任半塘先生《唐戏弄》一书更就此二曲提出了以下的观点：

> 《凤归云》，借曲调名为剧名也。……因敦煌卷子《云

---

① 所谓戏剧，一般指演员扮演角色，当众表演情节、显示情境的艺术。所谓戏弄，任半塘先生《唐戏弄》第一章《总说·正名》认为由"百戏"和"戏剧"两个部分组成，这种说法似有不妥，因为汉唐百戏中含有多种戏剧（或雏形戏剧），不宜将百戏和戏剧对立区分；故本文所说的"戏弄"不同于任氏，乃专指百戏中除戏剧以外的杂戏，不一定要有角色扮演，含有调笑、谐谑、杂技等成分者即可属之；换言之，汉唐时期的戏剧和戏弄共同构成了百戏。由于部分清商乐虽以歌舞为主，但亦包括戏剧、戏弄成分，故不妨放在一起作专文研究。

② 沈约《宋书》卷十九，中华书局 1974 年版，第 549 页。

③ 杜佑撰，王文锦等点校《通典》卷一百四十五，中华书局 1988 年版，第 3701—3702 页。

④ 详拙文《作为历史概念的清商乐》，《青海民族大学学报》2011 年第 3 期。

谣集杂曲子》内有《凤归云》二首，表演与古乐府《陌上桑》同类型之故事，兹合之以岑参在玉门关盖庭纶幕中所咏美人歌舞之诗，乃推断所歌舞者即《凤归云》，所搬演者即岑诗中所谓秦罗敷故事，不止普通歌舞而已，且为歌舞戏。①

《凤归云》之声，大体犹《凤将雏》之声；《凤归云》之事，大体犹《凤将雏》之事；《凤归云》之名，亦大体犹《凤将雏》之名。《凤将雏》之始辞虽已亡，而《凤归云》之新辞，乃按同一本事所拟作者。此中名与事均已小变，有实可按；其声已由汉晋之南音，变为六朝之清商乐，虽无从实按，既然旧说俱同，当亦不至讹谬也。②

三章叙《凤归云》，演《陌上桑》型之故事，其曲可能即演同故事之曲《凤将雏》。《凤将雏》原汉代吴声十曲之一，至武周时犹传，殆已变为六朝之清商矣。故《凤归云》之为清乐戏，又无待言。③

按照任氏的观点，唐曲《凤归云》与汉曲《陌上桑》表演“同类型之故事”，为“清乐戏”、“歌舞戏”的一种；而汉曲《凤将雏》原为“汉代吴声十曲之一”，其后“变为六朝之清商”，它为唐曲《凤归云》所本，所以“声、事、辞、名”均“大体”相近，也应列为“清乐戏剧戏弄”之列。然而，说唐曲《凤归云》为清乐戏、歌舞戏，尚有一定道理，但将之与汉曲《凤将雏》联系起来，甚至说它们大体相近，则难以说通，以下试作剖析。

仔细寻绎《唐戏弄》一书所列的证据，得出以上观点实建筑于以下几个基础之上：第一，《百一诗》提到“为作《陌上桑》，反言《凤将雏》”，于是有《凤将雏》与《陌上桑》“其事则同”，“其辞实

① 任半塘《唐戏弄》（上），上海古籍出版社2006年版，第623页。

② 任半塘《唐戏弄》（上），第633页。

③ 任半塘《唐戏弄》（下），第905—906页。

近”的看法，亦即同演“秦罗敷”的故事。[①] 第二，敦煌曲子辞《凤归云》的内容与《陌上桑》属同一故事类型，曲名与《凤将雏》又均带“凤”字，所以《凤归云》大体与《凤将雏》同事、同声（乐）。第三，岑参《玉门关盖将军歌》云：“清歌一曲世所无，今日喜闻《凤将雏》。”可见《凤将雏》作为清乐（清歌）流传到了盛唐，且“闻歌”的地方近乎《凤归云》出土之敦煌，故在声、辞上均能对《凤归云》产生影响。

不过，任氏观点赖以成立的几个基础似乎都不太可靠。首先，“为作《陌上桑》，反言《凤将雏》”一句并不能作为《凤将雏》与《陌上桑》“事同、辞近”的依据。因为《百一诗》提到的“反言”其实是“反语”的意思，清代史学家赵翼曾指出：

> 自反切之学兴，遂有以反语作谶者。《三国志》，诸葛恪未被害时，民间谣曰：“诸葛恪，芦苇单衣篾钩落，于何相逢成子阁。”“成子阁”反语“石子冈”也，后恪为孙峻所杀，投尸于石子冈。《晋书·孝武纪》，帝为清暑殿，识者谓“清暑”反语为“楚声”，哀楚之徵也。……《梁书》，……昭明太子时有谣曰：“鹿子开城门，城门开鹿子。”“鹿子门”者，反语谓“来子哭”，时太子之长子欢为南徐州刺史，太子薨，乃遣人追欢来临丧，故曰“来子哭”也。[②]

从赵氏所举例子看，所谓“反语”实即“反切”，有三字反切出三字者，有两字反切出两字者。三字切者如“成子阁”，是以“成”字之声切“阁”字之韵遂成“石”字，以“阁”字之声切“成”字

---

① 《唐戏弄》（上）：“《百三名家集·应休琏集》云：‘马子侯为人颇痴，自谓晓音律，黄门乐人更往嗤诮，子侯不知。名《陌上桑》，反言《凤将雏》，辄摇头欣喜，多赐左右钱帛，无复惭色。’抑有故与？曰：有。盖二者之音虽异，而其事则同，故其辞实相近。正因《凤将雏》之始辞，原即演《陌上桑》之事，然后马始彼此牵混耳。”（第632页）

② 赵翼撰，王树民校证《廿二史札记校证》卷十二，中华书局1984年版，第257—258页。

之韵遂成“冈”字，于是“成子阁”的反语就是“石子冈”。按照这样的原理，以“陌上桑”三字作反语，大致便可反切出“凤将雏”三字。因为“陌”字谐“百”字之声，反切“桑”字之韵，所成之字读音近“鹏”，据《说文》可知，“鹏”与“凤”古本一字；再用“桑”字之声反切“陌”字之韵，所成之字读音与“雏”字声同韵近；至于两词中间的“上”、“将”二字，也是声近而韵同。

因此，《百一诗》提到的“反言”实为“反语”之义，“陌上桑”三字的反语就是“凤将雏”三字，这只是读音上的巧合，并不能说明二曲存在内容上的联系。这一发现似乎已可颠覆任半塘先生的第一个基础，因为《陌上桑》与《凤将雏》虽同为汉代旧曲，且题名存在“反言”关系，但并非“其事则同”、“其辞实近”的意思。即使唐曲《凤归云》与汉曲《陌上桑》同演“秦罗敷”的故事，却与汉曲《凤将雏》未必有关，作为清乐但“始辞已亡”的《凤将雏》不见得含有戏剧、戏弄因素。

任氏的第一个基础不可靠，第二、第三个基础同样不能成立。因为《凤将雏》与《凤归云》剩下的联系只不过是题名中均带一个“凤”字，而这根本不能说明二者在声、辞上面有任何相关之处。至于说岑参诗提及《凤将雏》时，他恰好身在《凤归云》出土的敦煌附近，这与《凤归云》也没有任何必然的联系。因此，正如任氏对自己观点的评价所言：“此种论断，可能为作者牵强附会，不足凭信，亦可能恰中情事，而且面面俱到。”① 不幸的是，结果似属“牵强附会，不足凭信”者居多。

其实，敦煌出土的唐曲《凤归云》与汉曲《陌上桑》同“演”秦罗敷这一类型的故事，说它为清乐戏、歌舞戏大致是可以成立的。因为《陌上桑》在《乐府诗集》卷二十八《相和歌辞三》中录有古辞；它继而影响到清商西曲中的《采桑》，《采桑》一名《采桑度》，

---

① 任半塘《唐戏弄》（上），第623页。

《乐府诗集》卷四十八《清商曲辞》中录有七曲；《采桑》又影响及于唐代的“羽调曲”《采桑》，在《乐府诗集》卷八十中见录；它进而再影响到《凤归云》的产生。以上几个阶段脉络尚算清晰，但硬要说唐曲《凤归云》本于汉曲《凤将雏》，则没有事实根据，更不能认为《凤将雏》是一种清乐戏剧、戏弄。

二

接下来看东晋初产生的《文康乐》，此曲又名《文康礼曲》，流传到隋朝时，成为宴乐《九部伎》中的《礼毕》乐。在《通典·乐六》中，它被列作“前代杂乐”，并未进入清商乐范畴；但近世著述如任半塘先生的《唐戏弄》、董每戡先生的《说剧》、王昆吾先生的《隋唐五代燕乐杂言歌辞研究》等均把它列入“清乐系统”。参考以上著述并寻绎古代文献，发现《文康乐》确不妨列入清乐的范畴，主要原因有以下两点：

其一，郑樵《通志·乐略一》曾指出：“因隋文帝笃好清乐，以为华夏正声，故特盛于隋焉。大业中，炀帝乃定《清乐》、《西凉》、《龟兹》、《天竺》、《康国》、《疏勒》、《安国》、《高丽》、《礼毕》以为九部。《礼毕》者，九部乐终则陈之。唐高祖即位，仍隋制，亦设九部乐，曰《燕乐伎》，曰《清商伎》，曰《西凉伎》，曰《天竺伎》，曰《高丽伎》，曰《龟兹伎》，曰《安国伎》，曰《疏勒伎》，曰《康国伎》，其实皆主于清商焉。”① 由于《清乐》（唐改为《清商伎》）与《礼毕》俱出于南朝，与其余各伎不同，而在《九部伎》中又是一首一尾互相照应，所以正是“皆主于清商”者。

其二，宋人郭茂倩所编《乐府诗集》之《清商曲辞》中收录有《上云乐》曲辞若干首，曲辞前有“解题”称：“《古今乐录》曰：

① 郑樵撰，王树民点校《通志二十略》，中华书局1995年版，第907页。

'《上云乐》七曲，梁武帝制，以代《西曲》。一曰《凤台曲》，二曰《桐柏曲》，三曰《方丈曲》，四曰《方诸曲》，五曰《玉龟曲》，六曰《金丹曲》，七曰《金陵曲》。'按，《上云乐》又有《老胡文康辞》，周舍作，或云范云。《隋书·乐志》曰：'梁三朝第四十四，设寺子，导安息孔雀、凤凰、文鹿、胡舞登，连《上云乐》歌舞伎。'"① 由于"《上云乐》又有《老胡文康辞》"，董每戡先生的《说剧》、岑仲勉先生的《隋唐史》等都认为《老胡文康辞》即《文康乐》（《礼毕》），于是《文康乐》和"清商曲辞"《上云乐》便建立了联系。

然而，《文康乐》虽属于"清乐系统"，若要证明它与戏剧、戏弄有关，却仍须提供相关的证据。以下不妨看看此乐表演时的一些基本情况，据《隋书·音乐志下》记载：

《礼毕》者，本出自晋太尉庾亮家。亮卒，其伎追思亮，因假为其面，执翳以舞，象其容，取其谥以号之，谓之为《文康乐》。每奏《九部乐》终则陈之，故以礼毕为名。其行曲有《单交路》，舞曲有《散花》。乐器有笛、笙、箫、篪、铃槃、鞞、腰鼓等七种，三悬为一部。工二十二人。②

引文提到《文康乐》表演时的一个重要特征是"假为其面，执翳以舞"，由此笔者发现这实际上是一种"假面傀儡戏"，③ 主要有以下三点依据：其一，颜之推《颜氏家训·书证篇》中有一段话曾提到《文康乐》与傀儡戏有关：

或问：俗名傀儡子为郭秃，有故实乎？答曰：《风俗通》云：诸郭皆讳秃。当是前世有姓郭而病秃者，滑稽调

---

① 郭茂倩《乐府诗集》卷五十一，中华书局1979年版，第744页。

② 魏徵等《隋书》卷十五，中华书局1973年版，第380页。

③ 古代傀儡戏有假面傀儡戏和假人傀儡戏之分，详参孙楷第《傀儡戏考原》，上杂出版社1952年版。黎国韬《秦汉假人傀儡戏述论》，《学术研究》2010年第2期。

戏，故后人为其象，呼为郭秃，犹文康象庾亮尔。①

由此可见，《文康乐》之“象庾亮”与“傀儡子”之象郭秃是同样性质的“滑稽调戏”，故而推断《文康乐》当是一种傀儡戏。其二，傀儡戏源出于丧家乐，如《通典·乐六》记载：

窟礧子，亦曰魁礧子，作偶人以戏，善歌舞。本丧家乐也，汉末始用之于嘉会。北齐后主高纬尤所好。高丽国亦有之。今闾市盛行焉。②

而前引《隋书·音乐志》提到，《礼毕》乃系庾亮家伎追思庾亮而作，属典型的丧家乐性质，可见与傀儡戏的渊源相同。其三，《文康乐》所用的舞具有“翳”，也就是“翿”，字书对于“翿”有如下的解释：

《说文》：翿，翳也，所以舞也。（段注：丧则天子乡师执纛御匶，诸侯匠人执翿御匶。《周礼》注作执翿，《襍记》作执羽葆。然则翿也、纛也、羽葆也，异名而同实也。）③

《汉语大字典》：翿，古代羽舞或葬礼所用的旌旗，即羽葆幢。④

由此可见，“翿”就是“翳”，本为古代丧葬礼仪中“御匶”、“所以舞”的物品，《文康乐》既须“执翳以舞”，就进一步证明了此舞的丧家乐性质，从而也佐证了它与源出于丧家乐的傀儡戏有关。如前所述，由于《文康乐》须以真人“假为其面”而舞，所以属于古代傀儡戏中的“假面傀儡戏”一类，当然也属于“清乐戏剧戏弄”中的一种。

---

① 颜之推《颜氏家训》，载《诸子集成》（八），上海书店出版社 1986 年版，第 38 页。

② 杜佑撰，王文锦等点校《通典》卷一百四十六，第 3730 页。

③ 许慎撰，段玉裁注《说文解字注》，上海古籍出版社 1988 年版，第 140 页。

④ 《汉语大字典》（缩印本），四川辞书、湖北辞书出版社 1993 年版，第 1400 页。

三

在《南齐书·乐志》中记载了一首《俳歌辞》："俳不言不语，呼俳噏所。俳适一起，狼率不止。生扳牛角，摩断肤耳。马无悬蹄，牛无上齿。骆駼无角，奋迅两耳。"其后附释文云：

右侏儒导，舞人自歌之。古辞俳歌八曲，此是前一篇。二十二句，今侏儒所歌，擿取之也。①

笔者以为，这种《俳歌》也属清乐的范畴，而且是一种带戏弄性质的表演。据《隋书·音乐志》记载，梁"三朝设乐"的表演次序如下：

（梁）旧三朝设乐有登歌，以其颂祖宗之功烈，非君臣之所献也。于是去之。三朝：第一，奏《相和五引》；第二，众官入，奏《俊雅》；……十六，设俳伎；十七，设《鞞舞》；十八，设《铎舞》；十九，设《拂舞》；二十，设《巾舞》并《白纻》；……四十九，皇帝兴，奏《皇雅》。②

可见，梁"三朝设乐"中的第"十六"种即为《俳伎》，也就是《南齐书·乐志》所载的《俳歌》。《俳伎》的特点是以"侏儒导"引歌舞，它既列在《鞞舞》、《铎舞》、《拂舞》、《巾舞》、《白纻》等五种"杂舞曲"之前，可见与这几种舞曲性质相近。如前所述，北魏孝文帝、宣武帝掠得江南声伎以后，把包括诸"杂舞曲"在内的中原旧乐"总谓之清商"（笔者案，语见《魏书·乐志》），所以《俳伎》理应也属清乐的范畴。

《俳伎》的表演具备戏剧戏弄性质，据《乐府诗集》所录《俳歌辞》前面的"解题"称：

① 萧子显《南齐书》卷十一，中华书局1972年版，第195页。
② 魏徵等《隋书》卷十三，第302—303页。

一曰《侏儒导》，自古有之，盖倡优戏也。《说文》曰："俳，戏也。"《谷梁》曰："鲁定公会齐侯于平谷，罢会，齐人使优施舞于鲁君之幕下。"范宁云："优，俳。施，其名也。"《乐记》："子夏对魏文侯问曰：'新乐进俯退俯，俳优侏儒獶杂子女。'"王肃云："俳优，短人也。"则其所从来亦远矣。《南齐书·乐志》曰："《侏儒导》，舞人自歌之。古辞俳歌八曲，前一篇二十二句，今侏儒所歌，摘取之也。"《古今乐录》曰："梁三朝乐第十六，设俳技，技儿以青布囊盛竹箧，贮两踒子，负束写地，歌舞。小儿二人，提沓踒子头，读俳云：'见俳不语言，俳涩所俳作一起。四坐敬止。马无悬蹄，牛无上齿。骆驼无角，奋迅两耳。半拆荐博，四角恭跱。'"《隋书·乐志》曰："魏晋故事，有《侏儒导》引，隋文帝以非正典，罢之。"①

不难看出，《乐府诗集》的编者也视《俳伎》为"倡优戏"；而《古今杂录》原文更提到"技儿"、"小儿"、"踒子"等，他们多是"侏儒"，在"导引"歌舞时除"读俳"外，还做出"提沓"、"负束写地"、"歌舞"等各种表演，以博观者一笑。因此，《侏儒导》也是一种与清乐有关并带有戏剧戏弄性质的伎艺。这种表演渊源久远，甚至被追溯到春秋时期，直到隋朝始被文帝"罢之"。

四

说起《俳歌》"侏儒导"，不禁令人联想到《老胡文康辞》，前文论《文康乐》时曾提到《上云乐》被《乐府诗集》录入《清商曲辞》之中，编者"解题"称：

《上云乐》又有《老胡文康辞》，周舍作，或云范云。

---

① 郭茂倩《乐府诗集》卷五十六，第819—820页。

《隋书·乐志》曰："梁三朝第四十四，设寺子，导安息孔雀、凤凰、文鹿、胡舞登，连《上云乐》歌舞伎。"①

对此，许云和先生《梁三朝乐〈上云乐歌舞伎〉研究》一文指出：

《古今乐录》云："按《上云乐》又有老胡文康辞，周捨作，或云范云。"这里所说的《上云乐》，应是《隋志》所说的"《上云乐》歌舞伎"之省，因此，这句话的意思就应当是："《上云乐》歌舞伎"中又有"老胡文康辞"。这样理解的结果，周捨的这首俳歌辞真正的题目就该是"老胡文康辞"而非"上云乐"，"上云乐"不过是此伎目总的名称而已。②

许氏把《老胡文康辞》视为"俳歌辞"，而且认为它包含在《上云乐》的表演之"中"，实际上是把《老胡文康辞》视为《上云乐》的"导引"部分，其说颇有道理，因为后世歌舞、戏剧表演前例有"致辞"，或称致语、乐语，主要起介绍内容及引导的作用。《老胡文康辞》之"辞"与致"辞"、俳歌"辞"同名且功能相近，所以极有可能是导引性质的《俳歌》。今将周捨（或曰范云）所作的《老胡文康辞》择引如次：

西方老胡，厥名文康。……非直能俳，又善饮酒。箫管鸣前，门徒从后。济济翼翼，各有分部。凤皇是老胡家雏，师子是老胡家狗。陛下拨乱反正，再朗三光。泽与雨施，化与风翔。觇云候吕，志游大梁。重驷修路，始届帝乡。伏拜金阙，仰瞻玉堂。从者小子，罗列成行。释知廉节，皆识义方。歌管愔愔，铿鼓锵锵。响震钧天，声若鹓皇。前却中规矩，进退得宫商。举技无不佳，胡舞最所长。老胡寄箧中，

---

① 郭茂倩《乐府诗集》卷五十一，第744页。

② 许云和《梁三朝乐〈上云乐歌舞伎〉研究》，载《汉魏六朝文学考论》，上海古籍出版社2006年版，第195页。

复有奇乐章，赍持数万里，愿以奉圣皇。①

从《辞》中所述内容看，表演相当复杂，不但可以称为戏弄，而且兼有戏剧扮演性质。前引《南齐书·乐志》提到，《俳歌辞》表演时往往由侏儒“摘取”歌之，这首《老胡文康辞》如此之长，可见不是摘取的简本，而是全本。另外，老胡、寺子（即狮子）、安息孔雀等皆为西域传入的胡人事物，表演者又最长于“胡舞”，反映出《老胡文康辞》的表演带有较多胡乐成分，所以与传统《侏儒导》的功能虽然相似，表演形态却存在较大差异。

五

一般而言，南朝清商新声是由魏晋清商三调和南方的吴歌、西曲相结合而生成的，在西曲之中有一首乐曲名叫《女儿子》，据《乐府诗集·清商曲辞四》所录《西曲歌》之“解题”云：

> 《古今乐录》曰：“西曲歌有《石城乐》、《乌夜啼》、《莫愁乐》……《女儿子》……《月节折杨柳歌》三十四曲。《石城乐》《乌夜啼》、《莫愁乐》……并舞曲。《青阳度》、《女儿子》……《作蚕丝》，并倚歌。……按西曲歌出于荆、郢、樊、邓之间，而其声节送和与吴歌亦异，故（依）其方俗而谓之西曲云。”②

可见，《女儿子》属于清商新声中《西曲歌》里面的“倚歌”一类。“解题”后录有《女儿子》曲辞二首，从时间来看，它在南齐时已见演出，如《南齐书·东昏侯本纪》记载：

> 是夜，帝在含德殿吹笙歌作《女儿子》，卧未熟。闻兵入，趋出北户，欲还后宫。③

---

① 郭茂倩《乐府诗集》卷五十一，第746—747页。
② 郭茂倩《乐府诗集》卷四十七，第688—689页。
③ 萧子显《南齐书》卷七，第106页。

事亦见于《南史·齐本纪·东昏侯》。对此，任半塘先生在《唐戏弄》一书中提出了一个著名的观点："作《女儿子》"就是戏剧表演中的"妆旦"。任先生还更进一步具体指出：

"作女儿子"，"作"谓演也。……"女儿子"应指少女，犹之后世扮小旦、花旦耳。……综论我国古代生旦戏发展经过，有七要点：前于此者，曰西汉之胡妲，曹魏之作"辽东妖妇"；后于此者，曰初唐之演合生戏，盛唐之演《踏谣娘》，中唐之有"猥亵之戏"，晚唐之弄假妇人"尤能"。此七点，一线相承，事至明晰。……但若遗此两点，尤其东昏侯之作女儿子，则此事之脉络遂断矣。①

假如以上所述正确的话，东昏侯之"作《女儿子》"就是南朝时期一出与清商乐有关的戏剧了。然而任先生所述的影响虽然不小，却未能提供有力的证据，他将"作"理解为"戏剧扮演"，将"女儿子"理解为戏剧脚色"旦"，都有一厢情愿之嫌。因为《女儿子》是西曲曲名，与"旦"脚根本没有联系；至于"作"字，也和"演戏剧"无关。

下面不妨就这个"作"字展开探讨，以证明任先生所说的不妥。原来，在六朝的时候，歌舞表演往往被称为"作伎"，试举两例为证：

《宋书·乐志三》：《但歌》四曲，出自汉世。无弦节，作伎，最先一人倡，三人和。魏武帝尤好之。时有宋容华者，清彻好声，善倡此曲，当时特妙。②

《南齐书·祥瑞志》：世祖于南康郡内作伎，有弦无管，于是空中有篪声，调节相应。③

不难看出，汉魏时期的"作伎"，仅指歌乐演奏，与戏剧扮演毫

① 任半塘《唐戏弄》（上），第113页。
② 沈约《宋书》卷二十一，第603页。
③ 萧子显《南齐书》卷十八，第354页。

无关系。而南齐世祖“有弦无管”的伎乐也只是和清乐演奏方式相近的表演。依据此两例以理解“作《女儿子》”，不过就是“演奏清商新声中的西曲《女儿子》”而已，怎么也联系不到“戏剧妆旦”上面去。另外，王运熙先生在《吴声西曲的产生时代》一文中曾指出：

（西曲中）舞曲与倚歌之别，除有舞无舞外，尚有乐器上的区分。《古今乐录》说：“凡倚歌，悉用铃鼓，无弦有吹。”丝竹是清商曲的主要乐器，倚歌有竹无丝，可说是一特殊的部分。……倚歌无弦有吹，倚的应当是竹器。《飞燕外传》说：“帝以文犀簪击玉瓯，令后所爱侍郎冯无方吹笙以倚后歌。”这就和东昏的“吹笙歌作《女儿子》”（《南齐书·东昏纪》）相同了。①

王先生根据“倚歌无弦有吹”的特点，将“作《女儿子》”理解为“倚笙而歌”此曲，可谓相当准确，也和“作伎”的意思相近。而任半塘先生之所以把“作《女儿子》”视为“妆旦”戏的一种，关键还是把“作”字错解成“演戏剧”，进而又把曲名“女儿子”错解成“少女”，于是才出现了“妆扮旦脚”以及“生旦戏发展经过有七要点”的误解。换言之，《女儿子》属清商新声《西曲歌》的范畴，但与戏剧表演并无关系。

余　说

通过以上论述可知，清商乐虽以歌舞为主，但也包括一些戏剧、戏弄的成分，如《凤归云》、《文康乐》、《俳伎》、《老胡文康辞》等，有的是歌舞戏，有的是傀儡戏，有的是倡优戏。当然，曾被认为是“歌舞戏”的《凤将雏》及被视为“妆旦戏”的“作《女儿子》”实与戏剧、戏弄并无关系。弄清楚这些问题，对于汉唐戏剧史、音乐

① 王运熙《乐府诗述论》，上海古籍出版社2006年版，第9页。

史研究将会有所帮助。

另须指出的是，清乐歌舞中与戏剧、戏弄有关者尚不止上述的几种，以下再选取若干例子略作补充。其一，关于《檠舞》。据《通典·乐五》记载：

《檠舞》，汉曲，至晋加之以杯，谓之《世宁舞》也。张衡《舞赋》云："历七檠而纵蹑。"王粲《七释》云："七檠陈于广庭。"颜延之云："递间开于檠扇。"鲍昭云："七檠起长袖。"皆以七檠为舞也。干宝云："晋武帝太康中，天下为《晋代宁舞》，矜手以接檠反覆之。"至宋，改为《宋世宁》。至齐，改为《齐代昌舞》。今谓之《檠舞》，隶清部乐中。①

由此可见，《檠舞》"隶清乐部中"，它始于汉世，至晋时加入了杯舞伎艺，甚至融入了扇舞、袖舞的形式，并一直流行至宋齐。此舞虽无戏剧扮演的因素，但于歌舞中掺杂杯、檠"反覆"、抛接之技，这和汉唐时期百戏（散乐）中的"杂技"表演同一性质，因而可算作清乐戏弄一类。

其二，关于《公莫舞》。它在《乐府诗集》中被列为"杂舞曲"，北魏孝文帝、宣武帝以来视之为"清商乐"。其基本情况如《宋书·乐一》所载：

《公莫舞》，今之《巾舞》也。相传云项庄舞剑，项伯以袖隔之，使不得害汉高祖，且语庄云"公莫"。古人相呼曰"公"，云莫害汉王也。今之用巾，盖象项伯衣袖之遗式。按《琴操》有《公莫渡河曲》，然则其声所从来已久。俗云项伯，非也。②

另外，《宋书·乐志四》载有《公莫巾舞歌行》曲辞，计三百零

---

① 杜佑撰，王文锦等点校《通典》卷一百四十五，第3708页。

② 沈约《宋书》卷十九，第551页。

八字；此辞又载于《乐府诗集》卷五十四，称为《巾舞歌诗》，但较《宋书》本少五字；而《南齐书·乐志》亦载其首尾片断，共四十字。由于此舞的曲辞是“声辞杂书”，字又多“讹谬”，向被古人认为“不可读”。

近世杨公骥先生对《公莫舞》的曲辞作了标点，分辨其中的声、辞，使之逐渐可解。在此基础之上，杨氏提出了以下观点：

这歌舞的内容仍是很简单的。不过值得特别注意的是它已经有了简单的故事情节，有了两个“人物”（母与子），已具备早期歌舞剧（二人转，二人台）的样式。如从发展过程来看的话，那么，汉代《公姥（莫）舞》一类的歌舞剧，乃是我国戏曲的前身。①

如从巾舞歌辞的内容着眼，那就不难看出这是一场表现母子分离的小“舞剧”……巾舞是我们今天所能见到的我国最早的一出有角色、有情节、有科白的歌舞剧。尽管剧情比较简单，但它却是我国戏剧的祖型。②

按照杨氏的观点，《公莫舞》应当是一种清乐戏剧，属于“歌舞戏”的范畴。笔者认为，杨氏论证严谨，结论平实，足成一家之言。但有一些细微的地方须要稍作修补，比如他说《公莫舞》是我国“最早”的歌舞剧，“最早”一词就未必确当。因为依照他的研究方法进行推阐，古乐府中似乎还有一些歌舞可以列入歌舞剧的范畴，特别是《楚辞》中的一些歌舞（如《九歌》等），这一点闻一多等先生已有文章论及，兹不多叙。

其三，关于《贾大猎儿》。据《乐府杂录·清乐部》记载：“乐即有琴、瑟、云和筝——其头像云——笙、竽、筝、箫、方响、篪、

①② 杨公骥《西汉歌舞剧巾舞公莫舞的句读和研究》，《中华文史论丛》1986 年第 1 辑，第 41 页、第 49 页。

跋膝、拍板。戏即有弄《贾大猎儿》也。”① 这说明，晚唐宫廷“清乐部”中有一种名叫《贾大猎儿》的“戏”。因此，将《贾大猎儿》归为清乐戏剧戏弄之列是没有问题的，可惜没有更多的材料能够说明其具体的演出情况。

（黎国韬　中山大学中文系教授）

---

① 段安节撰，罗济平等点校《教坊记　羯鼓录　乐府杂录　碧鸡漫志　香研居词麈》，辽宁教育出版社1998年版，《乐府杂录》第2页。

戊戌变法与皮黄本《昭代箫韶》的改编演出

胡光明

清宫演剧在乾隆和光绪时期形成两个高潮。如果说前一个高潮的出现缘于国力鼎盛时乾隆皇帝以戏剧粉饰太平，那么后一个高潮的出现则要归因于王朝衰败之际慈禧太后以戏剧纾忧解虑。不过，在供帝后娱乐之外，清宫戏剧还承担着相应的内廷仪典与政治教化之责。创编于乾嘉之际的《昭代箫韶》即是一部具有鲜明政教伦理色彩的宫廷大戏，剧演北宋初年，杨继业父子忠宋抗辽，奸臣潘仁美、王钦蓄意陷害，贤王德昭护庇忠良，最终在道义与神力两方面，辽败，宋兴。内府刊本《昭代箫韶》序言称，该剧是“当今圣天子”“不惜万几之暇，玉成千秋之鉴”，其目的在于“感发忠孝”，“即优孟之衣冠，昭劝惩之妙用”①。奉旨编演的《昭代箫韶》最初是昆弋本，经历嘉、道、咸、同四朝的演出，至光绪二十四年（1898），在慈禧太

① 《昭代箫韶序》，《古本戏曲丛刊》第九集，中华书局1964年版。

后主持下，该剧被改编为皮黄本在宫中上演。

这一年，宫中的演剧活动在场次、规模、人员等方面，几乎都没有变化。不过，与前一年相比，自六月十五日起至十二月二十三日，宫中上演了头本至十本的《昭代箫韶》。至光绪二十六年（1900）五月十五日，宫中共演出了三十九本《昭代箫韶》。另有第四十本，编而未演。值得注意的是，此次改编演出正是始于著名的戊戌变法期间，而政变前后的演出，慈禧场场不落，光绪也都奉侍左右。那么，皮黄本《昭代箫韶》的编演情况如何？变法前后的清宫，最主要的人物——慈禧与光绪，面临纷繁复杂的政局变化时，又是如何看待这一连台本戏的上演？戏剧本身又透露出怎样的政治寓意？

中国艺术研究院图书馆藏有一部昇平署安殿本《昭代箫韶》（京剧），一至四十本，四函四十册，每册均为黄纸封面，封面左上贴有红色签条，上书“×本昭代箫韶×出总本”。每册曲文、宾白均有朱笔句读圈点。[①] 而《中国国家图书馆藏清宫昇平署档案集成》的出版，则提供了比周明泰《清昇平署存档事例漫抄》更为丰富完整的清宫演剧档案。[②] 戏剧文本、演剧档案与相应的政治史事相结合，使得我们详细考察《昭代箫韶》改编演出的历史细节成为可能。

一 “导演”、演员与“观众”

首先，我们以光绪二十四年（1898）昇平署档案中的宫中演剧记录为基础，结合《清代起居注册（光绪朝）》[③]，来看皮黄本《昭代箫韶》的编演与戊戌变法的关系：

---

① 《昭代箫韶》（京剧），中国艺术研究院图书馆藏，戏 151.61/0.462 ，120279 - 120318。

② 中国国家图书馆编纂《中国国家图书馆藏清宫昇平署档案集成》，中华书局 2011 年版。

③ 《清代起居注册（光绪朝）》，台北联经出版事业公司 1987 年据“国立”故宫博物院藏手稿本影印。

四月二十三日，光绪发布上谕，明定国是。

“五月初六日，王得祥传旨，着本署排《昭代箫韶》，俱改乱弹曲白，本署人不敷用，着外学上角。再不敷用，着本宫上角。”①

六月十五日，命大小臣工各抒谠论，士民得允上书言事；头本《昭代箫韶》颐乐殿上演。

七月十五日，二本《昭代箫韶》纯一斋上演。

七月十九日，因礼部主事王照上疏，光绪罢免礼部六堂官。

八月初三日，三本《昭代箫韶》颐乐殿上演；御史杨崇伊奏请太后训政；次日，太后还海（西苑）。

八月初六日，政变发生，太后训政。

九月初一日，四本《昭代箫韶》纯一斋上演。

可见，变法开始仅仅十多天，慈禧即下旨排演皮黄本《昭代箫韶》。至六月十五日，头本《昭代箫韶》上演。政变前三日，三本《昭代箫韶》上演。综观此一时期状况，宫中每本《昭代箫韶》的演出，光绪都奉侍慈禧观看。这恰恰是慈禧排演此部大戏的目的所在。

除了下旨排演，慈禧还直接参与到文本的改编、曲词宾白的改写、服装砌末的制作、演员角色的安排等方面。据周明泰、齐如山记载②，改编皮黄本《昭代箫韶》时，太后召集太医院、如意馆中稍知文理之人，取昆曲原本，讲解大意，诸人退而整理，再进呈太后定稿，据此排演，其中很多曲词是慈禧御制。齐如山的记载中，还特别指出，名伶陈德霖得慈禧信任之专，“除安置场子并编词句外，还要把西太后所编之词，都安上唱腔”③。对于角色安排，光绪二十五年

① 朱家溍、丁汝芹《清代内廷演剧始末考》，中国书店2007年版，第421页。

② 周明泰《〈昭代箫韶〉之三种脚本》，《剧学月刊》1934年第1－2期；齐如山《谈四角》，载《京剧谈往录三编》，北京出版社1990年版。周文指出《昭代箫韶》之三种脚本，是两百四十出昆弋本、一百二十一出皮簧本、一百零五出皮簧本。关于这两种皮簧本，周氏认为一百二十一出本为昇平署演出者，一百零五出本为太后“本家”演出者。本文所讨论的，即为昇平署演出本。

③ 齐如山《谈四角》，载《京剧谈往录三编》，第135页。

(1899) 旨意档记：

三月初一日，总管面奉懿旨：下段十四本《昭代箫韶》，德昭着王桂花、李惠山一对一段上，萧氏着陈得林、孙怡云、魏成禄一对一段上，俟别重头角派外学上。为此特传。①

其中，王桂花（楞仙）、陈得林（德霖）、孙怡云为民籍伶人，李惠山、魏成禄为昇平署太监。如此安排，显然是出于慈禧对这些伶人的喜爱，亦表明她对德昭与萧氏（即萧后）两个角色特别重视。据《故宫珍本丛刊》所收相关题纲②，我们知道光绪二十四年(1898)《昭代箫韶》的演出，是集合了昇平署太监伶人与进宫承差之民籍伶人共同完成的。尤其是这些民籍伶人，都是京城享有盛名的剧坛翘楚，王楞仙、陈德霖、孙怡云属其中的杰出代表。如果说光绪中期以后宫中演剧呈现出昇平署、外班、慈禧“本家”班之间轮番竞演的态势，那么此次《昭代箫韶》的编演，从慈禧下旨排演开始，便形成昇平署、外班甚至“本家”共同演绎的局面，为彼此合作树立了典范。这种太监伶人和民籍伶人在同一剧目中大规模的合作演出，在宫中还是第一次，这对清宫内外戏剧的相互交流产生了积极的影响。

此外，慈禧对于剧中所用砌末道具的制作与使用，也有懿旨安排。光绪二十五年（1899）恩赏日记档：

六月十一日，总管马得安面奉懿旨，成做灰色布城二份，一面墨道，一面白道。高宽合样放尺寸。背后山片一份、平台一份、前面带山片一份。萧后用黄龙床一份、活扇黄围屏一份。松树四株。李陵碑一座。鼓台一份，随乐器。钉板一块、活山片洞门一份。桃树四株、随山势平台一份。

① 《中国国家图书馆藏清宫昇平署档案集成》第43册，第23094页。

② 故宫博物院编《故宫珍本丛刊》第692册，海南出版社2001年版，第236—238页、第238—240页、第252—255页、第264—266页。

黄小账一份、黄桌围一份。黄椅帔、椅垫各四件。大云帐二块。奉旨，交内务府大臣赶紧办理。为此特传。①

毫无疑问，慈禧是这出大戏的“导演”。

另一方面，根据起居注，我们知道光绪确实观看了皮黄本《昭代箫韶》的每次演出。需要指出的是，光绪每日给慈禧请安、侍膳、奉侍看戏，不仅是一种孝亲奉养的体现，同时也提供了皇帝与太后共同处理国政的一个契机（场合）。这是光绪亲政后皇帝与太后之间的权力关系所决定的。尽管我们不能知道光绪在奉侍慈禧看戏时，其个人的意愿如何，但在现实的层面，光绪可以说是这部大戏最“忠实”的“观众”。

慈禧在变法期间“导演”的《昭代箫韶》，从头本、二本到三本、四本，虽然在昆弋本的基础上戏剧情节顺次展开，但宫中何时演戏、演何剧目则是由慈禧决定的。不过，在外班轮番进宫承差的情况下，慈禧只对部分剧目特别关注。如八月初三日昇平署档案载：

义顺和班，颐乐殿伺候戏（巳正五分开，戌正二刻五毕）：（府）《丹桂飘香》（一分，二刻），《翠凤楼》（三刻十），（本）二本《昭代箫韶》（十刻），《三岔口》（三刻），《画春园》（四刻），（府）三本《昭代箫韶》（四出，四刻），全本《牧羊圈》（五刻五），《送灯》（二刻），《反西凉》（二刻），（本）《庆安澜》（四刻）。②

其中，标注“府”的《丹桂飘香》由昇平署承差，标注“本”的《庆安澜》由慈禧近侍太监组成的“本家班”承差，两者属于宫中演戏传统之开团场（节令戏）与轴子戏。剧目前未标的《翠凤楼》等六出由当日进宫的外班义顺和班承差，各剧均为该班宫外擅演的剧目。可以说，八月初三日的演出，真正由慈禧安排的剧目就是“三本

---

① 朱家溍、丁汝芹《清代内廷演剧始末考》，第422页。

② 《中国国家图书馆藏清宫昇平署档案集成》第42册，第22477—22488页。

《昭代箫韶》”，前面的考察已经指出，该剧虽然由昇平署承差，但实际上演出者包括了民籍伶人甚至“本家班”的太监伶人。宫中每次演出《昭代箫韶》都是慈禧与光绪一同观演，特别是该年六月二十五日，恰是光绪万寿圣节前一日，后、帝与内外王公大臣一起观看了在紫禁城宁寿宫畅音阁大戏台演出的《昭代箫韶》。可以说，慈禧正是希望通过《昭代箫韶》的演出，传递一定的态度与情感。

二 戏剧与政治

皮黄本《昭代箫韶》在宫中的演出，始于戊戌变法，止于庚子事变，其起点与终点都与清朝重要的政治事件相关。叶晓青认为，“戏剧服务于政治需要绝不是清宫的发明”，但“作为政治工具的戏剧”，“广泛地应用在清宫各种仪式和政治的目的”①。因此，研究戊戌变法与皮黄本《昭代箫韶》改编演出的关系，不能忽视变法前后清朝正陷入甲午战争以来内政、外交双重困境这一时势背景，而在皇权内部，慈禧与光绪的关系也日见复杂。在特定的时间点上，慈禧排演《昭代箫韶》给光绪看，绝不仅仅是为了她个人的娱乐，更重要的是以其中所包含的政治寓意来警示皇帝。

首先，慈禧用戏剧来表达其政治目的，在光绪二十四年（1898）《昭代箫韶》排演之前、之后都有体现。光绪二十年（1894）的《管理精忠庙事务暂署堂郎中文》称：

> 管理精忠庙事务暂署堂郎中文为晓谕事。照得梨园演戏，优孟衣冠，原使贞淫美刺，触目惊心，有裨风化……然有古今来大不忍之事，言之尚不可，何可形诸戏场？如徽目中之《逼宫》等戏，久经禁演；至如昆目中之所演建文逊

---

① Ye Xiaoqing, *Ascendant Peace in the Four Seas*: *Drama and the Qing Imperial Court*, Hong Kong: The Chinese University Press, 2012. pp. 2 -3.

国故事《惨睹》、《搜山》、《打车》等戏，一并禁演。为此晓谕该庙首等传知各戏班一体遵照。如有明知故违，仍敢演唱，定惩不贷。①

这是昇平署传知京城戏班管理机构精忠庙庙首的谕文。由太监伶人组成的昇平署不可能主动向宫廷之外的戏班下达命令，旨意无疑来自于慈禧，须知宫中演剧早已只对慈禧负责。

谕旨虽言"《逼宫》等戏，久经禁演"，但既然又特为强调，说明现实中《逼宫》等戏禁而未止。《逼宫》演隋文帝病重，次子杨广欲乘机谋位，仗剑入宫逼迫母后，抢夺玉玺，其母愤而自尽。该剧不仅徽目中有，秦腔、高腔、皮黄等也均曾演唱。《惨睹》、《搜山》、《打车》出自清初李玉的《千钟禄》传奇，《惨睹》演逃亡之建文帝途中看到众多忠于自己的臣子惨遭燕王杀害，《搜山》、《打车》演吏部尚书严震直奉成祖旨意搜山，拿获建文帝并打入囚车，程济拦路，痛诋严震直，严悔悟而自刎，程济与建文帝遂得逃走。值得探讨的是，《逼宫》中母后之于杨广，既有母子之情，又有君臣之分，但杨广为夺皇位，不惜逼宫弑母；《搜山》、《打车》中建文帝之于严震直，原有四年君臣恩义，此刻却变成官与囚，而严震直在旧主建文与新君成祖之间的抉择及转换，尤其发人深思。这些剧目所表现的均是父子、君臣关系。

我们知道，光绪二十年（1894）发生中日甲午海战，该年同时也是慈禧六十大寿。当年十二月，御史安维峻上疏弹劾李鸿章，语及内监引起两宫不和。谕旨切责其"肆口妄言"，"开离间之端"，安氏被革职发配。这是朝臣第一次公开论及太后与皇帝之间的矛盾。疆臣刘坤一记载了慈禧对于此事的反应：

嗣因论及安御史前奏，太后以其辞涉离间，怒甚。至追

① 王利器辑录《元明清三代禁毁小说戏曲史料》（增订本），上海古籍出版社 1981 年版，第 154 页。

念文宗、穆宗，不胜悲感，数数以袖拭泪……太后谕曰：“……但言官说我主和，抑制皇上不敢主战，史臣书之，何以对天下后世？”对曰：“和战国之大事，太后、皇上均无成心，天下后世无不共谅。但愿太后始终慈爱，皇上始终孝敬，则浮言自息。”……太后谕曰：“……皇帝甚明白，甚孝。我每闻军前失利，我哭，皇帝亦哭，往往母子对哭。我甚爱皇帝，在前一衣一食皆我亲手料理，今虽各居一宫，犹复时时留意，尔可放心……”①

这段记载生动呈现了慈禧对于言官论及帝、后不和的愤怒。一方面外朝臣工不得议论帝、后宫闱之事，另一方面光绪原非慈禧亲生，原是咸丰之侄、慈禧之甥。光绪十五年（1889），皇帝亲政，但实权仍然掌握在慈禧手中。二者在朝政议题上每每意见不合，帝、后之间出现矛盾，外朝臣工亦因各自的政治立场与实际利益而演成派系斗争，朝局日益紧张。慈禧在这一时间下旨禁演《千钟禄》等剧，恰恰表明她对于舞台上的母子、君臣矛盾可能引起观众对现实中帝、后矛盾联想的担忧。现有宫中演剧档案并无演出《逼宫》的记载，但《搜山》、《打车》则是常演剧目。甚至光绪二十年（1894）正月十六日，宫中还曾演出《惨睹》，② 此后便不再上演。

如果说禁演某些剧目是从反面体现慈禧的某种寓意，那么提倡某些剧目则更可以看出慈禧的真正用心。戊戌政变后，慈禧对于光绪愤恨异常，同样通过戏剧向他表达自身的不满。如光绪二十六年（1900）旨意档记：

三月十五日，老佛爷传《天雷报》，添五雷公、五闪电。张济保魂见，雷祖打八十后，改小花脸。添开道锣、旗牌四个、中军一名。众人求赏，白：“求状元老爷开恩，赏

① 中国史学会主编《戊戌变法》第四册，上海人民出版社1957年版，第300—301页。

② 《中国国家图书馆藏清宫升平署档案集成》第39册，第20862页。

给二老几两银子，叫他二老回去罢。”碰死后，状元白：“撇在荒郊。”

四月初五日，王得祥传旨：《天雷报》添风伯、雨师。①

《天雷报》，又作《清风亭》，剧演张元秀收养弃婴，取名张继保（济保），辛苦抚养十三年后，被其生母领回。后来张氏夫妻闻得张继保高中状元，前去认亲，张继保翻脸不认。二老悲愤碰死，天理不容，雷劈张继保。由此来看慈禧旨意，无论是增加雷公、闪电、风伯、雨师等角色，还是添入众人和张继保的宾白，都是为了强化情节张力，使得戏剧的矛盾冲突更加激烈。而将张继保改为小花脸扮相的旨意，更是为了丑化其形象。慈禧意在以张继保来影射光绪，将其视为抚养恩情不报因而遭受天雷轰击的忤逆之子。此两日的《天雷报》，由深受慈禧赏识的谭鑫培、罗寿山主演，同时演出的还有三十五本、三十六本《昭代箫韶》。②

显然，慈禧深谙戏剧与政治之关系，尤其明了戏剧对于宫中帝、后关系可能发挥的作用。维新变法开始后，慈禧也需要通过一种委婉而又清楚的方式向主持其事的光绪传达自身态度。“感发忠孝”的《昭代箫韶》正是她向光绪传达情感与态度的“政治工具”。

三　现实与文本

自光绪二十年（1894）起，慈禧与光绪之间的关系趋于紧张，其中既包括了因“国事”政见与人事问题而引发的矛盾，又包括了在“家事”中皇帝与太后、皇帝与后妃、太后与妃嫔相互的矛盾。作为母子的后、帝不和，内外臣工虽然众议纷纷，但最终均被谕旨切责：“朕敬奉皇太后宫闱侍养，夙夜无违。仰蒙慈训殷拳，大而军国

①② 《中国国家图书馆藏清宫升平署档案集成》第44册，第23336—23338页、第23380—23382页。

机宜，小而起居服御，凡所以体恤朕躬者，无微不至。”① 这种掩盖，从另一个角度实可看作是对现实帝后矛盾的“明白宣示”。但也表明，慈禧在国家政事上具有最终的决定权。茅海建指出，在政治权力架构中，无论是事后报告制度还是事前请示制度，都表明慈禧和光绪形成了实际存在的上下级关系。②

回到戏剧本身，从昆弋到皮黄，《昭代箫韶》的改编，有音乐体制由曲牌体改为板腔体、曲词由长短句改为相对自由的七字句或十字句的变化，有宾白的改编、出目场次的选择性删汰，更有“感发忠孝”、将父子君臣恩义情分的内容加以突出的表现。皮黄本开篇即为《太宗朝议》、《萧后打围》，直接进入宋太宗君臣议论边防、辽国萧后君臣校猎兴兵的政治现实，舞台上首先呈现的是宋、辽双方的君臣与人物关系。

在宋一方，德昭率先出场，他“位居东宫恩眷广，辅政勤劳莫敢忘”，是皇子而位居储副，上则“尽孝尽伦，时勤问寝视膳”，下则“至公至正，常怀瘅恶亲贤”。宋太宗登场，自道“承先人创大业江山执掌，朕御极怀远人德化日长”。其后一句，昆弋本中没有。结合光绪二十四年（1898）的政治现实来看，该年闰三月，德国亨利亲王来华，并在颐和园觐见了慈禧与光绪。从宋太宗和赵德昭这两个舞台上的天子与储副形象中，我们可以看出慈禧与光绪的身影。对照光绪的现实身份，这种比附有些不伦，但后、帝既有的权力关系，使名义上亲政的天子，实际上处于辅政的储副地位。德昭举荐杨继业，仍然先要“伏乞圣鉴”、“候主清裁”，与光绪要向慈禧事前请示、事后报告何其相似。

在辽一方，萧后母女戎装上场。且看萧氏的一番宾白。

---

① 光绪二十一年十月十七日上谕，载《清代起居注册（光绪朝）》第 54 册，第 27211—27212 页。

② 茅海建《戊戌变法史事考》，生活·读书·新知三联书店 2005 年版，第 10—38 页。

昆弋本作：

> 俺乃大辽景帝之后、隆绪之母，萧氏是也。俺国自建都幽蓟，与河南宋主通好，和太原汉主结连，是以威镇朔方。不意宋主伐汉，兵围太原。汉主求救于俺国，吾因虑邻邦交好，又恐唇亡齿寒，与吾主计议……因吾儿年幼未冠，为此俺临朝专政……

皮黄本则称：

> 俺乃大辽景帝之后、隆绪之母，萧氏是也。俺国自建都幽蓟，威镇朔方，不意宋主伐汉，兵围太原。汉主求救于俺国……因吾儿年幼未冠，为此俺临朝专政……

萧后掌国，在于其子年幼，这是史实。而观剧的慈禧曾于同治、光绪两朝垂帘听政，与萧氏"临朝专政"一般无二；观剧的光绪，亲政前的十五年全由慈禧"专政"，亲政后差不多亦是皇帝"临朝"，太后"专政"。无论是宋太宗还是萧后的形象中，我们都看到慈禧自身的投射，光绪虽早已不是"年幼未冠"，但位居储副而辅政勋勤的德昭却是慈禧对他的影射。

对比两本，我们发现，皮黄本所删两句"与河南宋主通好，和太原汉主结连"，"吾因虑邻邦交好，又恐唇亡齿寒"，具有强烈的政治意味。昆弋本中"通好"、"结连"、"邻邦"等语，针对的是戏剧中的宋、辽、北汉。而到了皮簧本演出的光绪二十四年（1898），德国占领胶澳后，俄、英、法紧接着对大连、广州湾、新界与威海提出租借要求，日本也借沙市事件获得福州租界等权益。慈禧对于上述文句的删改，自然是出于对清朝面临的现实国际形势的考虑。剧中萧氏所言宋伐汉、汉求援于辽、辽宋交战的故事，对于观演此剧的慈禧与光绪来说，不啻是现实的翻版。当时朝鲜内乱，求救于宗主国清朝，日本却同时派兵，中日战起，结果是中国战败，割地赔款。东西各国，一个个似虎狼般吞食清朝的土地与权益，当然毋庸谈论"邻邦交好"。值得玩味的是，萧氏此处的表白犹如慈禧的口吻。但慈禧此刻关注的重点并不在宋、辽对峙，而是宋、辽内部皇权核心的父（母）子权力结构关系与君臣体认。无论是宋还是辽，慈禧自身投射的宋太宗和萧后都是权力的中心，是一切政务的决定者。

宫中演出头本、二本《昭代箫韶》是在六月十五日、七月十五日，变法正如火如荼地开展。随着新政的推进，必然触及原有的权力结构关系。七月十九日，光绪单独处理了王照上书，并罢黜了礼部六堂官。二十九日，又提出开懋勤殿会议。在慈禧看来，“光绪帝‘擅自’罢免礼部六堂官，是对其权力的否定，光绪帝此时提出开懋勤殿，将动摇她的权力基础……光绪帝已是两次发动‘政变’”①。后、帝之间关于如何变法及权力如何分配等方面的分歧大大加剧了原有的不和与矛盾。戏剧推衍下去，宋辽交兵。奸臣潘仁美图谋陷害杨继业，诓驾亲征。德昭布阵，仁美妒功。宋军被困，只得诏取杨继业救驾。是为三本《昭代箫韶》，于八月初三日上演。宋太宗唱着“君有道全凭着众卿依赖，方显得君臣们胸中奇才”，似乎仍在表现和衷共济的君臣一体。三日后，政变发生。直至九月初一日上演四本《昭代箫韶》，杨氏父子勤王，杨泰假扮宋太宗，继业护送太宗、德昭逃走。此际，我们看到的是对忠臣良将的褒奖与对奸臣的极力挞伐。第二出《君臣定计》，杨继业提议由其子身代，宋太宗踌躇不忍，德昭愿“以身相代”：

> （杨继业父子等白）千岁金枝玉叶，乃国之储副，岂可身陷危途；臣等卑贱之躯，得以尽忠于国难，方为万幸，陛下不必推辞。（德昭白）哎，臣、子原是一体忠孝，岂有二论？（杨继业白）不是这等讲。千岁诚心侍奉陛下即谓之孝，竭力辅佐国政即谓之忠……（唱摇板二簧）臣子殉身尽忠孝，若弃君亲罪难逃……

在这种理想化的君臣、父子关系中，与一般臣子殉身即是尽忠尽

① 茅海建《戊戌变法史事考》，第43—44页。

孝不同，作为皇子、储副的德昭，其“忠孝”乃在于“竭力辅佐国政”与“诚心侍奉陛下”。舞台上谈忠说孝的言辞，不啻为慈禧对于光绪的期待与要求。政变发生后，八月十三日至十六日，宫中照常演出五天中秋节戏，慈禧兴致不减。光绪已被软禁，但作为太后之子与“国家元首”，仍然需要每日给慈禧请安、侍膳、奉侍看戏。四本《昭代箫韶》除了对杨继业父子的忠烈行为加以褒奖外，更突出的是舞台上对奸臣潘仁美形象尽态极丑的表现和大义凛然的挞伐：

> （众内白）戴凤翅盔、穿金锁甲的是潘仁美……（内白）骑白马是潘仁美……（内白）光头散发者是潘仁美……（潘仁美惊慌科）二公有何方法？（田重进把剑科，白）来来来。（潘仁美惊科，白）做什么？（田重进白）不是杀你，快把头发剃下来。（潘仁美白）这就不像人了啊。（田重进白）人便不像，得了命了……（内白）穿蓝袍的是潘仁美……（潘仁美白）杨元帅、杨将军快些救我……（杨希白）不要救他。（潘仁美白）杨祖宗救了我罢……

潘仁美的奸险连辽将都久闻其名，因而极力追杀，这便超越了国别、民族的界限，达到人人得而诛之的程度。舞台上相似情节的反复渲染与铺排，固然是增强了戏剧的舞台表现力与观演效果，但其中所宣泄的应不仅仅是戏剧中宋、辽双方对于潘之愤恨。我们猜想，其中或许包含有戏剧之外的情感渗透，那就是慈禧对于康有为等人的愤恨。八月十四日上谕指出，康有为“包藏祸心，潜图不轨。前日竟有纠约乱党，谋围颐和园，劫制皇太后及朕躬之事”，因此命各省督抚严密查拿。① 可见慈禧对于“叛逆之首”的康有为是何等恨之入骨。然而康有为已经出逃，慈禧莫可奈何，大约只好借由戏剧，发泄其现实中无法实现的“极刑惩治”吧。

---

① 载《清代起居注册（光绪朝）》第61册，第31275—31277页。

四　结语

综合档案考察光绪二十四年（1898）的宫中演剧，皮黄本《昭代箫韶》的连台上演是最突出的亮点。戊戌变法开始，慈禧下旨并“导演”了此次皮黄本的改编演出，从文本曲词改写到演员安排、砌末服装设计、排演时间确定等，均一手操控。慈禧“导演”《昭代箫韶》有其政治寓意，意在演给光绪看，借由“感发忠孝”的剧情及其中宋太宗与赵德昭、萧后与辽国臣民的关系，向光绪传达一种理想化的父（母）子、君臣关系。而这种理想化的关系，其核心的政治权力是围绕慈禧自身的投影——宋太宗和萧后——来运作的，作为光绪投影的赵德昭，是孝则诚心奉养、忠则勗勷辅政的国之储副。慈禧这一设计既是后、帝原有权力关系在戏剧中的延伸，也是对于光绪所主持的维新变法的回应，而这一回应没有为在急剧变法过程中“越走越快”的光绪所重视。因而政变后的《昭代箫韶》除了进一步强化这种父（母）子君臣情义与权力关系外，更着眼于对忠臣良将的褒奖与对奸臣恶贼的鞭挞，后者反映出政变后慈禧对于维新党人尤其是康有为的极度愤恨。政变后的光绪自然不再是慈禧“导演”戏剧的重点所在，不过无论是演出《天雷报》还是《昭代箫韶》，我们都可以从中看到慈禧借由戏剧向无权的皇帝表达怨恨的用意。

通过对皮黄本《昭代箫韶》排演的考察，我们获得了传统政治史之外的另一个历史视角，看到了戊戌政变前后慈禧与光绪之间关系的发展演变。从头本、二本到三本、四本的演出中，慈禧对于光绪的情感心理发生了很大变化，从理想化的期许转变为怨恨与愤怒。我们可以从特定时间、特定地点演出的特定内容中，清楚地窥探慈禧思想情感的变化。

慈禧经由昇平署排演的皮黄本《昭代箫韶》，实际上是由昇平署之太监伶人与外班民籍伶人共同承差。这种太监与外学在同一剧目中的大规模合作，在清宫演剧史上具有开创性，对于清宫内外的戏剧都产生了重要的影响。一方面，外班民籍伶人加入《昭代箫韶》的排演，既是慈禧出于对皮黄艺术及民籍伶人的喜爱所作出的安排，也表明她对于此次排演的异常重视。民籍伶人艺术水平高超，无疑会给昇平署太监伶人以良好的影响，既使他们的技艺得到提高，同时也保证了《昭代箫韶》演出的成功。另一方面，宫中演剧颇多讲究，尤其是文本、舞台、服装、砌末、化妆等方面，其精美程度都远远高于宫外的戏剧演出。民籍伶人亦通过此次合作，学习了清宫戏剧的经验，对于提升和完善京剧艺术，也有着重要的作用。

（胡光明　香港中文大学中国语言及文学系博士候选人）

附录：光绪二十四年昇平署皮黄本《昭代箫韶》演出情况表①

日期	班社/地点/时刻	演出剧目	《清代起居注册（光绪朝）》
六月十五日	福寿班，颐乐殿伺候戏（巳初三刻开，戌初毕）	（府）《头段昭代箫韶》（前四出，五刻）、《捉放》（四刻）、（本）《昭代箫韶》（六刻五）、《拾玉镯》（二刻）、七八本《德政芳》（六刻）、《娘子军》（三刻）、《大卖艺》（三刻）、《探亲》（二刻）、（本）《金山寺》（四刻）	上诣乐寿堂皇太后前请安；奉皇太后幸颐乐殿，侍早、晚膳、看戏毕，驾还玉澜堂。
二十五日	四喜班，宁寿宫伺候戏（辰正一刻五分开，酉正三刻毕）	《跳灵官》（五分）、（府）《福禄天长》（二刻）、《泗洲》（二刻）、（府）《罗汉渡海》（二刻五）、《红桃山》（二刻）、（本）《昭代箫韶》（七刻十）、《牧虎关》（二刻五）、《孝义节》（二刻五）、（外）《荷珠配》（二刻十）、（府）《昭代箫韶》（五刻十）、（本）《岳家庄》（三刻五）、（外）《双锁山》（四刻）、《盘丝洞》（三刻）、（府）《宝塔庄严》（二刻五）	上诣乐寿堂皇太后前请安；辰刻，御阅是楼，跪迎皇太后幸阅是楼看戏；午初，进果桌；午正，进晚膳，并赐内廷王大臣及蒙古王公、贝勒、贝子、额驸等小食毕，跪送皇太后还乐寿堂，驾还养心殿。

① 本表中日期、班社/地点/时刻、演出剧目，据《中国国家图书馆藏清宫昇平署档案集成》第42册所收光绪二十四年差事档。光绪起居注，据《清代起居注册（光绪朝）》第61—62册。

（续表）

日期	班社/地点/时刻	演出剧目	《清代起居注册（光绪朝）》
七月十五日	福寿班，纯一斋伺候戏（午初一刻十开，戌初一刻五毕）	（府）《佛旨度魔》（一分，二刻十）、《花蝴蝶》（四刻）、（本）《二本昭代箫韶》（八刻）、《虹霓关》（五刻十）、（府）《二本昭代箫韶》（五刻）、《铁龙山》（二刻）、（府）《迓福迎祥》（二刻五）	卯刻，上诣奉先殿、寿皇殿行礼；诣仪鸾殿皇太后前请安；奉皇太后幸纯一斋，侍早、晚膳、看戏毕，驾还涵元殿。
八月初三日	义顺和班，颐乐殿伺候戏（巳正五分开，戌正二刻五毕）	（府）《丹桂飘香》（一分，二刻）、《翠凤楼》（三刻十）、（本）《二本昭代箫韶》（十刻）、《三岔口》（三刻）、《画春园》（四刻）、（府）《三本昭代箫韶》（四出，四刻）、《全本牧羊圈》（五刻五）、《送灯》（二刻）、《反西凉》（二刻）、（本）《庆安澜》（四刻）	上诣乐寿堂皇太后前请安；奉皇太后幸颐乐殿，侍早、晚膳、看戏毕，驾还养心殿。
九月初一日	义顺和班，纯一斋伺候戏（巳初开，酉初二刻毕）	（府）《九华品菊》（一分，二刻）、《大神州》（二刻）、（府）《昭代箫韶》（四出，六刻五）、（本）《岳家庄》（三刻五）、《回龙阁》（一刻十）、（外）《一门忠烈》（三刻）、《杀狗》（三刻）、（外）《二进宫》（二刻十）、《溪黄庄》（五刻）、（本）《九莲灯》（五刻）	上诣仪鸾殿皇太后前请安；奉皇太后幸纯一斋，侍早、晚膳，看戏毕，驾还涵元殿。

（续表）

日期	班社/地点/时刻	演出剧目	《清代起居注册（光绪朝）》
十五日	福寿班，纯一斋伺候戏（巳初二刻十开，酉正毕）	（府）《三元百福》（一刻）、《飞叉阵》（三刻十）、（本）《探窑》（三刻）、（府）《五本昭代箫韶》（四出，五刻）、《探母回令》（五刻五）、《铁龙山》（四刻）、（外）《盘河战》（谭金培，三刻五）、（本）《莲花塘》（五刻）	上诣仪鸾殿皇太后前请安；奉皇太后幸纯一斋，侍早、晚膳、看戏毕，驾还涵元殿。
十月初一日	宝胜和班，颐年殿伺候戏（巳初二刻五开，酉初三刻毕）	《跳灵官》（五分）、（府）《花甲天开》（一分，一刻十）、《四平山》（四刻）、（府）《六本昭代箫韶》（四出，五刻五）、（本）《镇檀州》（四刻十）、（外）《失街亭》（孙菊仙，四刻十）、《双锁山》（四刻）、《探阴山》（二刻）、《莲花湖》（四刻）、（本）《水帘洞》（四刻）	上诣仪鸾殿皇太后前请安；奉皇太后幸颐年殿，侍早、晚膳、看戏毕，驾还涵元殿。
十一月初十日	宝胜和班，颐年殿伺候戏（巳初二刻十开，酉初一刻毕）	（府）《太仆陈仪》（一分，二刻）、《百凉楼》（四刻）、（府）《七本昭代箫韶》（三刻五）、（本）《别宫》（二刻）、《三世修》（三刻五）、（本）《断密涧》（三刻）、《玉虎坠》（六刻）、《樊城昭关》（四刻）、（本）《庆安澜》（四刻）	上诣仪鸾殿皇太后前请安；奉皇太后幸颐年殿，侍早、晚膳、看戏毕，驾还涵元殿。

（续表）

日期	班社/地点/时刻	演出剧目	《清代起居注册（光绪朝）》
十五日	义顺和班，颐年殿伺候戏（午初二刻开，申正三刻十毕）	（府）《南极增辉》（一刻）、《画春园》（三刻五）、（本）《举鼎观画》（三刻十）、《五雷阵》（二刻）、（府）《八本昭代箫韶》（四出，五刻五）、《翠屏山》（四刻）、（本）《青石山》（四刻）	上诣仪鸾殿皇太后前请安；奉皇太后幸颐年殿，侍早、晚膳、看戏毕，驾还涵元殿。
十二月初一日	太平和班，颐年殿伺候戏（午正一刻开，酉初一刻毕）	（府）《膺受多福》（一分，一刻十）、《嘉兴府》（三刻十）、（本）《岳家庄》（三刻）、《战宛城》（六刻）、（府）《九本昭代箫韶》（一、二出，一刻十）	上诣仪鸾殿皇太后前请安；奉皇太后幸颐年殿，侍早、晚膳、看戏毕，驾还涵元殿。
二十三日	本家，颐年殿伺候戏（巳正一刻五开，酉初一刻十毕）	（府）《太和报最》（一分，二刻十）、（本）《回荆州》（五刻）、（府）《九本昭代箫韶》（二刻五）、（本）《彩楼配》（二刻五）、（外）《淮安府》（三刻）、（府）《十本昭代箫韶》（四刻）、（外）《烈火旗》（三刻十）、（本）《狮驼岭》（三刻五）	上诣仪鸾殿皇太后前请安；奉皇太后幸颐年殿，侍早、晚膳、看戏毕，驾还涵元殿。

演“时装戏”与“移步不换形”

——略论梅兰芳与知识精英关于戏曲改造之碰撞

（台湾）孙　玫

歌德曾经慨叹道：“说不尽的莎士比亚。”借用歌德的说法，今天我们完全可以毫不夸张地言称：“说不尽的梅兰芳。”梅兰芳是举世闻名的京剧表演艺术家，是现代中国戏曲的标志性人物。他一生从艺五十多年，在这半个多世纪里，中国先后经历了两次革命，整个社会发生了巨大的变化，而这半个多世纪也正是京剧艺术获得长足发展的历史时期。因此，透过梅兰芳个人的艺术实践，可以具体观察半个多世纪里京剧对于一个大时代的社会变迁的种种因应。

一篇短文当然不可能涵盖如此丰富的内容，因篇幅所限，本文将择取两点进行观察和分析。其一，梅兰芳二十岁出头时，曾经演过“时装戏”，尝试以京剧表现现代生活，但是后来他却放弃了“时装戏”，转向新编古装戏。其二，“戏曲改革运动”兴起之初，梅兰芳曾公开发表“移步不换形”的意见，认为对于京剧思想内容的修改要慎重，而其技术应该原则上保留。为此，他几乎招致批判①。

处于人生不同阶段的梅兰芳，对于京剧艺术的改革曾经持有两种不同的态度，在艺术实践中曾经采用了两种不同的模式。演“时装戏”——在一百年前即尝试以京剧表现现代生活；“移步不换形”——在“戏曲改革运动”大兴之时却主张对京剧的改革要慎重。这本不足为奇，但令人好奇的是，身处不同历史时期的梅兰芳为何会对于京剧艺术抱有这样两种不同态度，并采用两种不同的创作模式？而梅兰芳的这两种模式和当年知识精英们要求改革戏曲的诉求之间又有着怎样的互动关系呢？

一

“时装戏”最早出现在清朝末年②。戊戌维新失败后，中国人留学日本达到了高潮，当时的西方思潮往往是经过日本进入中国。受到明治维新后日本某些功利化的文艺观及“戏剧改良运动”的直接影响，梁启超、陈独秀、蒋观云等人通过当时中国新兴的传媒——报刊，宣传改良戏曲的主张。他们极力彰显当时戏曲所具有的大众传媒功能，希望能够将之作为开启民智、振兴国家的工具③。在力求变革的社会思潮影响之下，当时出现了一些实践“戏曲改良”主张的京剧演出。例如汪笑侬编演《党人碑》，借北宋年间的故事影射清朝末

① 徐城北《梅兰芳与二十世纪》，北京三联书店 1990 年版，第 88—91 页。

② 就广义而论，凡清朝人演的、穿清朝服装的京剧剧目都可以称之为时装戏。不过，这里所说的“时装戏”，是依照戏曲研究中的惯例，专指清末民初那些关注社会现实问题、表现同时代生活内容的剧目。

③ 详见孙玫《非直接的、变异的西方影响——清末“戏曲改良”与日本关系初探》，《艺术百家》2011 年第 5 期。

年腐败的政治①。他还借波兰被瓜分的历史事件，编演了《瓜种兰因》一剧，教育民众。该剧1904年在上海首演，是京剧舞台上的第一出“洋装新戏”。如今，人们已经无法详知该剧当年演出的具体风貌，然而，若依照该剧现存的剧本来看②，它应该属于“时装戏”，而不是像《党人碑》那样的古装戏。

1913年，梅兰芳到上海演出，在那里亲眼看到了经由日本引进的西式舞台装置，观摩了潘月樵和夏氏兄弟等人编演的“时装戏”。回到北京以后，他陆续排演了《孽海波澜》、《宦海潮》、《邓霞姑》、《一缕麻》等“时装戏”，提倡妇女解放，反对包办婚姻，暴露社会黑暗③。大约是在1915年，吴震修从《小说时报》上读到了包天笑的小说《一缕麻》，然后向梅兰芳转述了该小说所描写的指腹为婚的荒唐故事及其悲惨结局。吴认为应该把这一故事表演出来，警告一班残忍无知的爹娘。梅兰芳即请齐如山编写剧本。该剧对原小说作了一定程度的改写，最大的改动是小说中的女主人公是活着为丈夫守节的，而戏曲中的林纫芬却是觉得身世凄凉，前途茫茫，最后以剪刀自杀身亡。这样一改，对旧时代那种摸彩式的婚姻作出了更为强烈的批判④。

梅兰芳的《一缕麻》在北京、天津上演以后引起了很大的反响。北京的观众到三庆园看梅兰芳的《一缕麻》，“大栅栏一带，人山人海，交通断绝”⑤。观众被这出戏深深地感动了。一些老太太看了《一缕麻》以后说：“这样订婚，真是没道理。”⑥ 在天津，更有人家因为看了这出戏而避免了一桩婚姻悲剧。当地原有通家世好的两家人

① 张次溪《燕都名伶传》，载张次溪编《清代燕都梨园史料》，中国戏剧出版社1988年版，第1204页。

② 汪笑侬《瓜种兰因》，载张庚、黄菊盛主编《中国近代文学大系1840—1919·戏剧集一》，上海书局1991年版，第630页。

③④ 梅兰芳《舞台生活四十年》（第二集），中国戏剧出版社1987年版，第211—216页、第273—275页。

⑤⑥ 傅斯年《戏剧改良各面观》，《新青年》第5卷第4号。

为儿女定下了婚约，和《一缕麻》中的情节相仿，男方家的儿子后来得了神经病，但囿于当时的社会习俗，双方都没有勇气退婚。观看了梅兰芳的《一缕麻》以后，两家人，尤其是女方家受到震撼，终于下决心退了婚约①。

一百年前的中国，戏曲是广大民众最主要的娱乐形式之一，尤其是对于大批目不识丁的观众而言，戏曲更是一种具有很强感染力的“大众传媒”。梅兰芳的《一缕麻》暴露了包办婚姻的荒谬和残忍，在客观上起到了抨击旧婚姻制度的功效。这在当时对于开启民智、移风易俗无疑有着积极的社会现实意义。但即便如此，当时也有人对梅兰芳的做法颇不以为然，说：“固有的戏，尽够唱的，要来另作，一定是旧的唱不好，才来遮丑。”②

新文化运动的闯将傅斯年对梅兰芳这出“对于现在的婚姻制度极抱不平”③的戏大加赞赏，称其“竟有‘问题剧’的意味”④。傅斯年所说的“问题剧”，是指易卜生的批判现实主义的社会问题剧，如《社会支柱》、《玩偶之家》等。不仅于此，傅斯年对于梅兰芳《一缕麻》的褒赞还有更深一层的意思。当时新文化运动的闯将们正在集中火力批判传统戏曲，他们主张学习西方的戏剧，废除戏曲的歌舞表演，建立一种只说不唱、关心社会问题的新剧，用以批判社会，唤起民众⑤。当然，傅斯年也知道要创造出这样一种全新的戏剧，并非是一蹴而就的事情。他认为在新剧问世之前，要改演“过渡戏”，从而引导社会由极端的旧戏观念过渡到纯粹的新剧观念，等到新剧建立以后再废止这“过渡戏”⑥。此处傅斯年所说的“过渡戏”，就是指像梅兰芳《一缕麻》那样的“时装戏”。

然而，和新文化运动闯将的期待恰恰相反，在《一缕麻》之后，梅兰芳的创作热情偏偏从“时装戏”转向了新编古装戏。与此同时，

---

①②③④⑥　傅斯年《戏剧改良各面观》，《新青年》第5卷第4号。

⑤　详见孙玫《中国现代知识分子对于传统戏曲的复杂情结》，《九州学林》2005年秋季刊。

他也努力学习、演出了不少昆曲折子戏，以汲取其精华，充实自己的演技①。梅兰芳的转变是有其艺术上的道理的，他从自己创作“时装戏”的艺术实践中深切地感受到，京剧表现现代生活，内容与形式存在着矛盾。“时装戏”表演的是现代故事，演员在台上的动作和说话应该尽量接近日常生活里的形态，都不宜太慢，否则就显得过于做作，更不可能像传统戏那样处处把动作舞蹈化了。于是，京剧演员从小练成并经常在台上运用的那些舞蹈动作，全都学非所用，“英雄无用武之地”②。尤其是，“时装戏”的音乐与动作之间不容易协调。传统京剧的化妆和服装可以夸张、变形，在音乐的伴奏之下有利于歌舞表演。但“时装戏”的化妆和服装是不可以夸张、变形的，如此一来，表演时动作的幅度就不能过大，缓慢的唱腔就不好安排，一些成套的锣鼓点、曲牌使用起来也显得生硬，于是“时装戏”自然就变得话多唱少③。仅以梅兰芳排演的最后一部，也是他最成功的一部“时装戏”《童女斩蛇》为例，一出大戏从头至尾尽是一些摇板，而不见有什么大段的唱腔④。像京剧这类代表戏曲表演艺术精华的大剧种，拥有丰富的歌舞技术和独特的结构方式。它在传统社会中长期积累起来的技术和方式，的确是擅长于表现旧日的故事，而难以应对现代的生活⑤。

戏曲本来就具有多重的功能：娱乐、审美、教育、宗教，等等。新文化运动的闯将们看重的是当时的戏曲具有大众传媒的功用，希望能够把它当作宣传、鼓动和教育民众的工具。而作为宣传教育的工具，表现现代生活的“时装戏”自然可以比古装戏更便利地切入当

---

①②③ 傅斯年《戏剧改良各面观》，《新青年》第5卷第4号。

④ 详见北京通俗教育研究会编《童女斩蛇》，收入张庚、黄菊盛主编《中国近代文学大系1840—1919·戏剧集一》，第804—834页。

⑤ 由于众所周知的历史政治原因，从20世纪50年代至70年代，众多京剧现代戏问世（其中包括“样板戏”）。为此，从中央到地方的各级政府均投入巨大的人力和物力资源。暂且撇开当年错综复杂的政治因素不论，众多杰出的艺术家投入京剧现代戏的创作，其具体的艺术实践确为用京剧这一艺术形式表现现代生活取得了前所未有的宝贵经验。参见孙玫《略论当代改造中国戏曲的三大社会工程》，《艺术百家》2012年第2期。

下的现实议题。然而，具体从事艺术实践的艺人们却有着与知识精英们不同的思想理念和实际需求。于是，民国初年的“时装戏”并没有因为新文化运动闯将的赞赏而继续发展，传统老戏也没有因为新文化运动闯将们的批判而被从西方输入的新剧/话剧所替代。此时的京剧艺术蓬勃发展，在以梅兰芳为首的一大批艺术家们的努力之下，京剧达到了它的第二个黄金时期。当然，此时京剧舞台上频繁上演的大多是些描写古代题材的传统剧目和新编古装戏，而不是表现现代生活的“时装戏”。

二

1949 年 10 月中华人民共和国成立，国计民生百端待举。即便如此，从前一直被视为“小道末流”的戏曲此时此刻同样郑重地摆上了新政权的议事日程。其实，早在一年多以前，还是在奋力夺取全国政权的时刻，中国共产党已经开始筹划如何推动戏曲改革运动。1948 年 9 月，华北人民政府在石家庄成立①——一年后的中华人民共和国中央人民政府正是在这个华北人民政府的基础之上组建起来的②。同年 11 月，华北戏剧音乐工作委员会在石家庄成立，马彦祥担任主任委员③。13 日，华北的《人民日报》④ 发表了根据毛泽东的意见所写

① 正如当时中共中央的机关刊物《群众》的一篇时评所言：“这虽然是一个临时性和地方性的政府，但……它将成为全国性的民主联合政府的前奏和雏形。”《群众》时评《祝华北人民政府成立》，《群众》1948 年第 2 卷第 36 期。

② 1949 年 10 月 31 日，华北人民政府奉命结束工作，11 月 1 日中央人民政府各机构正式开始办公。参见张晋藩、海威、初尊贤主编《中华人民共和国国史大辞典》，黑龙江人民出版社 1992 年版，第 4—5 页。

③ 刘英华《华北戏剧音乐工作委员会》，载《中国大百科全书·戏曲曲艺》，中国大百科全书出版社 1983 年版，第 129 页。

④ 华北的《人民日报》是中共中央华北局的机关报。1948 年 6 月，它由《晋察冀日报》和晋冀鲁豫《人民日报》合并而成，并于一年之后（1949 年 8 月），在华北人民政府由地方性政权转为中央政权时，顺理成章地成为中共中央的机关报。

的《有计划有步骤地进行旧剧改革工作》① 专论。中国共产党一贯高度重视政治宣传工作，曾明确宣称要把文艺当作对敌斗争的武器。1948年的中国尚未工业化，广大的农村、乡镇、小城市还没有电力供应，在当时，戏曲仍然是民众最主要的娱乐形式之一，对于广大不识字的观众而言，戏曲仍然具有一种“大众传媒”的功用。

1949年11月3日，也就是在中央人民政府各机构正式开始办公的第三天，中央文化部成立了戏曲改进局，以推动和管理全国的戏曲改革运动。田汉任局长，杨绍萱、马彦祥任副局长②。随后，一批新文艺工作者遵照党的指示进入了戏曲界。这些知识分子是在“五四”新文化运动以后的新式教育下成长起来的，但他们和三十多年前新文化运动的闯将们不同，在经历了“延安文艺座谈会”、“新秧歌剧运动”等以后，新文艺工作者们已经充分感知了中国的现实：老百姓喜爱载歌载舞的戏曲。新文艺工作者们自然不会像新文化运动的闯将们那样，要求废除戏曲的歌舞表演，建立一种只说不唱的西式戏剧。不过，新文艺工作者原本大多和传统戏曲并没有什么关系。他们曾长期从事外来艺术样式的创作，对西方的戏剧观念和艺术方法③比较熟悉，运用起来比较得心应手，而对中国传统戏曲的艺术特征和表现手法就不那么熟悉，有时甚至还会看不顺眼。这并不奇怪，在西方强势文化的影响下，20世纪的中国知识分子/新文化人在情感上普遍倾向于由西方输入的“洋”形式，而疏远戏曲这类“土”玩意儿。更何况新文艺工作者信奉马克思列宁主义——在中国最贫弱的历史时刻由西方传入中国的强而有力的意识形态，其中诸多部分，如无神论、阶级斗争学说等，都和承载着中国传统观念的旧有剧目相冲突。

就在戏曲改革运动兴起之初，梅兰芳出于对京剧艺术的深切了解和关切，发表了“移步不换形”的意见。1949年11月3日，恰巧是

① 周扬《进一步革新和发展戏曲艺术》，《文艺研究》1981年第3期。

② 张庚主编《当代中国戏曲》，当代中国出版社1994年版，第24页。

③ 如话剧的剧本结构、专职导演制度、舞台布景，等等。

在文化部戏曲改进局成立的那一天，天津《进步日报》的记者张颂甲发表了一篇采访梅兰芳的文章，《“移步”而不“换形”——梅兰芳谈旧剧改革》。在这篇访问记中，梅兰芳说道：

> 我想京剧的思想改革和技术改革最好不必混为一谈，后者在原则上应该让它保留下来，而前者也要经过充分的准备和慎重的考虑，再行修改，才不会发生错误。因为京剧是一种古典艺术，有它几千年的传统，因此我们修改起来也就更得慎重，改要改得天衣无缝，让大家看不出一点痕迹来，不然的话，就一定会生硬、勉强，这样，它所得到的效果也就变小了。俗语说：“移步换形”，今天的戏剧改革工作却要做到“移步”而不“换形”。①

从以上引文不难看出：一、“移步不换形”并不是一个严格的理论性表述，它只不过是一个形象的、比喻性的说法；而“比喻总是跛足的”，是很容易被误解或挑毛病的（后文将详述）。二、梅兰芳这段话最主要的意思是：对于京剧的改革要慎重，要循序渐进，要“渐变”，不要“突变”。其实，只要阅读《舞台生活四十年》，回顾一下梅兰芳的艺术实践，就可以清楚看出他本人正是按照这种“微调”、“渐变”的方式从事艺术创作的。如本文上一章所述，梅兰芳在《一缕麻》之后已从“时装戏”转向了新编古装戏，同时也通过学习和演出昆曲折子戏吸收中国传统戏曲表演艺术之精华。而他进入中年以后则主要是演出一些代表性保留剧目。他边演边改，反复打磨，不断“微调”，常演常新，就像人们在他的《宇宙锋》②、《游园惊梦》③、《贵妃醉酒》④、《奇双会》⑤ 和《霸王别姬》⑥ 等剧的演出中所见到

① 转自马少波《戏曲改革漫记——关于所谓梅兰芳提出“移步而不换形”的真相》，《中国京剧》2006 年第 6 期。

② 详见梅兰芳《舞台生活四十年》（第二集），第 149—162 页。

③④⑤⑥ 详见梅兰芳《舞台生活四十年》（第二集），第 172—181 页、第 229、240 页、第 244—245 页、第 246247 页、第 471—491 页、第 665—671 页。

的那样。

梅兰芳上述要“渐变”而不要“突变”的见解，其实也暗合了中国传统戏曲的艺术生产方式。在中国传统戏曲（乃至其他一些亚洲戏剧）中普遍存在这样一种现象：传统剧目依靠表演者师徒传承，逐渐衍变①。这些传统剧目作为演出成品，有机地“化合”了剧本②、音乐、表演、舞美等多种艺术成分，不是以文字，而是以表演者的身体作为载体，口传心授，师徒传承，从而形成一个世代延续的活的传统。必须指出的是，在这种世代延续的传统中，表演者们并非是永远重复前人的创造，演出成品也不可能永无变化。虽然徒弟一开始都是忠实地从师傅那里承袭演出成品，但是每个人自身的条件及其对于原成品的理解都不可能和前人完全一样，所以他也就不可能百分之百地照搬前人的演法，而是会扬己之长、避己之短，有所调整，有所变通。而且，随着时代的变迁，人们的社会心理、审美习惯和审美要求都会发生变化，这种变化既会潜移默化地渗透到戏曲艺人身上，同时也会影响观众并转而对戏曲艺人提出新的要求。因此，艺人们（尤其是杰出的艺术家）在到达其艺术的成熟阶段后，都会程度不同地改动演出成品。只不过这种改动是琢磨、是微调，而不是伤筋动骨的重塑和再造。

虽然这琢磨和微调并不会立即改变原演出成品的总体形貌，然而“移步”本身毕竟也是一种变化，尽管它是微小的变化。经年累月，数代传承以后，无数微调、无数“移步”积累起来，演出成品就很有可能会变得与原作非常不一样，甚至会形成一种新的演出版本乃至

① 中国传统戏曲的这种艺术生产方式和其歌舞剧的特质密切相关。广言之，不仅昆曲和京剧等中国的传统戏曲如此，日本的能乐和印度的库提亚特姆也是如此。详见孙玫《再论亚洲传统戏剧的生产方式及其现代命运——以昆曲和京剧为讨论重点》，《文化遗产》2012 年第 1 期。

② 这剧本并非一定是以文本的形式存在，往往是只存在于表演者的记忆之中。

一种新的演出形态，就像人们在乾嘉以降的昆曲里看到的那种情形①。由此看来，只要“移步”延续不断，演出成品终将“换形”。只不过这种“换形”不是突发式的而是长期渐变累积形成的。如前所述，“移步不换形”并不是一个严格的理论性表述，它只不过是一个形象的、比喻性的说法，而“比喻总是跛足的”。

梅兰芳这种主张慎重和渐变的见解与当时高涨的革命高潮相左，因而，此事最后以梅兰芳收回自己原有的观点，自我批评收场，就是一件再自然不过的事情了。持平而论，在那个革命思潮压倒一切的年代，对传统戏曲的苛求太多。此处仅以剧目问题为例，略见其状态之一斑。戏曲改革运动的第一步是审定剧目。1949 年 12 月首届东北区文学艺术界联合代表大会号召两三年内消灭旧剧毒素，结果，全东北一度禁演京剧和评剧一百四十出。不仅东北，其他地区也出现了类似的状况。徐州曾禁戏二百多出，山西上党戏原有三百多出，禁到只剩二三十出，而在天津专区所属的汉沽县，准许上演的京剧和评剧仅有十出②。结果，广大民众无戏可看，戏曲艺人的生活也发生了困难，以致产生民怨③。若非如此，中共中央也不会在 1950 年 3 月为禁戏的问题专门给东北局发出指示，希望东北纠正“左”倾幼稚病④，政务院更没有必要在 1951 年 5 月 5 日以总理周恩来的名义专门发布《关于戏曲改革工作的指示》，明文规定禁戏“应由中央文化部统一处理，各地不得擅自禁演”⑤。

本文无意全盘否定当年的戏曲改革运动，只是想指出一个多年来被遮掩的历史事实：戏曲改革运动从一开始即由于意识形态的关系，

---

① 为此，笔者曾经详细比对过《六十种曲》和《缀白裘》中的相关作品。详见孙玫《东西方戏剧纵横》，江苏人民出版社 1996 年版，第 85—91 页。

② 张庚主编《当代中国戏曲》，第 36 页。

③④ 详见中共中央文献研究室编《中共中央关于禁演旧剧问题给东北局的指示》，《建国以来重要文献选编》第一册，中央文献出版社 1992 年版，第 139—140 页。

⑤ 周恩来《关于戏曲改革工作的指示》，载文化部文学艺术研究院编《周恩来论文艺》，人民文学出版社 1979 年版，第 28 页。

对传统戏曲过于苛求。说来有趣，中国现代知识精英们对于中国戏曲的关注，似乎总是和他们对戏曲改革的诉求联系在一起。20 世纪的中国曾经出现过各种各样要求改革戏曲的主张，从上述“戏曲改良”、“新文化运动”，到此处所说的戏曲改革运动都没有离开这些主张。这些主张在具体表述上并不相同，各自激烈的程度也不一样。但是，它们大都是要求以突变的方式干预戏曲原有的状态。这种现象的出现，有其深刻的历史原因。近代以来，西方发达国家在政治、经济、军事、文化等各方面压迫东方不发达国家，其中包括具有悠久文明和历史传统的中国。在西方文化的强势冲击下，中国在社会、经济、政治、军事、文化等各个方面都发生了剧烈的变化。它屡经磨难，一直在步履匆匆地追赶西方发达国家的脚步。在这种历史的规定情境之中，学习西方、倡导变革乃至革命的思潮自然容易占有压倒性的优势，思想界对中国的传统文化也往往是否定大于肯定。也正是在这种历史氛围之中，中国现代知识分子对戏曲形成了一种普遍的看法，认为它陈旧、落后，内容和形式都跟不上时代的发展。1949 年以降，因为当时的政治和意识形态等方面的原因，改造戏曲的要求比以往任何一个历史时期都更加强烈，影响也更加广泛了。

概言之，当年围绕“移步不换形”而发生的那场不大不小的争论，并非是梅兰芳和领导戏曲改革运动的新文艺工作者们之间的个人之争，而是两种不同的戏剧文化传统、两种不同的艺术观念乃至两种不同的社会思潮/意识形态之间的必然的碰撞①。撇开政府的行政力量不谈，仅就精神层面而论，在新文艺工作者们输入的那些理论化体系化伟大崇高的思想面前，原本就缺乏思想资源的戏曲艺人又怎么能够不乖乖地归顺呢？更何况，和新文化运动的闯将们不同，新文艺工作者们的确是代表着政府的意志和力量。当然，此后几十年戏曲发展将经历的

① 当时不仅梅兰芳一人，其他京剧艺术家也有类似的经历。为此，程砚秋曾经言辞激烈地称“戏改”为“戏宰”。详见李伶伶《程砚秋全传》，中国青年出版社 2007 年版，第 584—585 页。

种种曲折，绝不是领导戏曲改革运动的新文艺工作者们当时所能够预见和想象的（其实当年又有何人能够预见和想象）！

随着农业、手工业和工业社会主义改造的完成，政府掌握了全社会的生活和生产资料，可以得心应手地调动各种人力、物力资源，深入戏曲界的内部推进各种各样的改造。从此“突变”也就顺理成章地取代“渐变”，成为20世纪50年代以降戏曲发展史的主旋律。几十年后，积淀了无数前人心智的传统形态的戏曲（指整个形态，并非仅指那些已被改造过的戏曲传统剧目）已经消逝。与此同时，在政府的主导之下，在西方戏剧文化的影响之下，由传统戏曲派生、发展、形成了一种新的戏曲类型。这种“新戏曲”的艺术生产方式、主旨立意、艺术风貌和审美品格均迥异于中国传统戏曲[①]。

（孙玫　台湾中央大学中文系教授）

① 关于“新戏曲”，详见孙玫《政治变迁与艺术转型——论新戏曲的形成与发展》，载《粉墨中华：现当代戏剧与电影研究》，台北“中央研究院”中国文哲研究所，即将出版。

戲曲研究

论近代以来昆剧音乐场上伴奏之变迁

朱为总

在中国戏曲演出史上，自明代嘉靖末年梁辰鱼的昆腔传奇《浣纱记》搬演于舞台开始，昆剧的场上演出就有了较为完整、规范的文武场乐队伴奏。明清昆剧兴盛时期，民间职业戏班、文人自娱的家班和宫廷戏班的演出各擅胜场，昆剧的场上伴奏也因此而形成不同的体制形式和器乐组合，但总体上说还是大同小异。而到了近代，中国社会经历了新旧时代的蜕变嬗替和世界范围内的中西文化碰撞，整个社会文化结构与功能发生了重大的变革。因近代以来的社会激变、历史转型，以江南文化为核心的“雅文化”主体的文士阶层被纷乱的现实打碎，以中国文人理想审美标准建构的“正中平和”、“静淡远虚”的文化环境在此过程中逐渐遭到破坏，昆剧舞台艺术在这时代的变迁中几经兴衰，时断时续地发展着。在此背景下，作为昆剧综合艺术重要构成的场上伴奏艺术，无论是乐队文武场的体制结构，还是舞台音乐唱腔的实际伴奏形式，都发生了较大的变化，这从一个侧面反映出近两百余年来中国昆剧舞台演艺的历史传承与变革状况。

一　昆剧音乐场上伴奏的功能与地位之变

中国戏曲自元杂剧和南戏形成伊始，其场上表演就有了乐队伴奏。从乐队结构体制和乐器组合上说，以元杂剧较为完备，我们从山西洪洞广胜寺明应王殿壁画、运城西李庄元墓壁画所展现的元杂剧演出形象史证中，大致可知元杂剧的乐队伴奏是由鼓、拍板、笛子、笙、筚篥、琵琶等吹、打、弦、管四大类乐器构成。而对于南戏的场上演出，由于其乐队伴奏所使用乐器缺少具体的记载，很难全面了解。从一些零星资料中，大致可以推断当时的南戏乐队伴奏应该是有笛、鼓、拍板、锣，以及其他管乐、弦乐器。如：

后行脚色，力齐鼓儿。（《张协状元》第一出）

（生）后行子弟，饶个《烛影摇红》断送。（众动乐器）。（生）……适来听得一派乐声，不知谁家调弄？（众）《烛影摇红》。（《张协状元》第一出）

弹丝品竹，那堪咏月与嘲风。（《张协状元》第一出《水调歌头》）

折莫擂鼓吹笛，点拗（拍）收拾。（《宦门子弟错立身》第五出《六么序》）

我要招个擂鼓吹笛的。（生唱）【麻郎儿】我舞得，弹得唱得。折么大擂鼓吹笛。（《宦门子弟错立身》第十二出

《么篇》)①

但是，对于南戏乐队之伴奏形态，其中有两点是值得探讨的：一是，南戏早期虽有管弦乐器相伴奏，但不一定是用以伴唱，也就是说在唱腔上还是徒歌干唱，不托管弦。丝竹弦管伴奏的功能和作用，主要还是用于制造舞台气氛和增加演剧色彩。所以，就是到了南戏诸声腔风行各地之时，在明代祝允明的《猥谈》中仍有“数十年来，所谓南戏盛行，更为无端，于是声音大乱，……盖已略无音律、腔调。愚人蠢工徇意更变，妄名余姚腔、海盐腔、弋阳腔、昆山腔之类，……若以被之管弦，必至失笑”之说②。二是，南戏早期所唱的乐曲，多是当时流行的宋词和南方的“里巷歌谣”、“村坊小曲”，“本无宫调，亦罕节奏，徒取其畸农、市女顺口可歌而已，谚所谓‘随心令’者，即其技欤”③。而这种“略无音律腔调”、“罕有节奏”的“随心令”演唱形式，在实际演出中，必然会给管弦乐的场上伴奏带来较大的困难，由此推断南戏早期的舞台演唱不托管弦，而是采用“板以为节”、“鼓以为节”的方式，应该说是比较接近事实的。

其后，南戏四大声腔中的弋阳腔、海盐腔、余姚腔基本上是沿承了南戏“鼓板节制，不托管弦”的场上演出风貌，唯独昆山腔“以笛、管、笙、琵按节而唱南曲者，字虽不应，颇相谐和，殊为可听，亦吴俗敏妙之事。……流丽悠远，出乎三腔之上”④，这种伴奏使昆山腔实际上成为当时最为美听的戏曲声腔之一。然而，早期的昆山腔虽“以笛、管、笙、琵按节而唱南曲”，成为最美听之声腔，但从乐与唱的关系形态上讲，还仅仅是限于歌乐并行、以唱奏清曲为主。

昆剧的场上表演与剧唱真正开始使用文武场伴奏，严格地说是始

① 引自钱南扬《戏文概述》，上海古籍出版社 1981 年版，第 253 页。

② 陶宗仪《说郛三种·说郛续》第四十六卷，上海古籍出版社 1988 年版，第 2099 页。

③④ 徐渭《南词叙录》，载《中国古典戏曲论著集成》（三），中国戏剧出版社 1959 年版，第 240、242 页。

于明代梁辰鱼所搬演的《浣纱记》。在此之前是否有民间艺人用昆腔套唱南戏的舞台演出存在，虽不见史料记载，但魏良辅《南词引正》"清唱谓之冷唱，不比戏曲。戏曲借锣鼓之势，有躲闪省力，知者辨之"① 的告诫，从一个侧面说明当时一定已有唱家将昆腔唱法带到剧坛上演唱。"即使魏良辅所谈的'清歌'或'冷唱'专指昆腔，亦可以肯定昆腔此时已早用于戏曲"②。况且，在南戏四大声腔广泛流布数十年的情况下，如若真有民间戏班艺人学唱昆腔套演南戏，也是一种很自然的事。那么假如当时确有民间戏班艺人学唱昆腔套演南戏，到底是否有乐队相奏和呢？正如艺人谚语所云："无乐作合不成戏"，"做戏难离敲锣者"。只要是戏，就一定有乐作合。如果据此推断当时已有民间戏班沿用南戏后行伴奏为昆腔演剧作排场，我想这也应该有它的可能性。

但当时民间戏班如何用昆腔唱南戏，场上音乐运用的实际情况到底如何，并无资料可查。而梁辰鱼用昆腔搬演《浣纱记》，对于昆剧场上伴奏，对于昆剧音乐整体的演进，乃至对于整个昆剧舞台演艺的发展和完美都有作用，而最为重要的意义在于：昆台演唱的音乐伴奏，从此进入了依定辞、定格、定腔、定调、定谱进行规范演奏的时代，这种演奏方式且代代相传，成为昆曲场上伴奏的定规和传统。就是到了近代昆剧式微之时，甚至到了20世纪40年代末期，有周传瑛、王传淞等昆剧传字辈艺术家加盟、既唱苏剧又唱昆曲，流浪江湖被人们称为"讨饭戏班"的国风昆苏剧团，只要是演昆剧的传统戏，哪怕场上只有一支曲笛、一面小锣伴奏，也都依然是"凛遵曲谱"，守此昆曲场上伴奏之规范。梁辰鱼的《浣纱记》不仅正式开创了昆曲从清歌冷唱走上戏台演唱的历史，开创了昆剧场上伴奏严格依曲唱定谱规范演奏的历史，同时，也确定了昆剧乐队在整个舞台演剧形态

① 中央音乐学院中国音乐研究所编辑《中国古代乐论选辑》，1962年12月版，第312页。

② 蒋星煜《中国戏曲史钩沉》（上），上海人民出版社2010年版，第347页。

中的基本功能和作用，即通过整个文武场乐队的群体性演奏，在鼓板和曲笛的引领下，根据剧目、剧情和规定的曲牌唱腔，节制、配合、烘托和丰富演艺者的歌舞与表演，形成场上演艺歌、舞、乐三者有机统一的局面，最终实现塑造舞台人物形象、演绎剧情内容的根本目的。而昆剧场上伴奏的这种与剧作合、与歌作合、与演作合、与乐作合的形态，也成为后世整个中国戏曲不同剧种文武场伴奏的基本范型。也正是基于这一传统场上伴奏范型的共性追求，以文人性和文化性作为其审美理想的昆剧场上演艺，对乐队伴奏的各方面都提出了极其严格的要求。

其一，相对于传统戏剧的其他剧种而言，从事昆剧伴奏的乐工大多数是经过严格训练而具有较深音乐素养之人。如清代乾隆年间的昆曲乐工周祥珏、邹金生、徐兴华、王文禄、徐应龙等，都曾在清庄亲王允禄奉敕编纂《九宫大成南北词宫谱》时分任其事。另据资料记载，明清时期的很多文人对其家班女乐和优童的培养，也是竭尽心力，或“延名师教之”，或由主人亲自调教。如明代吴越石培养他的家班，是“先以名士训其义，继以词士合其词，复以通士标其式”①。朱云崃在训练班中女乐时，“教女戏，非教戏也。未教戏先教琴，先教琵琶，先教提琴、弦子、箫管，鼓吹、歌舞，借戏为之，其实不专为戏也。……丝竹错杂，檀板清讴，入妙腠理……西施歌舞……见者错愕”②。而这些家班的女乐和优童，在前辈昆曲艺人的教导下，特别是在家班主人的严格要求和监督下，“通过长期的艺术实践，一代一代地继承并发展前辈艺人的技艺，把昆曲演唱水平推进到了一个相当的高度”③。同样，也把昆曲舞台伴奏的要求和水准推向一个相当的高度。

① 潘之恒《鸾啸小品》，陈多、叶长海注释《中国历代剧论选注》，湖南文艺出版社1987年版，第176页。

② 张岱《陶庵梦忆》第二卷，上海远东出版社1996年版，第46页。

③ 胡忌、刘致中《昆剧发展史》，中国戏剧出版社1989年版，第202页。

其二，昆曲的伴奏十分强调“正宗”与“正统”。因此，昆曲的传承方式与一般剧种传统意义上采用的“口传心授”从师学艺形式有所不同，昆班艺人或乐工入门学艺的第一步是要从“拍曲”开始。不论是古代、近代还是现代，只要是正式从师学艺的昆剧艺人和正式昆剧科班的学员，基本上都是依此传统规范行事。而乐工学艺也必须从“拍曲”入门，这主要是由于昆剧的舞台伴奏讲究歌舞乐一体，乐工拍曲同样要借此来熟知昆曲演唱的“吐字、行腔、润腔、节奏、气息”等技法，更要借此来逐渐获得识字、识谱、知板、用调、行腔等基本能力，然后才能勤习和娴熟掌握丝竹弦管，进而登台伴奏，以乐和歌。唯有经过如此规范系统的技法训练，才有可能成为一个具有较高音乐造诣的昆曲乐工，在昆剧场上进行真正规范的演奏，以实现昆台伴奏“乐以为节”、“与歌并奏”之目的。

其三，要有对本剧种艺术风格的认知和坚守。每个剧种都有其特定的艺术特色和风格，而优秀昆剧乐工所具备的良好艺术素养和精湛规范的演奏技法，无论是管弦乐的依腔、贴调、“竹肉相发”，还是鼓板的起楗、下板、点眼、收煞和“以打身段、下金锣为难”，全部的伴奏行为及以此方式来追求的艺术效果，最终还是为了表现剧中人物，突出戏情与戏理。因此，昆曲伴奏的最大表现特征，就在于所演奏的唱腔音乐都必须是在曲情文辞的规范之中，而绝对不能游离于剧情、曲情之外，发挥性地去展示演奏者的个人技巧，这在传统昆剧戏班中是十分讲究和必须坚守的场上伴奏规范。之所以要求昆剧艺人乐工守规范，一方面是要守住昆曲音乐的纯正性，另一方面是要守住舞台伴奏的传统性，并借此来守住一个剧种生存和发展的底线。

然而，自近代以来，伴随着文化地位的下降和场上演艺的衰落，昆剧所具有的文化形态也发生了很大的变化。特别是诸多地方性剧种兴起以后，其场上演剧“以演技为中心、以演员为中心”的“角儿制”、“明星制”班社结构和运行机制不断冲击着昆台演艺对自身艺术风格和核心价值的坚守。昆剧艺术的主导权逐渐从文人手中转移到艺人手中；舞台演艺由以文本为中心，变为以技艺为中心、以演员为中心。昆剧舞台伴奏也由“与歌并奏”，“歌舞乐一体”，共同“为表现剧情内容和塑造舞台人物形象服务”，变成为演员服务，形成一种带有一定人事依附性的从属关系。而在这一变化过程中所表现出的最大弊端，就是以“文化性”、“规范性”为标准的昆剧舞台伴奏传统在昆班中逐渐失去了主导地位。而现今昆剧场上伴奏的地位已经与其他地方性剧种没什么不同，强调的也是附属于演员的“为演员服务”，而且这不仅表现在从业者的观念认识上，更表现在剧团的实际运行机制和功能上。昆台伴奏的这一变化，从表面上看似乎问题不大，但其结果往往会导致乐工不能恪守昆剧场上伴奏应有的传统规范，转而视演员的需求和要求为规范，视导演的所谓创新改革为规范，这才是问题的症结所在。从当代昆剧舞台演艺的实际情况看，传统风格的失守，舞台伴奏规范性和昆曲音乐纯正性的失守，已然到了极其严重的程度，亟待抢救。因此，对昆剧艺术风格的认知和坚守，今天已显得十分迫切。

二　昆剧文场歌乐相合与托腔保调之变

就中国古代歌与乐的关系而言，二者更多的是形成一种相依相倚、相互应和的状态，或歌者和乐，或乐者和歌，各自均具有相对的独立性。而这种既保持歌乐的自然本性，又追求“歌乐相合”、“天人合和”、“大乐与天地同和”的音乐观，在明代中叶昆腔盛行之后，首先被昆曲的“清歌冷唱”即“清工曲唱”所承袭。

与历代中国文人“正中平和”、“静淡远虚”的审美精神相一致，昆腔曲唱从开始就被置于礼乐规范之内，无论是“善发南曲之奥”的元末明初昆山曲家顾坚，还是后来创新昆腔“水磨调”、被誉为“昆曲鼻祖”的魏良辅，他们和同道者孜孜以求的是一种符合中国文化传统精神的“雅正”之声。而这种“雅正”之声在音乐上的具体体现，就是“中和”。所谓“中和”，如唐代刘籍《琴议篇》中所说，就是“运动闲和，取舍无迹，气格高峻，才思丰逸，美而不艳，哀而不伤，质而能文，辨而不诈，温润调畅，清迴幽奇，忝韵曲折，立声孤秀”①。而明代的文人曲家也正是通过曲唱活动，来达到通理治性，恬淡清溢，从中求得趋于完美的人格修养。其实，这也是数百年来昆曲清工曲唱所追求的最高境界。所以，乐（弦管）与清工曲唱相和时，有它各自的独立性。乐者、歌者都可以通过自身独立的奏或唱，来感受和表现曲之美、腔之美、意境之美，从而达到修身养性的目的，彼此之间互不存在依附性。也就是说，昆曲清工曲唱的歌与乐相合，二者所共同追求的是使声腔曲唱更为美听，昆台弦管伴奏主要不是为演唱者“托腔保调”，让演员唱得更好听，这是有本质上的区别的。

显然，歌乐相合寄寓着文人音乐的审美理想，所以在南戏四大声腔中，昆山腔因有文人的参与，就有了明确的文化定性和审美追求，因此它最早采用与乐相合方式，有它的必然性。明徐渭《南词叙录》称：“今昆山以笛、管、笙、琵按节而唱南曲者，字虽不应，颇相谐和，殊为可听，亦吴俗敏妙之事。”② 他所津津乐道的，也正是昆山腔管弦与歌者“按节而唱（奏）南曲”的“颇相谐和，殊为可听”。而魏良辅在创新昆腔之始，以笛、管、笙、琵琶与唱相和，其意也是因为“丝竹管弦，与人声本自谐合，故其音律自有正调”③。后又以笛（箫）为主，改三弦形制，“更定弦索音节，使与南音相近”，同时又新创专为“昆腔曲唱”以乐合歌的提琴，形成昆曲特色乐器之“三大件”，而这些乐器的形制和音色都符合中国传统文人音乐“和”与“适度”的原则。此外，明潘之恒在《叙曲》中有一段称赞当时以器乐和曲名家的专论：“秦之箫，许之管，冯之笙，张之三弦，其

① 中央音乐学院中国音乐研究所编辑《中国古代乐论选辑》，第279页。

② 徐渭《南词叙录》，载《中国古典戏曲论著集成》（三），第242页。

③ 魏良辅《曲律》，陈多、叶长海注释《中国历代剧论选注》，第135页。

子以提琴鸣，传于杨氏。如杨之摘阮，陆之挡筝，刘之琵琶，皆能和曲之微，而令悠长婉转以成顿挫也。”① 从这条论述中，可以看出当时用于合曲之弦管，不仅有魏良辅所确定的昆曲特色乐器，还有箫、管、笙、阮、筝、琵琶等。但不论乐器多少，关键还是在于“能和曲之微”。

自梁辰鱼《浣纱记》搬演于舞台，昆曲的歌乐相和虽然有了以定谱演奏的规范和相对稳定的文武场建制，但以职业昆曲乐工构成的昆剧文场乐队，其场上伴奏形式和性质却逐渐发生了重大的变化。清代戏剧家李渔在其所作的《闲情偶寄》中指出：“丝、竹、肉三音，向皆孤行独立，未有合用之者，合之自近年始。三籁齐鸣，天人合一，亦金声玉振之遗意也，未尝不佳；但须以肉为主，而丝竹副之，使不出自然者亦渐近自然，始有主行客随之妙。”② 以演员的唱为主，以管弦乐从之，李渔的这段话，在一定程度上道出了最迟自明末清初开始，伴奏性已成为昆曲场上文场乐队演奏的主要属性。如果更深一层看，我们还可以从中察知，由此开始，昆曲音乐演奏从“清工曲唱”的“合歌”，转为“剧工演唱”的伴奏，这实际上是昆曲场上演艺从注重文化性到注重技艺性的一种渐变，而近代以来昆剧场上艺术“文化性”、“规范性”主导地位的衰落，无疑也是这种渐变不断加剧的一种突出表征。

综观400年昆剧的演剧史，一直遵循魏良辅昆腔“水磨调”使用笛、曲弦、提琴为昆曲主要管弦乐器的传统，昆剧场上伴奏的文场乐队组合基本上是以此为核心而形成建制。成书于清乾隆六十年（1795）、记载甲申到乙卯（1764—1795）30年间诸事的李斗《扬州画舫录》卷五所列昆剧文武场16种乐器中，属文场乐器的有笛（雌雄笛各一）、笙、唢呐（大小各一）、号筒、哑叭（管）、曲弦等6

① 转自胡忌、刘致中《昆剧发展史》，第65页。

② 《李渔全集》第十一卷，浙江古籍出版社1992年版，第96页。

种，其中又以笛、笙、曲弦为核心乐器，主要用于伴唱。而其他三种乐器，除小唢呐时有用于北曲散板曲演唱的伴奏之外，大唢呐、号筒、哑叭主要用于舞台气氛的营造及器乐曲牌的演奏。当时昆剧场上伴奏实际使用的文场乐器种类，《扬州画舫录》尚有未录者，近代以来又有所增益，诸如长尖、提琴、琵琶、阮、月琴（双清）等①。这些未录和增益的乐器在场上伴奏时并非同时使用，不同戏班会根据乐工演奏乐器的实际能力而有所取舍。但其基本建制还是以李斗《扬州画舫录》所录文场6种乐器为范型，就是到了近代昆曲逐渐式微之后的20世纪50年代，也并无太大变化。昆剧班社（包括很多地方剧种）只要唱昆腔，总体上还是使用这6种乐器伴奏。

从20世纪50年代中期开始，大量新文艺工作者参与了当时的戏改运动和指导实践，有一些受西方音乐教育的戏剧学校音乐班或音乐学院的毕业生开始进入戏曲院团。受此大趋势影响，昆剧的文场建制开始有所变化，像二胡、扬琴的加入，使昆曲乐队在文化性上已不再那么纯正。② 而“以唱为主，以弦管从之”，以“和”、“适度”为原则的场上伴奏也由于乐队配置的增强而有所变异，强烈的音乐性常常会淹没场上演艺的曲唱之声。而到了70年代末，全国昆剧院团纷纷恢复，其文场建制基本是参照京剧样板戏的模式复制，由此形成了带有不同声部结构和交响化伴奏形式的乐队建制。仅以浙江昆剧团为例，它在1977年恢复成立后所排演的第一出现代昆剧小歌舞《蝶恋花》中，就使用了按西洋乐编制的整个单管乐队。而从80年代起，

---

① 提琴虽为昆曲文场三大特色乐器之一，但由于其音量过于纤细，比较适合于清歌冷唱，而不太适合于戏场伴奏，所以近代以来昆曲堂名（以清唱戏文为职业的民间班社）将之列为主要伴奏乐器之一，而职业昆班一般用得比较少，20世纪70年代之后，专业昆剧院团则基本不再使用。

② 二胡音量虽比昆曲传统的提琴强，作为近代江南丝竹拉弦乐的核心乐器，也适合于戏曲的场上伴奏。但其音色过“悲”，并不符合昆曲“中正平和”的音乐理想。而扬琴因乐器形制上天生不足，其音混而不清，这与昆曲所强调的“清音雅正”的审美精神适相背离。

在较长时间里浙昆的乐队一直使用中西结合、具有强大拉弦乐器的组合，为恢复上演的传统戏《十五贯》、《西园记》等伴奏。它的乐队构成基本上是：管乐——笛、箫、笙、唢呐；拉弦乐——二胡（三把）、高胡、中胡、小提琴（四把）、大提琴、贝司；弹拨乐——琵琶、扬琴、中阮、筝等，再加上打击乐，演奏人员最多的时候曾达到24人左右，全国各昆曲院团状况也大致相同。曲弦（三弦）在各昆曲院团乐队中都有配备，因为其颗粒状的音色音型特点明显，弦音具有很强的穿透力，不符合西乐和声配器兼融性的要求，所以一般有配器的戏多不用，没配器的传统戏偶尔使用。到了90年代初，全国各昆剧院团都面临着生存困境，面对社会要求保持昆曲传统性的呼吁，小提琴逐渐在昆曲乐队中退出，但12人左右（有些乐器如笛、箫、二胡、高胡、中胡等可以兼奏）的文场乐队却保持下来，成为现今昆剧文场的基本建制。

除了伴奏形式、乐器组合、乐队建制发生变迁之外，近代以来昆剧场上伴奏的传统形式也面临着越来越大的挑战。特别是随着新兴剧种的不断崛起，场上的表演和伴奏往往以展现个人技巧与绝活为最大特色。从唱腔音乐的伴奏来看，板腔体唱腔音乐大量使用过门音乐等游离于文辞甚至游离于剧情之外的旋律，演奏者往往可以通过这些“过门”的演奏来表现个人的高超技巧从而获得满堂彩。受这种大趋势的影响，近年来昆剧新编剧目的创作演出中，音乐创作也大量使用以西洋音乐概念为主导的和声配器等，使原本具有明确文化指向的昆曲乐队建制，以“和”、“适度”为伴奏原则和传统规范的昆剧文场，逐渐成为以演奏昆剧音乐作品（或其他音乐作品）为基本目的的戏曲乐队，那种以固守昆曲传统文化审美标准，真正具有唯一性和专属性的昆曲乐队逐渐在人们眼中消失。当整个社会都认同这种伴奏方式和音乐概念时，要想守住传统似乎已经很难。不管我们如何不愿意，社会的变化必然带来艺术的变化，这是确定无疑的，其中也隐含着诸多的无奈。

但不管昆剧的文武场建制和场上伴奏形式怎么变，昆剧的主奏乐器数百年间一直没有太大的变化。[①] 也就是说，在中国的历史文化背景中，曾寄寓着古人治国安邦的神圣愿望，反映着昆曲文化精神与音乐审美理想，“纳之雅正”、“出扬正声”的“曲笛”，依然是昆剧鲜明艺术风格的一种标志。而这一点，对于坚守昆剧本体，对于坚守昆曲音乐传统与场上整体性伴奏传统尤显重要。近代以来，不同时期都有许多昆曲大家与著名笛师一身二任者，正是他们对昆曲文化传统和艺术传统的坚守，使日渐式微的昆曲一缕文脉承延不断。从音乐的角度讲：只要昆笛演奏的审美理想和清音雅正规范还在，无论形势怎样变化，昆腔曲唱“雅正”“中和”的文化传统，终会得到传承。而对于整个昆剧文场伴奏而言，又何尝不是如此。

三　昆剧武场的“昆戏京锣”之变

所谓的昆剧武场伴奏，系与昆剧文场伴奏相对而言，指的是昆剧乐队中由打击乐器构成的场上锣鼓伴奏。

对于中国戏曲的场上艺术来说，锣鼓伴奏有着十分重要的功用，这一点早已为古今曲学家、理论家和艺术实践家们所认识。明魏良辅《南词引正》有“戏曲借锣鼓之势，有躲闪省力，知者辨之”之语，清代李斗《扬州画舫录》有“按清唱鼓板与戏曲异；戏曲紧，清唱缓；戏曲以打身段下金锣为难，清唱无是苦而有生熟口之别”[②] 之

① 昆曲以笛为主奏乐器这一传统虽然不变，但现今各昆曲院团用笛的形制已发生很大的变化。传统昆剧使用平均孔曲笛，形制稍粗，六孔等距。一支笛子便可以翻出七调，而半音的控制全靠高妙的手感。现今所用的昆笛是一种受西方乐器影响、以十二平均律原理改制的“改良曲笛”。有论者认为，这两种笛子的最根本差别在音准，平均孔笛音准略感模糊，但一缕笛音自唇际腾空而出时，便有微妙诡谲空灵之感，如同烟云之吞吐，触人灵机。而改良后的昆笛音准虽然精确了，但恰恰失却了这一份澄明虚静之美。

② 李斗《扬州画舫录》，江苏广陵古籍刻印社 1984 年版，第 243 页。

说。清代戏剧家李渔在《闲情偶寄》中提出："戏场锣鼓，筋节所关，当敲不敲，不当敲而敲，与宜重而轻，宜轻反重者，均足令戏文减价。"①而艺人在这方面也有许多谚语行话，如："一堂锣鼓半台戏"、"住了锣鼓断了戏"；"七分锣鼓三分唱"、"七分唱手八分打"；"做戏不离敲锣者"等②。

戏场锣鼓所具有的这种特殊功用，使中国戏曲在总体上呈现出一种明显特征，即表演、唱念、音乐伴奏乃至整个场上艺术都或多或少、直接或间接地受着锣鼓的节制。如，在鼓板的指挥下，锣、钹等金属打击乐器以其强烈的音响效果和鲜明的节奏性与戏曲表演相结合，节制着演员的身段动作、情绪变化、科白念诵和整个舞台气氛。而击以为板眼，起着领奏打击乐、指挥整个乐队作用的鼓板，则依据剧情的需要，节制着乐曲的速度变化、唱腔的起承转合及乐曲感情的起伏等。而且，鼓板还借助于锣、钹等打击乐对表演的节制，借助于乐队文场伴奏对演唱所起的托腔保调和表情达意作用，有效地节制着整个场上的演出，这使得鼓板演奏者自然地成为场上演出调动指挥的中心枢纽。因此，我国戏曲不同剧种、不同风格的戏（只要是戏），都难以与锣鼓相析离。各古老剧种也均在长期的不断演化发展过程中形成了一整套与本剧种艺术表现形式相适应的乐器形制和"锣鼓经"，成为体现各剧种艺术特色和风格的重要标志之一。

与绝大多数艺术形式一样，遵循"由简到繁"的发展规律，昆剧在其初期阶段，使用锣鼓的情况是较为简单明了的。从明代嘉靖年间魏良辅创新腔，到梁辰鱼用昆曲搬演《浣纱记》前的这一段时期，昆腔总体上只是以清曲演唱为主，不存在用不用锣鼓、用什么锣鼓的问题。只有到了明代嘉靖末年首部专为昆剧创作的大戏《浣纱记》搬演于舞台时，昆剧才开始了有锣鼓伴奏的历史。但从《浣纱记》

---

① 《李渔全集》第十一卷，第95—96页。

② 任聘《艺人谚语大观》，花山文艺出版社1987年版，第105页。

到后来很长一段时间里的昆台演出，场上伴奏所使用的“锣鼓经”还没有形成带有剧种标志的“昆剧锣鼓”，更大的可能性是沿用南戏或借用其他声腔的场上锣鼓来伴奏。因为在当时，锣鼓对于场上的作用还基本限于制造舞台气氛和声势，艺人们也远不似我们今天这样把剧种与剧种之间的界线划分得如此严格，所以说场上锣鼓演奏形式和所演奏的锣鼓经（如果有的话），在各剧种中应该是可以互通借用的。既然在较长的时间里可以用昆腔唱南戏，海盐子弟也可以搬演昆戏；① 就是到了昆剧盛行的万历年间，剧本创作还往往同时照顾到昆腔与海盐腔演出的通用，② 那么在昆剧初成阶段，其后行脚色也自然可以沿用南戏排场或借用其他声腔的锣鼓。正如陆萼庭先生在《昆剧演出史稿》一书中所言：“那个时候的所谓昆剧也者，还仅仅是以声腔为最大标志和特色……除了唱腔以外，其他种种演出排场，绝大部分仍然因袭弋阳、海盐旧规，并无革新。”③

然而，随着梁辰鱼搬演昆腔传奇《浣纱记》的成功，一时间“四方歌者皆宗吴门”，昆剧发展就此进入了全盛时期，渐次建立和完善了剧种的表演艺术特色和场上综合性的艺术体系。很显然，作为与场上艺术有着直接关联的锣鼓，在此大趋势下也必然受到影响。而昆场弃南戏、弋腔锣鼓，形成和凝定专为昆戏伴奏所需、与当时昆剧日趋完善的表演体系和艺术风格相适应、以小锣演奏为其特色的“昆剧锣鼓”，在客观上已成为定式。今天我们还可以在清末殷溎深的《六也曲谱》，王季烈、刘富梁的《集成曲谱》等诸多昆剧传统曲谱和演出本集中看到，除了曲文、工尺与宾白之外，还有“一记、二记、三记、五记、尖长、尖、叫头、元场、帽子头”以及“勺、札、

① 《金瓶梅词话》第六十三回，有描写一班海盐子第搬演《玉环记》的情状。

② 如明云水道人的《蓝桥玉杵记》（前有万历三十年丙午虎耘山人序），其凡例有云：“本传腔调原属昆浙……（昆指昆山腔，浙指海盐腔）”，“词曲不加点板者，象浙板、昆板疾徐不同，难以胶于一定”，就反映了这种情况。

③ 陆萼庭《昆剧演出史稿》，上海教育出版社 2006 年版，第 25 页。

丈令、杀冷、宅”等注文添写于工尺旁、宾白间。而这些注文就是专属于昆剧、以小锣演奏的昆剧锣鼓点和锣鼓经。这些锣鼓点和锣鼓经的共同之处，是都具有戏曲早期锣鼓节奏的结构、变化和实际运用随意性大的特点。至于昆剧场上表演开始完整、系统地借用大锣一类锣鼓，主要是“京剧锣鼓”，并最终形成昆剧舞台“昆戏京锣”的局面，我想应是近代昆剧由盛转衰之后的事。①

众所周知，一种艺术形式在一个时代的盛衰，是不以其产生地为何处，在当地又如何为人们所推崇的局部地域观念为转移的。而一种艺术形式的兴盛，则主要是看它能否征服那一时代作为国家政治、文化中心的都城的欣赏者，而后再由都城传扬四方，为人们所接受和崇尚。对于一个剧种来说，能否以自身的艺术魅力长久地征服那一时代作为国家政治、文化中心的都城的观众，显得尤为重要。从这个角度来看，明代万历末年昆剧势力到达北方，职业昆班纷纷进入当时的政治文化中心——北京城，并取弋腔而代之，成为当时剧坛盟主，这无疑标志着昆剧的发展达到了顶峰。而到清代乾隆末年，“花部”兴起，昆剧在京的剧坛盟主地位动摇，日渐失势，最终只得渐次退出北京城，整个昆剧由北向南日趋衰微。而随着这种衰微的不断加深，昆剧艺术内的各种结构形态也发生了很大的变化。近代“昆戏京锣”现象的形成，就是昆剧在日渐式微的大趋势下为了自身的生存而进行“变通”的结果。

首先，在乾隆末年的北京城，纯粹的昆班已不易立足，许多著名的昆班演员相继转入徽班或京班以谋生计。在此情形下，一旦遇到徽班或京班中也常演的一类昆戏，昆班艺人也只有遵徽班或京班的“后行”规矩，用大锣大鼓伴奏。纵有异议，未必敢言；即使敢言，也未必见听。习惯成自然，这些昆剧著名艺人的外班演出经验反过来

---

① 对于昆剧场上锣鼓的这种变化和成因，可参看拙文《昆剧锣鼓的历史嬗变》，《戏曲研究》第64辑。

又必将影响昆班锣鼓的伴奏形式。其次，随着昆剧的渐趋衰势，昆班艺人为了生存，也开始由“坐城”演唱的戏馆、厅堂走向更为广阔的乡村舞台和广场。演出场所的变换带来了观众层次结构的变化，这必然促使昆剧演出剧目的变化。昆剧不再仅仅是演出“风花雪月”一类正宗的“骨子文戏”，也开始搬演“金戈铁马”一类的武戏。而这种变化的结果，就使得昆剧原有的一些以小锣为主的锣鼓经无法继续满足昆场表演艺术新形式、新变化对锣鼓伴奏的需求。而且，乡村露天舞台和广场的演出，从实际效果看也更适合于用大锣大鼓伴奏。因此，昆场渐次开始搬用当时已趋于成熟的京剧锣鼓，以弥补昆场武戏锣鼓之不足，并逐渐用它来替代昆剧原有的锣鼓，使之最终成为昆场锣鼓伴奏的主要形式。

在昆剧的兴盛期，据清代李斗《扬州画舫录》卷五所列，昆剧武场的乐器组合主要有板、单皮鼓、荸荠鼓、云锣、小锣、大锣、月锣、小钹、木鱼九种。未录和以后增益者，尚有单皮堂鼓、马锣、兴旺（疙瘩锣）、开道锣、七冒、中铙、大钹、星子、中钹、柴锣等。但不论有多少乐器，昆剧武场伴奏的乐器组合与其他剧种一样，主要是由板、鼓、锣（小锣和大锣）、钹等四种类型、五种乐器所构成。而《扬州画舫录》所列的九样主要武场乐器，按其类型又可归为板、鼓（单皮鼓、荸荠鼓）、锣（小锣、大锣、月锣）、小钹等四类。其中的云锣为曲调性打击乐器，以演奏旋律为特色，虽属于击打乐器，但并非戏场锣鼓；木鱼是色彩乐器，多在带有宗教色彩的器乐曲牌演奏中用以击节、打拍。按实际用途划分，真正可算是戏场锣鼓的，只有板、鼓、小锣三种类型、三种乐器，是为昆剧场上伴奏的武场主要乐器。虽然在《扬州画舫录》的排列中有大锣，但当时应该还是以小锣为主，大锣只能算是一种效果性的乐器。比如在许多昆曲曲谱集中，我们经常可以看见这样一行标注：“大锣十三击”。但这并不是锣鼓经的名称，而是传统戏曲官员出场鸣锣开道时所用的“开道锣”。[①] 或许正是由于大锣的使用代表着一种官家身份，所以它虽不是主要伴奏乐器，却也占有一席座次。“月锣”是锣类中最小的一种，因状如手掌般大小，故亦称“掌锣”。在昆曲吹打曲牌中与小钹合用，小钹击板，月锣用以击眼，所以月锣也算不上是真正用于伴奏舞台表演唱、做、念、打的戏场锣鼓。

时至近代，随着昆剧武戏的出现，大锣逐渐占据了锣类打击乐器的主导地位，而以大锣为主的锣鼓经演奏，通常是由大锣构成其节奏的基本框架，钹完善其节奏和音色的组合对比，小锣增强其变化和灵动性。对于这种锣鼓经的组成形式，艺人们用人体结构的原理加以了较为形象的比拟：大锣为骨，钹为肉，小锣如筋脉，而鼓、板则无疑是大脑和中枢神经了。由此，综观我国现有各剧种舞台打击乐的伴奏，虽因剧种风格不同，打击乐无论是在演奏风格、演奏形式、演奏方法、音响效果，还是锣鼓经本身包括锣鼓经汉字谐音记谱等方面都存有较大的差异，但在“四种类型、五种乐器”的打击乐基本组合结构上，各剧种却是大同小异。

传统的昆班文武场常由一个乐工兼奏几种乐器，如吹笛者兼奏小钹，吹笙者兼代唢呐，司鼓者兼打荸荠鼓、大堂鼓、单皮鼓等，[②] 有些乐器也由后台演员兼管，故乐器品种虽多，场面只有六人，各人座次亦有定位。依《扬州画舫录》所述，乐队居于台中表演区之后区上下场门之间，六人的座次面向观众，按上下排列分坐左右：左边笛

---

① 昆剧舞台上的“开道锣”是官员出巡时要人回避的一种威仪，锣声的数量表示官职的大小：县一级官吏鸣锣七击，其意是“军民人等齐闪开”；省一级官吏鸣锣十一击，是“文武官吏军民人等齐闪开”；中央一级官吏鸣锣十三击，以告诫“大小文武官员军民人等齐闪开”。所谓“大锣十三击”，即指此。

② 在戏曲伴奏中，鼓板是整个乐队的指挥者。演奏者通过击打单皮鼓，形成各种鼓点和辅助手势，来达到指挥文武场伴奏的目的。荸荠鼓亦称“怀鼓”，音色软而低，比较适合于室内的轻声歌吟，所以多用于昆曲的清唱或堂会。在昆曲盛行时期，也用于小生、小旦、小丑戏的伴奏，现已基本不用。

（雌雄）、笙（唢呐）、小锣；右面鼓板、曲弦、大锣。而在清代北京的传统舞台上，无论是茶园饭庄还是宫廷府邸，舞台前台一律为突出方形建筑，乐队位置在舞台正中上下场之间，称“场面桌”，文武场六人分列于桌之左右（司大锣时须站立），开场前乐器即陈设于桌上，是谓“六场”。北方昆弋大戏在农村演出时，乐队位置又与京中不同。据北昆老艺人韩世昌的追述：“场面锣鼓主要在后台，前面外场正中靠中帐（俗称守旧）设一长桌，上下手笛，分坐左右，其他场面则在后台。大帐是两半片，中间分开挂起，露出山头形的空当，再用竹帘隔住，取其后台能见前台，而台下看不见帘内。竹帘内设鼓师座位，鼓师面对上场门前，小锣、大锣、齐钹在鼓师右前方，上手笛兼打堂鼓，大筛锣是弋（高）腔特色乐器，体大音厚，演员出场时一般击三响，转身入座时击二响，下场一般击四响，所谓‘上场三、回头二、下场四’。后台无论何人在无其他工作时必须担此任务。”① 近代以来，特别是20世纪初，随着话剧在中国的登场，原三面可围观的传统戏台逐渐被新型的镜框式舞台所代替，戏曲乐队的座位区域也由传统戏台的正中（上下场门之间）逐渐转移到新型舞台的右侧（下场门），并成为现今全国各昆剧院团场上伴奏的常设位置。近年来，由于新创作排演的大型剧目乐队配置庞大，常常将乐队放入舞台前的乐池。这种乐队座位的设置只是功能性而非艺术性的，它与昆剧文化传统和舞台伴奏规范相去甚远。但从这种昆剧乐队位置的变化中，我们同样可以感受到当代昆剧舞台伴奏的一种非理性变迁。

昆曲音乐和场上伴奏是昆剧综合艺术中最为重要的组成部分之一，没有昆剧的场上伴奏，也就没有昆剧真正意义上的舞台演艺。显然，近代以来昆剧场上伴奏所呈现出的种种流变也是近代以来中国昆剧舞台演艺变革的一种缩影。要在当代进一步加强对昆剧传统的继承

---

① 《中国戏曲音乐集成·北京卷》（下），北京出版社1992年版，第883页。

与保护，无疑是一个系统工程，在此工作中完全有必要给予昆曲音乐和其场上伴奏以足够的关注。因为，昆曲音乐及场上伴奏的变化，势必影响到整个昆剧的生存与发展。从这一层面上说，对于昆曲文化传统和艺术传统的整体性存续，包括对于昆剧舞台伴奏传统规范的传承和坚守，也就有其特殊的价值和意义。

（朱为总　浙江省文化艺术研究院研究员）

戲曲研究

从琼剧音乐的沿革看中国戏曲声腔剧种的趋同化

朱飞跃

琼剧是海南省的地方大戏，流布区域主要为海南本岛，在东南亚诸国的海南籍华裔聚居地亦有其传衍的轨迹。

目前所见最早使用琼剧一词的是《海南岛旅行记》，民国 25 年（1936）由中华书局出版。作者湖南人田曙岚（1901—1978）于民国 21 年（1932）底环游海南，本书是他游历的记录，书中有“琼剧之一瞥”章节，记述他 1933 年 1 月 31 日晚受邀到海口大同戏院观剧的经过。

琼剧还有“海南戏”、“琼州戏”、“琼音”的别称，这些称谓为外乡或外省人所赠。这符合中国戏曲剧种一贯的命名传统，中国绝大多数的地方戏都有两个以上的名称，同一个剧种，本地和外地叫法不同，而正式的命名往往出自外地。如京剧，过去在北京习称皮黄，京剧一词是在上海出现的；如粤剧，流行当地称为“大戏”、“本地班”等，最早提出粤剧一词是在新加坡。

琼剧是外乡人所命名，在相当长的一个时期内，海南本地人称之为“土剧”、“土戏”。“土戏”之“土”有本地、本土、原创之意，这一很随意的说法透露出两方面的信息：1. 空间上看，土戏是一种对应的称呼，它是相对于外来或外地剧种而言的。彼时的海南岛，有土戏，也必定有外来的戏曲形式。2. 时间上看，土戏既然是对应的称呼，说明在它兴起之前，海南地区已有外来的戏曲剧种在活动了。

后来者居上，晚近出现的土戏至迟在20世纪二三十年代发展已达相当的规模，区区一隅，有十数班社，伶人上千，另外还有以改良土戏为目的的学生剧团，演员都是受新式教育的学生：“迄今各处喜庆纪念会中，各校学生，类能自由成班，随意演唱”。① 此时的海南土戏，俨然是民间最流行的娱乐，且一家独大，故而海南籍民族学家岑家梧（1912—1966）在1940年完成的《海南汉人戏剧概说》一文中，直言海南的戏曲以“土戏为正宗，余为附庸”②。

二

土戏起源有几种说法③：1. 与梨园戏、潮剧、正音戏有渊源关系，与正音戏在唱腔方面尤为接近。2. 主腔【中板】原称【七平】，与潮州木偶所唱【七平板】相近，故琼剧乃自木偶沿袭而来。3. 琼剧唱腔音乐有与道乐相同之处，所以源自海南本地的道坛戏。4. 从海南本地民歌发展而来，是土生土长的“土戏”。

上述这几种说法主要是从音乐的角度加以论证，这种溯源的方法是非常正确的，戏曲剧种的标志是音乐和语言，音乐的出处往往能说明一剧种的来历。我们不妨继续从音乐方面来加以分析和推测。

琼剧音乐包含唱腔和伴奏，琼剧的唱腔由四类构成：中板类、苦

---

① 陈铭枢《海南岛志》，转引自《中国戏曲志·海南卷》，中国ISBN中心1998年版，第712页。

②③ 见《中国戏曲志·海南卷》，第714页、第74页。

叹类、专腔杂调类、曲牌类。

中板类，含【中板】、【叠板】、【数字板】。【中板】是琼剧每出剧目最主要的唱腔，有“无中板即无琼剧”之说，“大概一本剧的上演，歌唱最多的便是【中板】，甚至从起首至结果只有一个【中板】的……”①。足见【中板】在琼剧音乐中占有绝对的位置，可算是琼剧的标志。根据《中国戏曲音乐集成·海南卷》的叙述，【中板】来源有两种说法，一说源自本地民歌，一说来源于正音戏的【正音曲】或木偶戏的【七平板】。

【中板】来自海南本地民歌的主要依据是“其唱词句式、字的平仄及节奏、速度等都与（海南民间歌谣）同出一辙”。这种分析有一定的道理，但是，唱词的句式、平仄其实是文体的结构而非唱调的结构，文体结构相同，其音乐结构不一定就有沿袭关系。其次，一切戏曲的演唱，归根结底都能追溯到民歌民谣，但民歌和戏剧性的曲调（指板腔体）是有相当距离的，因此，【中板】和海南民歌之间有无直接的渊源，主要应体现在腔体的结构上，如是否同为上下句体以及字位、板位、落音、帮腔等，仅凭节奏、速度的同一难以证明它们之间具有传沿关系。

若非本地土产，定是来自他方。由于时间久远，【中板】难以确定与何种戏曲的何类曲调有直接的血亲关系，是正字戏的【正音曲】还是木偶戏的【七平板】抑或是梨园戏、潮剧的某种唱腔？目前尚难定论。不过说它出自闽、广似无疑问，宋元以来，不断有闽、广移民落籍海南，他们迁居的同时也带来了家乡的娱乐形式。

【叠板】唱词以四言为主，遂有【四字板】之别称，普遍认为它是从【中板】演变过来的，“是较古老的流水板形式的中板唱腔”②。岑家梧曾于1932年冬访问土戏名演员、编剧吴发凤（1870—1946），

---

① 吴炎《论琼剧的改革问题》，转引自《中国戏曲志·海南卷》，第728页。
② 《中国戏曲音乐集成·海南卷》，第25页。

吴云："最初的海南土戏，确是唱潮州的【四字板】的，今日土戏的诉说体，还用【四字板】，如'说乜忘情，对伊无语，大显肖容，死妻进妻，黄泉欲知，识几欣喜'等，唱法仍用潮州旧调。"①吴发凤所言除指明了【叠板】出自潮州，其唱法至今仍用潮州旧调【四字板】外，还有一点值得我们进一步探讨：【叠板】既然是【中板】演变而来，为何却唱潮州的【四字板】？按理，几经发展的【中板】，母体尚且难寻，分化出来的【叠板】只会与祖脉越来越远，不太可能唱潮州旧调。答案无非有二：一、土戏的【叠板】非【中板】发展而来，它是一支独立的曲调，直接来自潮州【四字板】，在土戏演变过程中，风格上逐渐与【中板】统一，遂被纳入"中板类"。二、【叠板】以及【数字板】不是我们通常认为的那样出自【中板】，恰恰相反，【中板】是在【叠板】的基础上演化而来的。

板腔体唱腔，通常最早出现的是节奏舒缓的【原板】或【慢板】，在此基础上通过紧板、抽眼，加快节奏，提炼旋律，逐渐演化出【流水板】、【垛板】等，所以，认为土戏的【中板】（一板一眼）发展出【叠板】（流水板）顺理成章。但反过来看，如将【流水板】进行扩充，增加眼位，放缓速度，扩展旋律，同样可以演化出一板一眼的【原板】、一板三眼的【慢板】。因此，从理论上讲，土戏的【叠板】可以发展出【中板】，来自潮州的【叠板】才是土戏"中板类"唱腔的一世祖。

"中板类"的板腔体唱腔成为土戏的主干是在清光绪时期，此前的清乾隆至道光年间，土戏以唱曲牌为主，剧目有《蟠桃会》、《仙姬送子》、《琵琶记》、《金印记》、《槐荫记》、《拜月记》、《古城会》等。这些剧目或为高腔的遗响，或为昆腔的再传，基本上由福建闽南戏班传入，究其原因，早期土戏所唱曲牌均是舶来品。

土戏的音乐，无论是早期的曲牌，还是后来的板腔，大都是来自

① 岑家梧《海南汉人戏剧概说》，转引自《中国戏曲志·海南卷》，第714页。

闽、广一带，早期土戏的语言也非海南方言，而是官话或潮音。

既然早期土戏的音乐和语言均为外地传入，土戏出处也就不言而喻了。土戏并非海南岛土生土长，“它是外来戏曲在海南的变种”①。

二

“至其腔调，初唯用潮音，其后，代有变易，杂以闽、广歌曲……”② 这是《海南岛志》关于土戏音乐的描述，寥寥数语，道出了土戏音乐的沿革历程。

土戏早期的腔调是否唯用潮音，虽然现在很难有切实的材料证明，但从班社的剧目中或许能找出蛛丝马迹。

《中国戏曲志·海南卷》记载的最早本地班社为“琼城梨园社”，成立于清嘉庆后期。演出的剧目有文戏《琵琶记》、《白兔记》、《金印记》、《槐荫记》等。武戏有《方世玉打擂》、《罗通扫北》等。武戏基本无唱，所以又称为“科白戏”。根据史料记载，这些剧目的演出均使用“中州话”，既然如此，那“初唯用潮音”又作何解释？从剧目推测，或许《海南岛志》所言的“潮音”并非特指潮州方言，而是泛指潮州一带的戏曲舞台腔调，也就是说“初唯用‘潮州戏班’的音调”。潮州戏班的音调不外乎两种：一是使用潮州方言演唱，如潮州戏、白字戏，二是使用中州官话演唱，如正字戏、广东汉剧、西秦戏。这些剧种中，与海南土戏班有渊源关系的可能是潮剧和正音戏。尤其是正音戏，其剧目也分为文、武两大类。武戏用科白，不唱（或偶唱一两支昆曲曲牌），多为提纲，无剧本流传。胡朴安《中华全国风俗志》载：“正字戏言语拉杂，戏皆道白无唱，所演如《三国志》、《前后唐》、《征东》、《征西》……出台喜打大鼓，吹大喇

① 《中国戏曲志·海南卷》，第74页。

② 转引自《中国戏曲志·海南卷》，第712页。

叭。”① 这些特征与海南土戏班所演武戏极为相似，它们不仅有相同的剧目，还有相同的表演方式、伴奏方式、语音语调等。

土戏班所演的武戏，过去认为是明代军队带入的，世称“军戏”。军戏的本义应该是指那些表演军战的剧目，属戏曲的一类题材，其实就是武戏的别称。早期土戏班所演出的军戏可能还是外地戏班带来的，未必是洪武军带来的。

早期土戏班所演的文戏如《琵琶记》、《白兔记》、《槐荫记》等所唱何种腔调已无法得知，由于这些剧目的舞台语言也同为“中州话”，故很可能还是正字戏的剧目。

从上述的剧目、舞台语言推测，早期如“琼州梨园社”这样的海南土戏班所表演的戏曲并非本地原创，而是外来的戏种，如正字戏、昆腔、潮剧等，演出的剧目既有文戏，也有武戏。说到这儿，我们不妨给海南“土戏”作一个新的定义：1. 在早期海南土戏不是一个特定剧种的称谓，而是泛指本土艺人所表演的戏曲。2. 土戏班不是专门演唱土戏的班社，而是指由本土艺人组成的戏班，即本土本地的戏班。

所以，早期的海南土戏实际上是本地戏班演唱的闽南、潮州一带传来的戏曲。如此，“至其腔调，初唯用潮音”就不难理解了。

清咸丰年间，粤剧艺人李文茂反清失败后，不少艺人涉海南逃，为海南地区带来了时尚新声——梆簧。由于这个时期的粤剧尚用“官话”演唱，与海南土戏班在语言上同一，南来的粤剧艺人在海南或设馆授徒，或搭班客串，于是土戏班“广为吸收‘梆簧声腔’，逐渐由科白戏，转变为唱曲戏”②，乃至到了咸、同时期，有不少“科白戏”演员以改唱“梆簧声腔”而名声大振，如卢彩文（1805—1890）、吴长文（1822—1905）、蔡长文（1829—1911），等等。

---

① 转引自《中国戏曲志·广东卷》，中国 ISBN 中心出版 1993 年版，第 87 页。

② 《中国戏曲志·海南卷》，第 75 页。

海南土戏班的武戏改唱“梆簧声腔”，“地方土戏（指文戏，作者按），也大量吸收并蓄‘梆簧声腔’的大字牌子、锣鼓谱等，取代原来的南曲曲牌”①。

“初唯用潮音”的海南土戏班“其后，代有变异”，说到底，咸、同以后，它们大多唱的是粤剧，不少的土戏班其实就是粤剧班，不过不是正宗的广府班粤剧，而是琼州班（土戏班）的粤剧。如许坤章（1845—1936）82岁的时候“在定安县城上演《六国封相》，观众印象最为深刻”；陈万金（1862—1925）“是科白戏改唱梆簧声腔的一代名流……于民国十四年初去世。消息传来，琼班伶工举哀悲恸不已。广府班闻之叹息‘琼州班折了一柱’”②。

土戏班改唱“梆簧声腔”也印证了一种历史事实，即旧时戏班演出的内容（包括剧种、剧目）具有不固定性的特征，往往根据民众的喜好、社会风尚的变异随时加以调整。

咸同时期的海南土戏班在接受“梆簧声腔”的同时，也迎来了一次重要变革。上演的剧目除早期传来的祖宗戏外，艺人们还创作了大量的新剧目，舞台语言逐渐使用当地的方言土语，唱腔方面向板腔体靠拢。“在老艺人谢衍琳所藏清咸丰年间木刻剧本上，已有沿用至今的琼剧板腔名称，如【程途】、【七字板】、【苦板】、【叹板】……”③ 至迟于光绪年间，土戏班完成了最后的蝉蜕，琼剧由是而诞生。

海南土戏班从乾嘉年间兴起之时至清末两百年间，所唱所演，代有变易。琼剧发轫于潮音，受益于梆簧，最终落成于土调。这种发展历史甚至浓缩在单个的剧目中，如《白兔记》、《槐荫记》这些被琼剧尊为祖宗戏的剧目，早期是以“官话”演唱，后来改操土语。又如《古城会》一剧，始为“科白戏”，唱昆曲牌子，咸丰之后改唱梆

① 《中国戏曲志·海南卷》，第75页。
② 《中国戏曲志·海南卷》，第619页。
③ 《中国戏曲音乐集成·海南卷》，第8页。

簧，到后来又改歌“程途”、“中板”等，可以说，《古城会》的演出史就是琼剧声腔的沿革史。

三

琼剧是在土戏班中成长起来的，土戏班的最大特点就是能顺应民间的欣赏需求，因此“代有变易”。潮音盛行，土戏班视潮音为圭臬；“梆簧声腔”兴起，土戏班又闻风而动，唯广府班马首是瞻。声腔的每一次变易，都会给土戏班留下一层积累，当这种积累达到一定的程度，褪去外罩，一种属于土戏班自己的、更适合本地欣赏趣味的剧艺就登场了。

琼剧音乐承闽、广戏曲，融本岛土风。在唱腔上，早期的演唱有一帮众和的特征，此为高腔的余绪，曲牌【泣颜回】、【下小楼】、【普天乐】等则是昆曲的再传，像【程途导板】之类的牌子又是梆簧声腔的转借①。至于过场音乐的来源则更为广泛，如【大开门】、【哭皇天】、【陈世美不认妻】（琼剧叫【陈世美】）等出自粤剧，【小扬州】、【湖广】、【补破缸】、【送情郎】等本是内地民歌，而【万岁喜】、【采帐】、【弄手花】以及【佛前灯】、【斋乐】却是来自本岛的民间器乐曲和道坛音乐。总之，琼剧荟萃了各种腔调。

琼剧的最终成型是外来戏曲本土化的结果，在发展过程中，其音乐在向本土化转换的同时也呈现出另一特征，即与正音戏、潮州戏、高腔、昆腔、梆簧等外来声腔和其他的音乐形式趋同，琼剧音乐中，上述艺术形式的影子都能找到。

声腔剧种的趋同主要体现在曲调上：旋律相似，结构雷同，形式一致。这种趋同是一种历史存在，自古已然。当一地声腔兴起后，往往随商贾、移民流传至异地生根、繁衍，演变为一个个新的品种。如

---

① 参考《中国戏曲音乐集成·海南卷》。

弋阳腔，在“只沿土俗”的流播中孕育出南北各地的高腔，形成腔系，它们虽然旋律有异，但“帮、打、唱”的形式却是相同的。又如昆剧，在中国的地方大戏中都能见到昆剧的影子，甚至昆腔已经成为某些地方戏的重要组成部分，如湘昆、川昆、晋昆、徽昆、上党梆子等，其中均有不少昆腔成分，这些地方化了的昆曲在音乐上仍有着同一性。戏曲声腔的趋同不仅仅表现在同一腔系的剧种之间，不同腔系的剧种也同样存在着趋同的现象，如皮黄类的剧种都有昆曲牌子，而在昆班里，唱“吹腔”的《贩马记》却又是常演的剧目。在地方小剧种中，曲调趋同更为普遍，如闽南的正音戏，既唱昆曲牌子，也唱西皮、二黄。

声腔剧种趋同是戏曲发展的必然现象，地方戏的音乐创作是沿用旧调，但这种沿用带有很大的创造性，所以地方戏的所有唱段都是唯一的，都是创新所得，是不可复制的。当现有的曲调难以满足新剧目的需要或是难以取悦观众时，向其他剧种、曲种借鉴、学习是最为便捷的途径。如此一来，声腔剧种间的趋同成为不可避免。由于地方戏的声腔与语言之间有着密切的联系，方言越是接近，此方言片区内声腔剧种的趋同概率就越高。如闽南语区内的梨园戏、高甲戏、潮剧、正音戏、白字戏、西秦戏以及早期的海南土戏之间，声腔、曲调的互用转借情况就很多；而潮剧里有梨园戏的南音，梨园戏里有潮调，高甲戏唱四平腔。

民歌一直是地方戏唱腔的重要来源，绝大多数的地方戏音乐中都有民歌小调，或用作唱腔，或当作场景音乐，地方戏中的民歌小调通常来自当地，但也有从他地引入的，如【孟姜女调】，无论是福建的高甲戏、广东的粤剧，还是安徽的黄梅戏、甘肃的灯盏头，都一致采用；像【小放牛】、【焗大缸】、【湖广调】、【绣荷包】、【凤阳花鼓】、【苏武牧羊】一类的小调，几乎通用于南北各地的地方戏中。又如江苏民歌【好一朵茉莉花】，也被很多剧种换上有地域性特征的名称，当作了自己的传统曲调，如内蒙古的东路二人台中称之为【好一朵九莲花】，在河北一带又叫作【腊梅花】，在广东粤剧中叫【仙花调】，传到海南的琼剧和临剧中则叫【水仙花】。

上述这些民歌都是传唱一时的流行歌曲，被应用到各地方戏之中，这说明了两个问题：一、地方戏的创作有追逐流行、时尚的传统。二、趋同化是戏曲声腔剧种求新求变的必然结果。

戏曲声腔剧种的趋同在近半个世纪以来尤为明显，原因是多方面的。首先，戏曲艺术的传播途径更多样，传播方式比过去更便捷，地方戏之间，地方戏与其他艺术形式诸如民歌、曲艺乃至西方音乐之间的交流更加广泛和频繁。这为戏曲声腔剧种间的相互影响、借鉴、学习提供了便利条件。

其次，在特定的时期，艺术成就高的剧种对戏曲声腔的趋同往往具有导向作用，如20世纪六七十年代的京剧已成为中国戏曲的旗舰，所演出的现代戏剧目被奉为样板，各地剧种在移植过程中，人物形象、剧情、唱腔结构等以京剧为标准。琼剧《沙家浜》编创者回忆："我们学习京剧成套唱腔的板式结构，吸收琼剧唱腔中可取的特点，创造了郭建光唱的'毛主席党中央指引方向'这个核心唱段。在《智斗》一场中，阿庆嫂和刁德一的对唱，就是学习京剧的节奏……"① 类似情况在20世纪六七十年代的中国地方戏中是普遍的，三百多种地方戏移植京剧样板戏时，其剧目唱段的结构具有惊人的同一性。

最后，每一个地方戏曲剧种都有成功的剧目，当改编上演某一地方戏（或是歌剧）的成功剧目时，这部戏的音乐，尤其是一些著名的唱段，对改编者也有一定的示范作用，二者会出现近似的效果。比如60年代的歌剧《洪湖赤卫队》曾被很多地方戏移植，其著名唱段"洪湖水浪打浪"在改编中受到重点关注，因此，这段唱也成为不少地方戏的名段，如贵州的黔剧、辽宁的评剧、山东的吕剧等，虽然曲

① 《中国戏曲志·海南卷》，第759页。

调不同，但整体风格相类，都带有很明显的歌剧味。又如黄梅戏名剧《女驸马》中有一脍炙人口的“为救李郎离家园”，《女驸马》被琼剧移植改编后，这段唱同样精彩，但是，我们能看出，这段琼剧的唱在节奏、节拍、字位的安排以及旋律的走向上受黄梅戏同段唱的影响是很明显的。因此，地方戏之间的改编移植也带来声腔的趋同，出现有你中有我、我中有你的现象。

戏曲作曲的职业化也是导致声腔趋同的重要原因。在过去，地方戏的音乐创作为集体性质，20 世纪 50 年代以后，各地方戏渐渐有了专职的作曲。这批作曲家熟谙本剧种的音乐传统，同时又接受过现代的作曲训练，可以说，他们的创作技法是一样的，因此地方戏音乐出现雷同也就难以避免了。

戏曲音乐创作在近些年又出现了新的特点：一、同一位戏曲作曲家为不同的剧种编曲。二、邀请非戏曲音乐创作领域的作曲家编曲。他们的创作一定会逾越声腔剧种的传统规律和界限，趋向一致。或许，我们都有过这样的观剧体会，聆听半晌仍难以确定所唱所演是何种地方戏。

综上所述，声腔剧种的趋同化是中国戏曲发展进程中的客观事实，不可避免，趋同化虽然在一定程度上模糊了声腔剧种之间的界限，但却有利于竞争，趋同化的过程就是淘汰的过程，趋同化必然使有些地方戏剧种走向灭亡。故此，在艺术创作过程中，如何在同化对方的同时避免被对方同化，已成为对地方戏艺术家智慧的一种考验。

（朱飞跃　文化部民族民间文艺发展中心）

南阳音乐文化背景及其汉调二黄历史与现状的调查研究[1]

赵　君

由于汉水流域在我国南北方自然资源调剂、商贸沟通和文化交流中曾经发挥着重要的作用，因此其沿岸的都市、乡镇也在文化的发展中受到了相当大的影响。本文以河南南阳地区戏曲剧种汉调二黄为研究对象，从“南阳音乐文化背景探源”、“汉调二黄在南阳发展的历史考证”与“新中国成立后至今汉调二黄在南阳的状况”三方面入手，深入考察、分析南阳地区汉调二黄艺术的形成根由、发展脉络和当前境况。从而为全面梳理、认识、研究皮黄声腔系统的生成、流布、演变过程和汉水在汉调二黄传播过程中所起到的作用作出阶段性的研究。

① 该论文为国家社科基金项目《非物质文化遗产文化生态及其保护模式研究——以河洛文化区为例》的阶段性成果，项目编号：12BSH038。

（一）南阳音乐文化背景探源

南阳是我国历史文化渊源悠远、积淀深厚、艺术品种繁多、固有艺术价值极高的文化地区之一。尤为重要的是，它因特殊的地理位置而成为西连秦晋、北接河洛、南临荆楚的文化过渡地带。

据《史记·货殖列传》记载，早在上古之世，南阳即为“夏人之居也”。夏、商、周以来南阳属豫州辖地，境内曾先后建立过邓国、吕国、申国、谢国等诸侯分封国。春秋时期，南阳沦为楚地，楚曾一度建都于淅川的丹阳。战国时期，秦攻楚取宛后，置南阳郡，建制一直延续到西汉。王莽夺位后，南阳受辖于荆州。东汉末年，刘备起兵新野，诸葛亮火烧博望坡，曹操战宛城等史事都发生在南阳。唐末农民起义军领袖黄巢攻陷邓州而制荆襄之敌，然后进攻长安。北宋末年，主战派李纲等力主高宗赵构迁都邓州，图复中原。明清以来，南阳又因其丰富、密集的河流分布①而成为沟通南北经济、贸易的商业中心，同时也成为南北文化的集散地，由此形成独特的地域文化。

由于其“南北要冲”的特殊地理位置，在悠久的历史中，南阳成为汲取、兼容南北音乐艺术成就而加以发展的一个重要聚点。“南召猿人”的发现，把南阳的历史推向四五千年以前。淅川县下王岗九层文化叠庄的新石器时代遗址的发掘，勾连了我国早期不同文化类型之间的关系。从春秋到西汉，皇亲贵族的墓葬遍布于此。这里出土的玉笛、排箫是我国首次发现的古代乐器，成套编钟的发现打破了长期以来我国只有“五声音阶”的定论。商周以来即已形成的宴乐陈伎习俗在汉代得到了充分的继承与发扬，而紧邻西汉都城长安、洛阳的南阳，出土的大量汉画像石、汉画像砖上铭刻了音乐、舞蹈、百戏表演等多样的艺术场景。清代以来，伴随戏曲“花部乱弹”的兴起发展及全国各地商业巨头在此兴建会馆、从事商贸活动的契机的出现，南阳成为兼收南北戏曲艺术精华、融南北戏曲文化特质于一身的

① 汉水重要的三条支流的丹江、唐河和白河穿越南阳。

戏曲发展中心。而作为汉水文化重要组成部分的汉调二黄则在此地生根发芽，并进一步呈辐射状地流布到与其毗邻的省市地区，从而使清代中后期直至民国席卷全国的皮黄腔声腔系统在这里得到了很好的保存、发展与传承。

（二）汉调二黄在南阳发展的历史考证

据目前所掌握的资料，形成于清代嘉、道年间的汉调二黄①在湖北沿汉水的流布过程中逐渐形成了“荆河”、“襄河”、“府河”、“汉河”四大流派。其中鄂西北的襄河派因商贸交往、人口迁徙、艺人谋生等因由继续北上，沿唐河②、白河③、丹江④三水传到南阳后被称为“山二黄”、“土二黄”、“汉调二黄”。

汉调二黄最早于道、咸年间沿“三水”逆流而上传入南阳。之后，它以赊店镇⑤为根据地，散布到本省白河流域的新野、邓州、南阳、南召、云阳、镇平，唐河流域的黑龙镇、湖阳镇、唐河县城关、源潭镇、赊店（今社旗县）、泌阳，丹江流域的紫荆关、淅川、滔河、寺湾、内乡、石桥、西峡等城镇乡村。清道光末年（1850）唐河流经的桐河街创办“金”字二黄同乐班，教师为湖北艺人黑皮；同治（1862—1874）年间，丹江岸边孙家铺孙都文的二黄班已闻名淅川县；同治十二年（1873）南召县核桃园彭西堂供戏班一台，演员80人左右，至1894年改为二黄班；1883年，武举张珂宗在白河岸边南阳英庄创办“顺”字二黄班；南阳县钦锡田以族首张汝英为戏主，于清末民初创办二黄班，名角荟萃，盛极一时；唐河大方庄秀才方保

① 其实质包含西皮、二黄两种声腔，民国初始称“汉剧”。

② 唐河发源于南阳方城，其源头称为潘河，在今社旗县与赵河交汇南流，称为唐河，至湖北省襄阳与白河汇流，称唐白河，后入汉水。

③ 白河源自洛阳白云山玉皇顶东麓，流至襄阳与唐河汇流后注入汉水，是南阳的母亲河。

④ 丹江，发源于陕西省南部秦岭，流经河南省淅川县，在湖北丹江口市注入汉江，是汉江的主要支流。

⑤ 含今天南阳市、社旗县。

珠及其子方文合从光绪二十五年（1899）起，一连供了六科二黄班，到1931年止，历时32年。八国联军于1900年攻陷北京后，淅川县孙都文二黄班曾奉召到西安献演，慈禧太后特敕赠黄马褂。

一方面南阳汉调二黄在其周边乡镇流布，另一方面它又进一步向毗邻地市、省份扩散，并在19世纪下半叶至20世纪初，也即咸丰、同治、光绪年间，足迹遍及本省黄河以南的开封、郑州、洛阳、周口、许昌、信阳、漯河，湖北的武汉、荆襄、郧阳、光华，陕西的西安、商洛、安康、汉中等地，或将汉调二黄散播到各地，或与其他地区已有的汉调二黄相互学习、促进，共同发展。具体表现在：1905年，湖北襄阳艺人张传方到唐河“三”字二黄班传艺；民国初年，淅川二黄班流落陕西西安、安康等地；1923年，唐河县张湾“三字”二黄班在汉口德租界江汉剧院演出。“活腿”赵庚辛和“帽盖”李三缜以《黄鹤楼》、《康茂才挡将》、《花王擂鼓》等拿手好戏轰动一时，当地官宦商贾和汉剧界名流纷纷登台赞扬，并以苏绣二蟒二靠为赠。到20世纪30年代，南阳境内各类戏楼、戏台、戏场等演出场所达三百余个，南阳境内先后兴办二黄班六十多个，而在本地区演出的本省及湖北、陕西等外省的二黄班社达一百多个。1947年，陕西刘子胜“陕二黄”班并入淅川二黄班。湖北“汉河派”传人陈化娇（湖北汉剧大师陈伯华师妹）、汪洋生（余洪元传人），“荆河派”传人张锦华，“襄河派”传人陈大宝等到南阳搭班并在当地落籍。

目前，南阳地区历史上培养出的汉调二黄优秀演员包括玉刚（红脸）、玉关（小生）、李玉绪（二净）、民翠（青衣）、李三林（大净）、李三缜（红脸）、刘长春（净）、杜春山（外号“麻旦”）、“活腿”赵庚辛（武生）、周玉山（文武生）、“活关公”罗德昌、“活司马”乔才茂、“活周瑜”赵怀安、“九夫之冠”黄振邦（瞎老旦），等等。而历史上来南阳搭班的外省籍艺人计有：

黑皮：此为外号，真名不详。男，湖北人。清道光年间（1850年前后）在唐河县桐河街“金”字二黄班传艺。

周玉山：男，生于1880年，湖北省老河口市人。外号周九，工七小。1895年学艺，1899年到南阳行艺授徒，代表剧目《打严嵩》、《三气周瑜》等。

张锦华：生于1916年11月，湖北人。1934年从艺，工三生，湖北汉剧荆河派传人。1937年到南阳搭班行艺，落户南阳，后任南阳市汉剧团团长。

陈化娇：女，生于1918年2月，湖北人。湖北二黄汉河派传人。1926年参加湖北"幼女训练班""化"字科班习艺，汉剧著名艺人陈伯华师妹，工四旦。1937年到南阳搭班行艺，1949年落户南阳参加南阳市新生汉剧团，她的代表剧目包括《祭江》、《三哭殿》、《宇宙锋》等。

陈胜志：男，生年不详，1971年去世，陕西省山阳人。少年时入二黄班习艺，1946年入淅川县任泰升二黄班。新中国成立后，曾任淅川县汉剧团导演兼演员。工二净兼三生，代表剧目《将相和》、《光武哭庙》等①。

刘子胜：男，生年不详，1966年去世，陕西省镇安人。童年时入二黄班习艺，工三生。1964年与陈胜志等入淅川民团二黄班。新中国成立后，任团长兼主演。代表剧目《马义滚钉》、《九江口》、《捉放曹》等②。

（三）新中国成立至今汉调二黄在南阳的状况

在新中国成立后的头十年中，通过登记和整顿，全区拥有曲剧、

① 河南省南阳县戏曲志编委会《南阳县戏曲志》（初定稿），油印本1987年版，第234—235页。

② 河南省淅川县戏曲志编委会《淅川县戏曲志》，第220页。

豫剧、越调、汉剧①、宛梆②五个剧种26个专业戏曲表演团体，其中汉剧有淅川、唐河、南阳市、方城、南召五个剧团。同时，“二黄戏”正式改称汉剧，剧团数量占全地区五个剧种26个专业剧团的近五分之一。

50年代，南阳市保留的汉剧团曾分别招收几批学员，又多次选派青年演员到武汉汉剧院进修，培养出董书芳、刘荣珍、简庚辰、张天才、柏洪文等一批新人。此外，剧团还邀请武汉汉剧名角来南阳传艺。而南阳的刘洪亮则到湖北省十堰市竹山县汉剧专业剧团搭班，淅川的王桂英到湖北省十堰市竹溪县汉剧团搭班。这都促进了汉水流域各地“山二黄”艺术的交流与发展。

1960年，在贯彻中央“调整、巩固、充实、提高”八字方针的过程中，淅川、方城两个汉剧团被撤销。南阳市、唐河县、南召县汉剧团也于“文革”开始之际被撤销。“文革”结束之后，虽然1979年唐河汉剧团恢复，1980年南阳市汉剧团恢复，但为时不久，1982年南阳市汉剧团又被撤销，1984年唐河县汉剧团也难逃厄运。可是，山二黄在当地民众中已经扎下了无可动摇的根脉，因此虽然没有了职业剧团，但是以唐河县北张湾村为基地，南阳市、赊旗县、源潭镇等几地的汉调二黄艺人还会经常聚在一起排戏，逢年过节演出。

唐河县城郊乡北张湾村在历史上一直有演出汉调二黄的传统。在新中国成立之初的十几年中，除了本县的职业剧团外，这个村的汉调二黄一直没有间断过演出。这个团曾分别在1965年、1982年两次购买戏箱来改善演出条件，20世纪80年代还曾到本县方城、社旗、桐柏、驻马店泌阳和湖北省襄阳市枣阳去演出，并有过一个“台口”

① 即新中国成立前的“山二黄”、“土二黄”、“汉调二黄”。新中国成立以后由于汉剧的巨大影响，官方对于它加以认可，南阳汉调二黄在本质上与汉剧存在着联系，因此南阳山二黄也改称为“汉剧”。但是在唐河县采访过程中，不论是普通百姓还是演职人员都称之为“山二黄”、“汉调二黄”。

② 即南阳梆子。

每天三场戏、连演一个月零三天不重戏的纪录。该剧团于2009年被批准为河南省第二批非物质文化遗产传承单位。截止到笔者2012年10月到该县调研时，该汉调二黄团的成员共包括：

1. 北张湾村十二三个艺人：

演员：张玉香（老旦）、罗金香（老旦、三生）、张晓梅（四旦）、张艳丽（武旦）、张庆德（三生）、张德亲（武丑）、张群常（十杂）、杨长峰（七小）、张燕宾（七小）、侯玉琴（四旦）等；

乐队：张常奇（司鼓）、张书林（京胡）、张金泰（月琴）、张金显（二胡、手镲）、张庆恩（大锣）。

2. 南阳市七八个艺人：

演员：孟庆顺（原主攻三生，嗓子倒仓之后改为武生）、沈天章（三生）、柏江文（二净）等。

3. 社旗县丁庄乡七八个艺人：

演员：海山（三生）、张云（七小）、保兄（二净）等。

4. 源潭镇七八个艺人：

演员：王金英（花旦）、刘荣珍（四旦）、胡永志（三生）；

乐队：文富振（司鼓）等①。

由上述统计可知，目前南阳地区只有唐河一个汉调二黄团，其演职员主要由南阳市、社旗县、唐河县、源潭镇几个地方的艺人共同构成，共计四十余人。1986年原来管戏箱的师傅去世，戏箱因疏于管理而几乎全部被毁。之后，虽然不断有村镇来邀请演戏，但因为没有戏箱而不能实现，艺人们只能逢年过节集合在一起自己练习、表演。2012年年初，在唐河县城郊乡文化站的帮助下，该团购买了河南省曲剧团的一批戏箱，但目前尚在郑州，还没有运达唐河。

由于长期以来生存环境的恶劣，历史上拥有四百多部传统剧目的南阳汉调二黄在新中国成立后只保留了二百部左右，唐河县汉剧团在

---

① 上述汉调二黄艺人资料由笔者2012年10月在南阳采风搜集。

20世纪60年代能演百十出戏，而现在能够演出的也只有二十多部了。清代末年，南阳地区的古戏楼竟达四百余座，仅有两万余人的南阳城内就有各种戏楼六十余座，但到1968年全南阳地区却只剩下了7座。这一连串数字巨变的背后是该地区戏曲艺术生态环境惨遭破坏、汉调二黄急剧衰落的不争事实，是戏曲艺术在文学、音乐、表演等诸多方面失传、与传统割裂的斑斑明证。

历史上，南阳南召县曾流传过这样的民谣："大石头沟，圆不溜溜。唱不起大戏唱肘偶（木偶），打不起台子凑崖子，坐不起墩子坐石头……不会戏文胡乱诌，学着老包下陈州。"如此繁盛的戏曲盛世竟一变而为如今这样惨淡的境况，不能不让人深感忧虑。如果我们不能再现历史，那么请让我们珍视当下，珍视这个伴随20世纪中国之沧桑巨变而一路冲破羁绊、挣扎着走到今天的汉调二黄，珍视保存太多中国传统文化基因的戏曲艺术！

（赵君　河南师范大学音乐舞蹈学院讲师）

传承与变革：京剧在台湾的现代化走向[①]

——以姚一苇的戏剧创作为考察对象

刘　丽　胡　莉

清光绪十二年（1886），刘铭传任台湾巡抚时，为给母亲祝寿，特地从北京邀请京剧班来台表演，京剧自此传到台湾，并在台湾落地生根，被称为“平剧”、“国剧”。据吕诉上《台湾电影戏剧·台湾平剧史》所言：“平剧名词之来源，系因清末民初，由西洋回来的留学生，未到过北京，只在上海看过皮黄戏，好脚都北京去的，他们认为

---

① 本文为教育部人文社会科学研究规划项目“台湾香港澳门当代话剧创作研究”（项目编号：11YJA760025）的阶段性成果。

这就是北京剧，故呼为京剧，后来北京改为北平，便呼为平剧了。”① 京剧演唱的语言是官员使用的京音，观众多为贵族，所以民众均称此为京班或正音，以示尊敬。但京剧在台湾正式营业、开展演出活动，则是日据时代台北有戏院以后的事。1909 年，日人在大稻埕建造淡水戏馆，1916 年，辜显荣买下淡水戏馆更名为新舞台；1924 年，永乐戏院亦在大稻埕建立，形成与新舞台竞争之局面。从京剧传入始，至 1924 年间，平均每年都有一个班社被官方从大陆邀请来台湾演出。随着北京、上海、福州京班的来台表演，一些演员留在台湾，受邀到地方戏班或者子弟班担任教席。② 在淡水戏馆（新舞台）和永乐剧院两个剧场，上演过《李陵碑令公碰死》、《黄马褂杨香武三盗九龙御杯》、《雪梅吊孝》、《烧骨课卖子养双亲》、《周舍降妖》等剧目。但是，第一次世界大战的影响、全球经济的不景气、电影业的兴起以及中日关系的恶化、台湾歌仔戏的抬头，加上京剧票价的昂贵等因素，使京剧观众渐渐流失。至抗战期间（1937—1945），京剧演出受到日本统治者的压制而完全中断。1945 年 8 月台湾光复，大陆京剧团纷纷来台，公、私剧团鹊起，京剧一扫先前的不景气，盛极一时。但很快受到恢复正常运营的电影业的冲击，再次落入低谷。1948 年抵台的顾剧团在永乐演出五年的时间里，培养了不少台湾籍的观众与票友，1953 年顾剧团因班主顾正秋结婚而解散③，“永乐剧院改映电影，一时竟无平剧演出，一部分平剧从业员也纷纷改业，致平剧一行几遭式微”④。1949 年国民党退守台湾，名票、名角率团迁台的不少，当时两岸政治关系紧张，国民党当局无暇顾及京剧之发展，军中剧团皆以劳军为主。后来两岸局势发生变化，政策渐渐宽松，文化事业受到

---

① 吕诉上《台湾电影戏剧》（上、下），台北银华出版部 1961 年版，第 195 页。
② 蔡欣欣《台湾京剧教育概述》，《戏曲艺术》1999 年第 2 期。
③ 温秋菊《近百年来台湾平剧的发展概述》，载《百年台湾音乐图像巡礼》，台北时报文化出版企业股份公司 1998 年版，第 44—48 页。
④ 吕诉上《台湾电影戏剧》（上、下），第 217 页。

重视，1955年台湾创办国立艺术专科学校，后设国剧科；1957年王振祖创办私营的国立复兴剧艺学校，中国文化学院戏剧系、国立国光剧艺学校均设国剧科（组），京剧始绝处逢生。

国立台湾艺术专科学校草创期，求贤若渴。1956年秋，受到时任艺专校长张隆延的邀请，供职于台湾银行的姚一苇去艺专兼职教授戏剧，后亦供职于中国文化学院（今台湾中国文化大学）。姚一苇（1922.4.5—1997.4.11），台湾剧作家、戏剧理论家，一生发表了十四个剧本，历史剧有《孙飞虎抢亲》（1965年）、《碾玉观音》（1967年）、《申生》（1971年）、《傅青主》（1978年）、《左伯桃》（1980年）、《马嵬驿》（1987年），现代剧则有《来自凤凰镇的人》（1963）、《红鼻子》（1969年）、《一口箱子》（1973年）、《我们一同走走看》（1979年）、《访客》（1984年）、《大树神传奇》（1985年）、《X小姐》（1991年）、《重新开始》（1993年），此处还出版了《诗学笺注》（1966年）、《艺术的奥秘》（1968年）、《戏剧论集》（1969年）、《姚一苇文录》（1977年）、《美的范畴论》（1978年）、《欣赏与批评》（1979年）、《戏剧与文学》（1984年）、《说人生》（1989年）、《戏剧原理》（1992年）、《审美三论》（1993年）、《艺术批评》（1996年）、《戏剧与人生——姚一苇评论集》（1995年）等艺术理论与散文集。作为一个教师、研究者，他热心现代戏剧教育，参与创立国立艺术学院，举办“实验剧展”，培植了一批青年戏剧人才，被尊为台湾现代“剧场导师”。对于京剧在台湾的发展与面临的危机，他怀着强烈的责任感与使命感，在其话剧创作中融入中国传统戏曲元素，创作了四场京剧《左伯桃》，试图以“戏曲现代化”的策略，使京剧的道路走得更宽、更远。他在《从平剧的特质看〈新绣襦记〉》（1969）一文中说：“我是个平剧的爱好者。今年以来因为生活的忙乱很少有机会到剧场去，但是每星期三、六晚间，除非有事，必坐在电视机前，细心观赏。我不只是把它作为一种娱乐，而且作为一种功课。”① 他的努力，对于台湾京剧的发展起了相当大的推动作用。

京剧在台湾的危机沉浮

京剧在台湾的命运起落沉浮，其间受到众多因素的影响，包括外界环境和自身局限的影响。1949 年随国民党迁台的清一色传统京剧只是少数人的消遣。嗣后台湾迎来了来势汹汹的二度西潮，西方文化伴随着先进的物质文明大量涌入台湾，台湾戏曲乃至整个台湾的中国传统文化受到了十分猛烈的冲击，人们产生了相形见绌从而厌弃民俗风土的心态，京剧亦受到鄙薄与冷落。20 世纪 70 年代，中美建交，台湾退出联合国。当局的外交挫败在台湾引起震荡，怀旧情绪开始在社会上蔓延，特别是因为政治原因滞留台湾的大陆籍人士，眷恋故土，渴望回归传统。一时之间，文化寻根之旅开始，传统文化一时又被视为好的、美的，戏曲尤其是京剧方面则更强调老戏老演、老演老戏。后在台湾著名戏剧人俞大纲的呼吁与影响下，民间剧团“雅音小集”诞生。俞大纲创作了《人面桃花》、《王魁负桂英》、《杨八妹》、《百花公主》、《儿女英豪》、《李亚仙》、《新绣襦记》等新编京剧，作为中国文化学院的同事、老友，姚一苇笑称俞大纲是他的“精神支柱”：“我个人认为，俞先生所编写的剧本，是古戏新编中最突出的。”② 为了促进京剧的现代化进程，台湾的个人或民间社团竖起“传统艺术现代化”的旗帜，这以“雅音小集”、“当代传奇剧场”、“新生代剧坊”的演出最具代表性，演出的作品有新编剧《王魁负桂英》、《孔雀胆》等。但“90 年代以来，由于社会政治环境、体制的

① 姚一苇《从平剧的特质看〈新绣襦记〉》，载《戏剧论集》，台湾开明书店 1993 年版，第 226 页。

② 姚一苇《难遣人间未了情——谈俞大纲先生的〈王魁负桂英〉》，载《戏剧与人生——姚一苇评论集》，台北书林出版公司 1995 年版，第 186 页。

改变，平剧在台湾观众大量减少，更因为受台湾经济发达、世界性民主思想的普遍，以及两岸开放文化交流等的冲击，平剧在台湾的发展，正面临一个快速的变化期”[①]。从京剧在台湾近百年的发展历程来看，它所面临的危机除了外界因素的影响所致外，其自身也存在一些弊病，如剧本创作的粗疏与脱离时代，表演本身的局限性，以及京剧的慢节奏与现代快餐化时代的抵牾等。

1. 粗疏与脱离时代的剧本创作。

京剧起源于华夏民族的农耕时代，不排除与农耕时代相适应的保守、落后意识，如忠、孝、节、义等传统社会道德观念以及“善有善报恶有恶报”的轮回思想，有些剧目较为偏重于教化功能，有些剧目又有较为严重的淫邪情节，结局多表现“团圆崇拜”，这些剧目投射出来的思想迥异于西方的戏剧观，与台湾现代的民主化、工商业社会生活背景差距较大。

立意陈旧是一方面，语言粗糙不通、人物形象类型化，是京剧无法与现代社会糅合的另一弊病。汪曾祺在《〈中国京剧〉序》（1994）一文中指出，“京剧文化是一种没有文化的文化”[②]。京剧原本没有剧作者，演出内容多由艺人们自古代流传的民间故事和历史小说改编而来，取材对象包括《三国演义》、《水浒传》、《红楼梦》、《说唐》、《封神演义》、《西游记》，以及元曲、话本小说等。京剧演员大都幼而失学，书读得少，为了更好地理解唱词的含义，他们自编、自导、自演，戏词通俗易懂，但有时流于浅陋、粗俗。如《大劈棺》、《杀子报》、《海慧寺》、《活捉三郎》、《九更天》等京剧，其色情、凶杀、恐怖成分就很不适宜在舞台上演出。京剧中也有一些蕴含审美意味的唱词，如“猛抬头见碧落月色清明”（《霸王别姬》）、“怕流水

---

① 温秋菊《近百年来台湾平剧的发展概述》，载《百年台湾音乐图像巡礼》，台北时报文化出版企业股份公司 1998 年版，第 53 页。

② 汪曾祺《〈中国京剧〉序》，载《汪曾祺说戏》，山东画报出版社 2006 年版，第 147 页。

年华春去渺，一样性情别样娇”（《锁麟囊》），“困人天蝶莺飞暮春时候，那关雎成双转绕芳洲，叶成荫子满枝红消绿瘦，看落花随逝水万种闲愁”（《汉明妃》）。但更多的唱词为了唱起来合辙押韵，往往不知所云。《探皇陵》里的定国公对着皇陵感叹了一番，最后一句却是“今日里为国家一命罢休”，与剧情十分不符，只因为这段是“由求”辙。也有一些唱词不合乎生长规律，如“怀身孕十四月犹未生养”（《乾坤福寿镜》），“桃花怎比杏花黄”（《花田错》），诸如此类，却不好改，因有的全剧唱词都是这样，改了就面目全非。“有的戏没有定本，只有一个简略的提纲，规定这场谁上，‘见’谁，大体情节，唱念可以由演员随意发挥，谓之‘提纲戏’、‘幕表戏’或‘跑梁子’。”① 这样，剧情松散、随意也就在所难免。

京剧人物的塑造偏于类型化、简单化，崇尚忠/奸、善/恶、正/邪、美/丑、智/愚黑白分明的“二分法”，人物一出场，便是上述各种“观念”的化身，较少表现人的内心世界，失去了人物血肉丰满的复杂性。“是不是中国的古人就是这样性格简单，没有隐秘的心理活动？不能这样说。汉武帝就是一个非常复杂、充满戏剧性的心理矛盾的人物。他的宰相和皇后没有一个是善终的。他宠任江充，相信巫蛊，逼得太子造了反。他最后宠爱钩弋夫人，立她的儿子为太子，但却把钩弋夫人杀了，‘立其子而杀其母’。他到底为什么要把司马迁的生殖器割掉？这都是很可琢磨的变态心理。”② 因此，剧本本身的诸多局限性，是京剧亟待改革的部分。

2. 表演的局限性与快餐化时代的抵牾。

作为一种综合性的艺术样式，京剧包含了剧本文学、歌唱、说白、舞蹈、武技等，而主体则在于演员的表演。如果有了好的剧本，却没有好的演员，仍然难以吸引观众的注意，戏谚有“好唱戏的为

---

① 汪曾祺《〈中国京剧〉序》，载《汪曾祺说戏》，第148页。

② 汪曾祺《京剧札记——兼论荒诞喜剧〈歌代啸〉》，载《汪曾祺说戏》，第187页。

贵，唱好戏的不值钱"之说，可见表演的重要性。京剧的表演性尤其强："对于一个老戏迷来说，他对于这个故事或情节，早已烂熟胸中，与其说他是来欣赏剧情变化，毋宁说他是来看表演，是故表演性为平剧的生命线。"① 京剧讲究"四功五法"，四功，就是唱、念、做、打的四项基本功，是戏曲舞台上一刻也离不开的表演手段；五法，一般是指手、眼、身、法、步。京剧中对种种生活情景的表现，一般都有特定的程式规范与之相对应。京剧表演是艺与技的结合，造型、动作、声音的象征性、写意性，既是高度程式化的，又有极大的灵活性，仅以表演动作来说，就有开门、关门、上楼、下楼、上船、下船、乘马、行舟、饮酒、跪拜、昏厥等，在表演的时候均有一定的程式可供使用。一些表演特技如耍水袖、耍甩发、耍翎子，都是高难度的技巧动作，技术性强，多用于一些特定情境或特定剧目，以表现人物性格，烘托舞台气氛。

京剧有时用大段的"慢板"唱词来描述往事，唱的时间很长，动作设计得又少，气氛就会显得很沉闷，与现代社会生活的快节奏不合拍，难以抓住观众的心理。还有一些武打场面，一招一式都要合乎舞蹈的优美姿态和锣鼓点的节奏，但是，锣鼓点的节奏也慢，如果演员再缺少训练，配合不好，整体看起来就不够流畅，慢节奏会使整个剧情气氛受到影响。为了扩大京剧的影响，很多业内人士百般努力，甚至把京剧搬上电视，以期得到更大范围的传播，但是，"大概在民国20年代以前，算是平剧的鼎盛时期，从民国50年代左右开始，平剧显然有了衰落的现象。因为时代进步了，平剧仍停留在以前的时代里，平剧与时代脱节，与现代生活脱节；在电影和电视的冲击之下，一般社会大众对平剧的兴趣越来越淡薄了。虽然至今平剧也在电视上播映了20年，其他各种节目的制作技术都进步很快，唯独平剧，除

① 姚一苇《平剧的形式与结构》，载《戏剧与文学》，台北联经出版社1989年版，第60页。

了由黑白变成彩色以外，大半还是老样子。倘若再这样固执不变，除非主管当局‘不准停播’，恐怕迟早要被电视观众淘汰”①。可见，京剧的不景气不是从外在环境上去改变就行的，重要的还是“质”的变化，即创作适合现代社会的新京剧。有“台湾梅兰芳”之称的顾正秋就曾提到自己在滞留台湾后，一些戏压根就没有再唱过，如《福寿镜》、《一粒金丹》均是敷演少妇失子而发疯，最后大团圆的故事，她表演不出一个人疯狂之后的样子而不再演出；《九莲灯》是出热闹群戏，但因剧团人手不够，无法排演；《马嵬驿》气氛过于悲伤，1949 年滞留台湾的大陆籍观众更喜欢听令人振奋的戏，也就不再演出了。② 可见，演员和剧团自身也有局限性，同时也受到政治和经济等诸多外界因素的干扰。

鉴于上述原因，姚一苇认为是京剧创新的时候了，他开宗明义地指出：“所谓创新，自年轻一代的观众言，他们希望见到所能理解、所可接受和满足他们趣味的，或者说能反映现代精神的作品，平剧的剧本自需注入新的内涵。自平剧的演出者言，如不自甘为一个模拟者，而要把自己提升为一个真正的艺术家，那就总希望走出前人的窠臼，自辟蹊径，也就是如何在形式上，或表现方法上突破前人。”③而“创新”不是“改良”，改的不一定“良”，从前的不一定“不良”，限于京剧的中国特质，创新在于两点：一是剧本创新，一是表演创新。下面将展开具体分析。

民族精神与现代意识交融的剧本建构

姚一苇多次提到剧本的创新，对于“创新”，他有自己独到的见

① 徐钜昌《电视传播》，台北华视出版社 1986 年版，第 235—236 页。

② 顾正秋口述，刘枋执笔《在台湾没唱过的戏》，载《顾正秋的舞台回顾》，北京宝文堂书店 1987 年版，第 229—232 页。

③ 姚一苇《平剧的创新》，载《戏剧与文学》，第 70 页。

解："今日侈谈平剧改革者，它不能改革掉它的特色，如果丢掉了这些特色，还不如另创一种新的形式的戏剧。因此我认为要复兴平剧剧场，绝不宜去更动它的形式，而是要去丰富它的内容，使它更能表现现代人的精神和观念，更适宜于反映现代人的生活，更适应今日的需要，我们便必须自创作新的剧本开始。"① 要想创造出堪与古希腊戏剧、莎士比亚戏剧相媲美的京剧作品，应该摆脱农耕时代、专制社会的陈旧和保守的价值观、道德观，向超越时代、地域、文化界限的人类天性中去发掘，"我所谓的超时代、超地域的故事，并非自虚空中建造起来的，它仍然是出自中国的土壤，具有中华民族的特色的；问题是在这特殊的文化背景的事件中应蕴含一般性或恒常性，使观众所感悟的不是一个陈旧的观念，而是真正中华民族的精神特质。因此，我认为在平剧的创作上仍然有一个广大的世界供我们去展现、去开拓"②。他创作的《左伯桃》就是一个例证。

左伯桃和羊角哀的管鲍之交故事，最早出于《烈士传》，原文用词寥寥，情节简单，明代冯梦龙在此基础上改编成小说《羊角哀舍命全交》，篇幅加长了，故事也变得生动活泼。左伯桃、羊角哀两人倾心结交，义薄云天，为了报答左伯桃的知遇之恩，羊角哀甚至自刎，以自己和左伯桃的两个鬼魂合力对抗荆轲鬼魂的威胁，两个人的生死皆围绕一个"义"字来写。姚一苇的京剧《左伯桃》是在前两者的基础上进行加工，抛却了鬼魂的神秘因素，情节安排上尽量使人物性格的发展正常化、合理化，力图避免类型化、概念化、公式化，不再迷信于情节设计的"巧合"与结局的"大团圆"。左伯桃（须生）为苍生社稷着想的雄心，与妻子的打趣，这些铺垫使得他与羊角哀的友谊避免了空降部队的随意性，具有了一定的现实基础，他为了保全羊角哀舍出自己的性命也就有了合理性。左伯桃由去楚的意志

① 姚一苇《从平剧的特质看〈新绣襦记〉》，载《戏剧论集》，第228页。

② 姚一苇《平剧的创新》，载《戏剧与文学》，第73页。

坚定到面对困难、死亡的犹疑、后悔，以及为了羊角哀舍生取义的决断，表现了人物的复杂心理。其他如左妻（旦）对于丈夫突然萌发的出仕念头，从担忧、阻拦到为了成全左伯桃的一腔报国之心，答应他在家孝顺年迈的婆婆，教育年幼的儿子，并亲自为丈夫收拾行李，送他出门。左妻的贤惠善良、深谋远虑由此可见，这就与传统京剧旦角的唯唯诺诺拉开了距离。羊角哀（小生）安贫乐道，淡泊名利，看穿楚元王的心计，拒绝与左伯桃同去楚国应征，但为了成全好友，与左一起上路，一路上面对艰难勇敢前行。他与樵夫的对话显示出他性格狷介，放荡不羁，他安慰陷入绝望的左伯桃，在大雪中迷路缺少干粮的情况下，愿意与左伯桃同生共死，出去捡柴生火，回来看到左伯桃冻死，悲痛难抑，但他明白左伯桃济苍生安社稷的宏愿，为继承左伯桃遗志继续前行，突出了他的责任感。樵夫（丑）的出现则是为了插科打诨，冲淡紧张气氛，增添剧中生趣。与《烈士传》、《羊角哀舍命全交》相比，此剧人物性格更加丰满圆润，人的意味更浓郁。戏剧是人学，这是姚一苇进行戏剧创作的核心理念。他不止一次地说过："我只是对'人'有兴趣。直到最近我才发现，我之爱好戏剧，其故在此。因为若一部戏剧之中没有'人'，或只有空洞的人，没有血肉或灵魂的人，或只是徒具人形的木偶，我的兴趣顿然消失，避之唯恐不及。事实上舞台就是人生，人生就是舞台；所不同的是在看戏的时候，你是一个旁观者，在人生里你是一个参与者。也许只有当你是一个旁观者的时候，你才能冷静地去了解人，甚至了解你自己。我真正的兴趣在此。"①

《左伯桃》具有鲜明的文人写戏的特点，用词考究、典雅，结构紧凑，不冗长，不枝蔓，过场上处理得干净利落，同时，作者还别出心裁地创造了"雪童"的形象，他说："本剧我完全采取平剧的旧有格式，无论唱词、唱腔和动作皆遵照传统习惯。其间只有一个例外，

---

① 姚一苇《说人性》，载《说人生》，台北联经出版社1989年版，第62页。

那就是用以代表下雪的雪童，可能是我杜撰的。因为我只知道有所谓云童，没有听过‘雪童’。我的用意只是用几个孩子，手持绘有雪花（或仅写一个雪字）的旗子，配合着音乐，在舞台上舞过，以象征着大雪纷飞的景象。”① 创作出第一个话剧《来自凤凰镇的人》之后，姚一苇企图结合古今中外的戏剧资源，在人们所熟知的故事中注入现代理念，他说：“我想传统与现代的结合应该是一切艺术今后努力的方向。盖传统如果脱离了现代，它将不与我们的生活契合，我们所见到的只是历史的陈迹；而现代如果脱离了传统，则将缺乏民族的特色与精神内容，只剩下虚空与贫乏的外壳。”②

姚一苇自称是“一个现代主义迷”③，他受到的西方文化的影响甚至比受到的传统文化的还要深刻。他虽然没有赶上“五四”这个狂飙突进的时代，但“五四”倡导的“爱国、进步、民主、科学”的核心理念，打破传统禁忌的怀疑精神，大胆探索、追求个性解放的勇气，对他一直是一种鼓励。他尤其欣赏鲁迅，“自少年时代，就时刻以鲁迅的一句话为座右铭：‘万不可去做空头的文学家或美术家’，常自认最没有艺术家习气的艺术家，他说：‘做艺术家之前要先做一个人。’”④ 在姚一苇的公馆里，书房门口赫然挂着“横眉冷对千夫指，俯首甘为孺子牛”的对联，他少年时代遍读和细读鲁迅著作，以“不做空头的文学家”自励，朝乾夕惕。在鲁迅以外，直接影响他的不但有西方的话剧，还有曹禺等人创造的中国现代话剧。

正是因为视界的开阔和思想的无国界，姚一苇在从事戏剧创作的时候，从现代主义戏剧中汲取全新的创作理念，不断融入现代观念和意识，肯定人性和人的价值，尊重个性解放和自由平等，尊重人的理

---

① 姚一苇《左伯桃·后记》，载《我们一同走走看》，台北书林出版公司 1987 年版，第 96 页。
② 姚一苇《试评〈薪传〉》，载《戏剧与人生——姚一苇评论集》，第 93 页。
③ 姚一苇《文学往何处去——从现代到后现代》，《文教资料》1997 年第 6 期。
④ 李映蔷《谁谓河广一苇杭之》，载《暗夜中的掌灯者：姚一苇先生的人生与戏剧》，台北书林出版有限公司 1998 年版，第 167 页。

性思考和精神生活，他笔下的人物，规避了扁平化，不断发出对生命奥义的叩问，表达了爱生惧死的真实情感，有一定的现实基础，因而更具有说服力。

在“东张西望”中提升表演艺术

要创造深受当今观众喜爱的京剧艺术，固执于传统或者坚持完全西化都是偏执的，兼收并蓄才是王道。“东张”即从东方国家如印度、日本古典戏剧尤其是中国传统地方戏曲中汲取精华，“西望”则是打开大门，对西方世界的戏剧流派进行分析，择取适合自己的部分有效加以利用。姚一苇认为：“平剧是融合了音乐、舞蹈和特技的表演艺术，剧本只是它的一环；有了好的剧本并不表示有了好的舞台艺术，因此必要进一步探讨它的表演性的问题。事实上，平剧的表演性才是它的灵魂。”① 他把剧场分作两种，一种是“亚里士多德式”的，注重写实，强调部分与整体的关系，一种是“非亚里士多德式”的，强调叙述与写意，京剧形式即属于后者。在《平剧的形式与结构》里，他对中国京剧与西方史诗剧场（以布莱希特为代表）进行比较，以布莱希特的《高加索灰阑记》、《三分钱歌剧》、《四川好女人》等剧为例，从叙述体、音乐性、时空转换的高度自由、间离效果等方面对两者作了梳理与比较，对于京剧现代化提出自己的困惑，因为一旦京剧舞台变成写实化、“亚里士多德”化，便会使舞台整体受到破坏，失去京剧本身具有的韵味。姚一苇说：“举一个简单的例子，如果平剧的‘花脸’废弃了脸谱，而发出那样宏大的‘花脸’的声腔，那就令人难受。所以从先前的上海到今日的台湾，所尝试过的平剧现代化，以及大陆文化大革命时代的样板平剧，都可以说是失败了。这是平剧剧场先天的无可克服的困难。我想布莱希特的‘叙事诗剧场’

---

① 姚一苇《平剧的创新》，载《戏剧与文学》，第 74 页。

亦只能处理一些历史背景的题材，其故在此。”①

要使京剧的路子在现代社会走得更宽，在话剧创作中使用京剧元素亦不失为一条可资借鉴的方法。姚一苇的话剧《孙飞虎抢亲》中五个主要人物张君锐、崔双纹、阿红、孙飞虎、郑恒，暗合了生、旦、净、丑的角色扮演，孙飞虎采用了面具（塑形）化装，这种化装的长处一是可以对演员的面部、头部及全身进行夸张的雕塑性改造，二是便于改扮，使一个演员可以借助于不断变换的面具兼演多重角色。在吴晓江导演的《孙飞虎抢亲》里，便充分发挥了这一优势：一个演员兼扮孙飞虎和郑恒两角，戴上面具是孙飞虎，脱下面具扮演郑恒。阿红无知者无畏，滑稽风趣，性格爽朗，无拘无束，相当于彩旦一角。崔双纹开场扮演的是端庄、严肃、正派的正旦，随着剧情的展开，观众发现她根本不是什么善角，与阿红三易装束不过是为了满足自己的自私与虚荣心理。在“换装”的过程中，阿红可以丑角俊扮，崔双纹也可以俊角丑扮。作为不第的穷酸文人，张君锐是一个穷生角色，虽然落魄潦倒，也与孙飞虎互换装束，俊角扮花脸，孙飞虎则是花脸扮书生。郑恒作为一个放浪形骸、无担当的纨绔子弟，分明是一个不涂油彩的丑角脸谱。而路人甲和路人乙不停地跳出来插科打诨，亦让人联系到京剧舞台上互谑的丑角。剧作家生前曾盼望将此剧搬上舞台，但鉴于搬演的难度较大，最终没有实现，不过他并不失望：“在此剧中，我采取了韵文的诵的形式和大量的歌唱，也运用了我国平剧和地方剧的技巧；可是问世以来，从未有演出的机会，我想人员众多，技术复杂，没有艺术界，特别是音乐家的全力支持，是难以尝试的。所以我得耐心等待，总有一天会有人来演出它的。”② 直到2012年4月，纪念姚一苇诞辰九十周年之际，由海峡两岸剧场艺术家联袂改编制作成《西厢记外传》，该剧才在舞台上活起来，被媒

① 姚一苇《平剧的形式与结构》，载《戏剧与文学》，第68页。

② 姚一苇《回首幕帷深——〈姚一苇戏剧六种〉再版自序》，载《戏剧与人生——姚一苇评论集》，第33—34页。

体称为“本年度最受期待的华语大戏”，至此，全剧的舞台效果与文本价值达到完美融合。

姚一苇的剧作，如历史剧《孙飞虎抢亲》、《碾玉观音》、《申生》、《傅青主》、《马嵬驿》，甚至荒诞剧《访客》、讽刺剧《大树神传奇》，都很少强调舞台布景的写实性，而是以象征与写意为主，有意模糊戏剧发生的时间和地点，《孙飞虎抢亲》一剧中更是使用了大量的京剧表演手法，虚实相生的舞台，一无所有又无所不有，伴随着演员们程式化的动作，观众渐渐进入一个古色古香的传统戏曲的意境中去。但是创作一部质量上乘的新剧绝不是一件容易的事，因为京剧时空转换自由，表演需要深厚的功底；京剧的歌舞又是对现实生活的美化与升华，“由于平剧的不受时空限制，它的场景流动性很大。但过分利用这种自由，所编的戏剧层次就显得凌乱，出现许多不必要的过场，只见演员上上下下。过场一多，整个戏就显得松弛。如果懂得戏剧的基本理论，这些场次是可以集中的，压缩到几个主要的场景上，让演员有充分表演的机会”①。除此之外，还要把握一个“度”的问题，因为一旦叙述性内容太多，或者插入一些不必要的笑料，降低了戏剧的审美趣味，便会占去大量的表演空间，使人厌倦。

姚一苇认为，京剧演出具有连贯性、整体性特点，演员的配合要默契，场次之间要紧凑，把握好节奏，其中加入一点西方导演的观念，可以有助于京剧的创新。但是，京剧也受到很多因素的限制。他以自己 1972 年在美国爱荷华城观看大陆的样板戏电影为例，演出者身着时装，拿一把步枪，踏着台步，唱的却是花脸，让观众感到很不舒服。姚一苇认为写实布景在限制舞台变化的同时，也约束了观众的想象力。1978 年，他发表了二部七场话剧《傅青主》，截取傅青主一生中的两段故事，中间用负鼓盲翁的弹唱来连接，这种叙事诗戏剧的表现方法使

---

① 姚一苇《难遣人间未了情——谈俞大纲先生的〈王魁负桂英〉》，载《戏剧与人生——姚一苇评论集》，第 187 页。

他受到袭用德国布莱希特史诗剧场的质疑，对此他不置可否："一提到叙事诗戏剧，有人一定会认为我受了 Bertolt Brecht 的影响，在此点上我无法辩解。但是要记得叙事诗戏剧正是我国戏剧的特色，远者不论，一部《王宝钏》由花园赠金到大登殿，不是叙事诗戏剧是什么？"① 就连马森在《突破拟写实主义的先锋：论姚一苇剧作的戏剧史意义》一文中，也提到姚一苇的《孙飞虎抢亲》受了布莱希特的影响："台湾光复后的现代戏剧，除了凸显政治意义外，在艺术形式上延续大陆上的拟写实主义，直到 1965 年姚一苇的《孙飞虎抢亲》写成，才在布雷赫特史诗剧场的影响下，突破了拟写实主义的窠臼，使台湾的现代戏剧展现出一副新面貌。"② 由此可以想象布莱希特的史诗剧在台湾的影响之深，由此造成的反差，恰恰预示着京剧在台湾的冷落。

综上所述，京剧在台湾经历了从繁荣到萧条的过程，确实存在着危机，但是，只给京剧面临的困境把脉是远远不够的，关键是要开出处方。姚一苇以自己的创作实绩，指出要想复兴京剧剧场，必须寻找一条新的道路，把门打开，让充满活力的、生动新鲜的现代精神融入进去，也就是在剧本创作和舞台表演上同时创新，这样，京剧剧场的活力才能得到进一步发挥。

（刘丽　南京大学文学院博士研究生）
胡莉　安徽文艺出版社编辑）

① 姚一苇《我写〈傅青主〉》，载《戏剧与人生——姚一苇评论集》，第 41 页。
② 马森《突破拟写实主义的先锋：论姚一苇剧作的戏剧史意义》，《戏剧学刊》2007 年第 6 期。

戏曲研究

黄梅戏传承的民俗学思考[①]

邵　敏

中国传统戏曲是民俗的产物，也是民俗的有机组成部分。从民俗学的角度着手进行黄梅戏传承研究，可以更好地促进黄梅戏的静态保护和活态传承。民俗学这个概念，最初由英国考古学家汤姆斯于1846年提出。在西方学术传统中，民俗学主要研究乡村社会保留下来的传统文化、民间智慧及民风民俗。我国民俗学家钟敬文先生认为："民俗，即民间风俗，指一个国家或民族中广大民众所创造、参与和传承的生活文化。"[②] 按照钟先生的观点，民俗学的特点在于关注民间社会、民间文化及民众生活。民俗文化是孕育戏曲的母体。原生态黄梅戏产生于乡村，在进入城市进一步发展的过程中，民俗文化

---

① 本文为安徽省高校人文社会科学研究重大项目：《黄梅戏文化生态保护区建设研究》（项目编号：SK2013ZD07）阶段成果之一。

② 钟敬文《民俗学概论》，上海文艺出版社2003年版，第1页。

的传承性使它显示出相对的稳定性，并在审美趣味、价值取向、主题选择、角色扮演等方面发挥着主导作用，但因为生存空间的变化，它的改变也在所难免。我们以地域文化为基础，从民俗学的视角来探讨黄梅戏传承所必需的关键要素，即是试图在保持传统又不背离当下民俗生态环境的基础上回应时代文化的变迁，为解决黄梅戏的生存困境问题提供一些参考。

一　原生态黄梅戏的乡土性特质

地方戏孕育于不同的土地，所谓“十里不同风，百里不同俗”，自然面貌各异。黄梅戏作为产生、存在于特定区域的地方戏和民俗现象，天然地呈现出当地区域文化的特质。

黄梅戏的形成有其独特的民俗文化土壤。以皖江流域为中心的皖、鄂、赣交界地区属古楚之地，是南北文化交融、沟通之区，其文化本源可追溯到楚民族始祖祝融时代崇火、拜日、尚赤、尊凤的原始巫文化。① 楚人“信巫鬼，重淫祀”②，原始的巫祭仪式是楚文化的重要组成部分，仪式中以歌舞娱神是先民生活的重要内容。流绪衍至近代，形成了这一区域信仰鬼神、尊崇祖先、万物有灵的民俗观念，也留存下了诸如竹马灯、莲花落、地花鼓、狮子灯、龙灯、抛球舞、采茶舞、云端舞、双狮舞、磨盘灯、六兽灯、车上轿、高跷、十二月花神等具有地域特色的、多种形式的说唱、歌舞表演艺术，为黄梅戏的形成和发展提供了必要的文化生态环境，也积蓄了用之不竭的民俗文化素材和戏曲基因。在这种环境中萌生的黄梅戏，保留着原始的民间审美文化基质。楚地丰富的神话传说为黄梅戏提供了人间天上的浪漫想象，使之获得了自由灵动、随意活泼、即兴率真的自由品格。

---

① 张正明《楚艺术探源》，《艺术与时代》1990 年第 3 期。
② 班固《汉书》，中华书局 1962 年版，第 1666 页。

费孝通先生对传统中国基层社会的基本结构作过一个著名的概括，这就是“乡土社会”。在他看来，传统中国乡村社会是“乡土性的”，乡村生活和“乡下人”是“土气”的，“土气是因为不流动而发生的”①，而不流动又是传统的农耕生产方式、聚族而居的村落生活习俗造成的。不流动性使得传统中国乡村社会在“差序格局”主导下，成为一个“熟悉”的、“熟人”的、对外界刺激反应迟钝的社会。黄梅戏最初表现和善于表现的就是这样一种社会格局下的乡民生活，因而它土里土气，浑身透露着抹不去的“土腥味儿”。作为农耕时代乡村社会的产物，黄梅戏紧依民众的生产、生活，由乡民所创造、参与和传承，散发着浓郁的乡土气息。在进入城市剧场之前，黄梅戏流播乡野，常见于当地农村的民俗节日、婚丧嫁娶和寿庆堂会，演出地点没有台上台下、前台后台之分，基本上属于广场演出的范畴；演员主体多为农民或手工业者，因而以熟悉的方言俚语表现家长里短的乡村俗事成为他们表演的主要内容；表现的主体也是农村的普通村姑农夫、小商小贩或竹匠、木匠等手工业者，展示的是乡间贩夫走卒和村姑农夫的生活百态以及他们的见闻、感知。如传统的黄梅小戏《补碗》、《打猪草》等表现的是乡野民众耳熟能详的生活内容；《赌妻还妻》、《打豆腐》等展示出的对赌博、好吃懒做等不良风气的谴责，正是凡夫俗子一贯的立场；还有以乡间视野来表现青年男女相悦相恋的歌舞小戏，如《蓝桥会》、《绣荷包》、《买胭脂》、《送表妹》等。虽然也有伸张正义的公案大本戏，但更多的是表现家庭伦理关系，如婆媳关系、继母与继子女的关系等的小戏，前者如《母子泪》、《莲花庵》、《鸡血记》等，后者如《薛凤英上吊》、《五女泪》、《送香茶》等。可以看到，和催生黄梅戏的乡土性相一致，几乎所有传统的经典黄梅戏剧目采用的都是富有生趣的乡村视野。尽管传统黄梅戏剧目的内容不可避免地受到封建主流文化的影响和渗透，但即使

① 费孝通《乡土中国》，生活·读书·新知三联书店1985年版，第2页。

是极少数展现才子佳人、帝王将相和展示忠孝节义的剧目，也不采用儒家庙堂文化及正统诗文的视角，而是从具有乡土意义的民间立场出发进行的民间表达。这种源于乡土、表现乡村生活、体现民间智慧的戏曲表演活动，促成了黄梅戏程式动作的简单、演出服饰的本色和台词道白的方言俚俗等特点。

民国初期的一二十年，中国的城市生活一度出现过繁荣景象，黄梅戏就是在这个阶段进入了城市。黄梅戏走入城市生活，并得以在城市立足，关键的一步是在安庆完成的。20 世纪 20 年代后期，安庆城市生态的现代性、开放性和商业性促成了黄梅戏真正的形成和成熟。①

黄梅戏来到城市，走进剧场，要继续保持发展势头，就要求它具有“盈利”的市场能力，不仅要能聚众，而且要能聚财，能“叫座”。在黄梅戏的原生态阶段，它之所以因为“淫靡”、“败俗”而屡遭禁演②，除了官方政治的原因之外，实际上也有其自身的原因。诞生初期的黄梅小调曾是灾民谋生的重要手段，表演者多为文盲半文盲的农民、手工业者，为达到盈利糊口的目的，他们必须迎合观众的需要，以自身的平民视野和符合观众需要的民间立场来演绎社会人生。因而，黄梅戏的乡土性甚至是媚俗化的审美情趣便自然地表现出来。其中被官府定性为“淫靡”、“败俗”的内容，如《打猪草》早期唱本中的男女调笑，《瞎子捉奸》中的粗野放纵等流露的是普通乡村民众真实自然的生活情态，更多的是原始生命力的形象表达。在这个意义上说，原生态黄梅戏在其诞生、成长的过程中，就在迎合城乡民间审美情趣的同时，奠定了其自身乡土性特征的基调。

与此相应的是，城市剧场对原生态黄梅戏的发展也起到了制约作用。在新的观众和戏迷的影响下，“戏中情节的逻辑性加强了，临时

① 参见拙文《黄梅戏的繁衍与文化生态》，《江淮论坛》2013 年第 1 期。
② 天柱外史氏《皖优谱》卷一，中华书局 1939 年版，第 6 页。

增减的水词减少了，人物的心情交流细腻起来，所有的剧目仿佛都在城市的舞台上从粗糙向精细打磨了一下”①。在城市传播的过程中，为了扩大自身在成分复杂的市民中的影响力，黄梅戏有雅化的倾向。但即使如此，雅化了的黄梅戏与正统的雅文化仍不相同，它是俗中之雅，其主导品格仍然是“土气”，它所表现的乡土生活，在相当长的历史时期，很大程度上满足了城市民众的审美趣味和他们对乡土社会的怀念，以及改变乡土社会的愿景。

二　再生态黄梅戏乡土性的淡化和消解

当代编剧罗怀臻认为：“戏剧都市化是中国戏剧摆脱当下困境的重要选择。中国戏剧是附着在中国文化的大土壤中的，而整个中国社会正在迅速地完成它的现代化和都市化的进程。现代中国城市化的比例越来越高，曾经以宣传农业文明作为背景的戏剧形态，他必然要附着在时代的躯体上前进。这不是戏曲自身自作多情的选择，而是整个中国社会的整体转移。戏曲必须适应，否则必然被淘汰。”② 戏剧要适应现代化和都市化进程，以至于把这个进程称作戏剧都市化，这是符合戏曲发展现状的，但如何处理把握戏曲的都市化，则需要谨慎对待。就黄梅戏而言，没有证据表明它的乡土性阻碍了它对都市化进程的适应，相反，倒是有证据表明，它的“土腥味儿”恰恰是在城市中受到接纳和追捧的主要原因。1952 年黄梅戏参加华东汇演后，受到了专家学者和普通百姓的普遍欢迎，当时上海音乐学院院长、著名作曲家贺绿汀在《戏剧界·黄梅戏专辑》中撰文说：“在他们的演出中，我仿佛闻到了泥土中的气味，闻到了山花的芳香。”上海的大小报刊也争相发表文章，认为黄梅戏是“真正的农村中淳朴、健康、活

---

① 安徽省艺术研究所《黄梅戏通论》，安徽人民出版社 2000 年版，第 132 页。

② 罗怀臻《罗怀臻戏剧文集》（五），上海人民出版社 2008 年版，第 101 页。

泼的新的戏曲”，“散发着一种清新而浓郁的泥土气息”①。这次汇演也是黄梅戏走向全国并跃升为五大剧种之一的起点。因此，黄梅戏作为一种地方戏的民间本色与现代化和都市化并不必然存在不可调和的文化冲突，黄梅戏对都市化的适应也并不必然意味着放弃源自农业文明的乡土特质。

就黄梅戏发展的历史实践来看，在20世纪70年代之前黄梅戏城市化的过程中，叫好又叫座的作品均是在较好地保持了自身乡土特征的基础上戏曲艺术品位有所提升，如传统的黄梅小戏《打猪草》、《闹花灯》就是如此。广为传唱的《打猪草》原本有很多插科打诨、打情骂俏的粗俗内容，主要情节是村姑在偷笋过程中被看笋牧童抓到，村姑被牧童要挟调情。在1952年的整理改编本中，偷笋的情节被改为打猪草时不慎碰断了竹笋，引来看笋牧童的误会，误会消除后两人以礼相待、友好相处。传统唱本与改编本相较，作品的情节趣味和审美格调明显得到提高，唱词清新、亮丽、淳朴，表演上载歌载舞，欢快流畅。《闹花灯》的改编亦有异曲同工之妙。在这两个传统小戏的改编上，执笔者郑立松颇具审美眼光，充分保留了剧目原有的淳厚朴实、活泼欢快的乡土气息，同时删节了其中粗陋、庸俗的成分，不仅显示了明确的引导意向，也没有脱离乡村民众和基层市民的审美趣味，因而成为大受欢迎的典范之作，形成了“天天《打猪草》，夜夜《闹花灯》”② 的盛况。

进一步提高黄梅戏艺术品位的是《天仙配》、《牛郎织女》、《女驸马》等大本戏的整理改编。在这些作品的改编过程中，改编者在原作乡土性、民俗性旨趣的基础上进行了艺术性的加工改造，在原始、质朴的乡村情趣中平添了几分文人诗情画意的韵致，以《天仙配》中《鹊桥》一场的“赞渔”为例，改写前的唱词为：“钓鱼之人

① 周玉冰《严凤英一家人》，江苏文艺出版社2011年版，第65页。
② 胡亏生《黄梅戏风貌》，安徽人民出版社2008年版，第66页。

休要慌忙，手执钓竿下河旁，钓得鱼儿长街卖，卖鱼买米度日光。”①改写后为：“渔家住在水中央，两岸芦花似围墙，撑开船来撒下网，一网鱼虾一网粮。”② 两相比较，改本显然更有意境。这几部作品均真切地反映了农耕社会中青年男女的精神寄托和理想追求，迎合了他们对自由爱情热切向往和对幸福美满生活大胆追求的心理特征，所以演出后大受欢迎，成为黄梅戏至今难以逾越的经典之作。

诚然，由原生态到再生态的发展过程中，黄梅戏走出了乡村，走向了城市，并随着电影技术的发展走向了海内外，自身也由偏居一隅的地方戏发展为全国性的剧种。但是，“提升”应当有度，若不考虑黄梅戏乡土本色的实际情况，一味追求艺术格调的“提升”，很可能使“提高”变成“拔高”，20 世纪 70 年代到 21 世纪初的黄梅戏剧目编创就有类似的问题。

在这一时期，创作者热衷于向成熟的大剧种学习，题材选择日益厚重深沉。据统计，自 1976 年至 2005 年，安庆市新创黄梅戏剧目包括历史古装大戏 55 部、现代题材大戏 34 部以及各类小戏 86 部，但我们今天可以在舞台上见到的（但并不常见）只有不到 20 部。③

这一时期的黄梅新戏中陆续出现了一批表现社会变迁和模范人物等内容的作品，如《焦裕禄之歌》、《孔繁森》等。这些剧目题材选择靠近厚重崇高的时代主题，因距离观众日常生活情态较远，难以获得真正的情感认同。黄梅新戏中还出现了一些对个体生存状态深沉凝思的剧目，其中最典型的便是《徽州女人》。《徽州女人》在舞台上呈现出的是对人生及人类心理上所积淀的历史和文化内涵的沉思，黄梅戏清新质朴的传统风格被凝重、沉郁和雅致的氛围淹没，嬉闹谐趣变成了哈姆雷特式的内心独白，“土腥味儿”淡化到了极致，所以出

---

① 胡玉庭口述本《天仙配》，《中华艺术论丛》2006 年第 6 辑，第 372 页。
② 胡玉庭口述，陆洪非改编《天仙配：黄梅戏》，安徽人民出版社 1980 年版，第 4 页。
③ 胡亏生《黄梅戏风貌》，安徽人民出版社 2008 年版，第 380 页。

现了专家学者叫好、民众却觉得不像黄梅戏的尴尬局面。当然，我们无意否定该剧颇具匠心的艺术探索，然而也正是从该剧的传播效果中，我们看到黄梅戏擅长表现的还是“形而下”的土气，而不是“形而上”的抽象思考。

这一阶段的黄梅新戏与早期的黄梅戏相比，由于高级知识分子的介入，题材、主题比传统剧目开掘得更加深厚和广泛，也更加注重人物的内心阐释，剧目风格开始由轻巧转向凝重，语言去方言化，音乐歌剧化，情节歌舞化，特别是身段、程式、化妆、道具多“借鉴”早熟剧种，乡村气息日益远去，虽然舞台上众多的人物依然深情款款，但人物形象却逐渐远离基层民众的生活，舞台空间呈现也由传统转向现代。虽然类似的努力在一定程度上拓展了黄梅戏的题材空间，却没有充分考虑黄梅戏在表现能力上的优长与不足：以小生、小旦、小丑为主要行当的原生态黄梅戏长于表现民间的家长里短、婚恋生活，而拙于展示主流意识形态和表现厚重题材。在黄梅戏短暂的喧嚣与繁华背后，呈现出剧场黄梅戏与民间生活、民间情感的乡土特性渐行渐远的趋势。

自20世纪80年代以来，进一步雅化的黄梅戏以殿堂艺术的面貌在城市剧院中艰难前进。在城市居民“封闭性”的人际环境中，在电视、网络等新兴媒体的冲击之下，黄梅戏在城市剧场的生存状态堪忧，处在被“边缘化”的状态，演出日益减少，反响也越来越微弱，国家一级演员的新戏能巡演上百场就算影响很大。与此相对的是，随着农村生活水平的提高，在作为民俗活动的庙会戏、集市戏中，以传统的“草台班子”为表演主体，仍然保持着黄梅戏在原初状态的民间视角，在村镇大受欢迎。仅2013年，安徽草根社团的年演出量就超出了30万场①，这个数字远远高于本省专业剧团的剧场演出。究其原因，是黄梅戏的乡土特性决定了它不能远离其乡土基质和民间氛

① 吴兰《安徽草根社团年演出超30万场》，《安徽新闻》2013年12月21日。

围。当代黄梅戏新创作品的品格和演出导向都远离乡土，让黄梅戏承担深沉厚重的人文情调或符号化的主流意识形态，严重背离“俗”与“土”的地域特色和文化定位，只会扼杀黄梅戏的活力。我们不能不思考，如何恢复和构建适宜于黄梅戏传承发展的民俗生态环境，以使黄梅戏尽早摆脱日渐衰退的现实困境。

三　黄梅戏区域民俗生态的重建

关于民俗传承，安德明认为，过去官方机构、大众传媒还有一些民俗学者把“原生态”的保护作为一个基本原则来强调和倡导是有违民俗文化自身发展规律的。民俗的确有着与生俱来的连续性，但其最大的特征是既有传承又有变异，在不同的时空下，民俗文化总是不可避免地要发展、变异、调整，以适应新的环境。只有这样，它才能够保持旺盛的生命力，代代相传。[①] 这一见解提醒我们，黄梅戏要想在新的社会环境下获取自己的生存空间，不能仅仅强调原生态的重要性，而应将乡土性的特点与时代文化环境相结合，在恢复和重塑的基础上建设适宜于黄梅戏传承的民俗生态环境。

区域民众的民俗生态环境由民俗、民间传承场和俗民构成，三者关系密切，在社会生活中是内容、媒介和传承主体的关系，任何一方的改变都可能引起民俗的变化。因此，黄梅戏民俗生态环境的有效构建与维护，应该包括戏曲本身民俗意味的修补即新编黄梅戏作品的接地气、节庆民俗活动的恢复和民俗场景的增加以及传承人的培养三个方面。

其一，新编黄梅戏作品的接地气。戏曲和其他艺术形式一样，作为特定民众群体把握反映周边世界的方式或工具，离不开语言叙述和表达的建构。皖江流域及其周边地区特有的传统历史文化生态是滋养

---

① 安德明《对非物质文化遗产保护工作的反思》，《河南社会科学》2008 年第 1 期。

黄梅戏艺术的土壤，这是黄梅戏的“本”。黄梅戏这种戏曲艺术形式的发生，本质上是本地区民众在特定环境下因应于自身需要和生命意义的特殊表达，也即人类学所谓“地方性知识”的展示。黄梅戏过往的成就在于它展示的“地方性知识”得到了超出地域的共鸣和认同，人们认为黄梅戏好听、好看、好学、好唱，生动有趣，这是地域内外民众对黄梅戏个性的共识。这种认同，从本质上来说，是对黄梅戏的乡土性特质或者说黄梅戏所体现的“地方性知识”的认同。[①]

生态人类学主张利用地方性知识推动生态维护，其理论依据是地方性知识是特定民族文化的有机组成部分，地方性知识和民族文化具有同样的可自主运行的秉性。当事人在日常活动中几乎是下意识地贯彻了地方性知识的行为准则，其地方性知识中的生态智慧和技能在付诸应用的过程中，根本无须借助外力的推动，就能够持续地发挥作用。[②] 依靠文化的自主运行实现生态保护，这是一种简洁、直接的生态维护方式。因此，在黄梅戏新剧的编创中，必须充分关注其发生地的社会文化心理的普遍性和特殊性，尤其是其乡土性的一面，即它赖以产生的“地方性知识”。不能撇开地域的特征，过分追求厚重深沉的格调与人文内涵，而必须着重考虑它赖以发生的俚俗语言特征和思想意识的区域乡土特征，继承光大开放包容的价值取向和地域文化传统，增强民众的区域性文化自觉和文化自信。

其二，节庆民俗活动的恢复和民俗场景的增加。民俗节庆活动环境对于戏曲的传承发展有着重要意义。节庆民俗对人有着巨大的约束力，曾经为传统戏曲聚集了大量的观众，促进了戏曲的深入传播，所以郑传寅说：“我国古典戏曲文化的深入传播，主要不是得力于居高

---

① 参见拙文《黄梅戏电影的历史成就与黄梅戏发展的现实选择》，载《兴皖学术文库》（第八辑），合肥工业大学出版社 2013 年版，第 141 页。

② 尹绍亭《人与森林：生态人类学视野中的刀耕火种》，云南教育出版社 2000 年版，第 26 页。

临下的宫廷，而是得力于约定俗成的民间节日。"[①] 朱恒夫也认为："如果没有民俗规定的演出时间，全凭戏班走村串户或是在勾栏瓦舍中固定演出，以戏曲自身的技艺来招徕观众的话，戏曲的繁荣之路必然更加漫长。"[②] 在城市，民俗演出的退场使黄梅戏演剧活动成为一种比较单纯的审美过程，从而在与其他艺术的竞争中失去优势，造成了戏剧仪式精神和游戏精神的双重失落[③]。

作为民俗的黄梅戏，其本身与节庆、祭祀、信仰等民俗活动存在着深刻联系，无数民俗事象关涉其中。而随着民俗节日的减少、生活方式与欣赏方式的改变，那些曾经体现民俗意义的应节戏已经消失，不再搬演，黄梅戏自身的部分民俗特色正在逐渐失去。今天我们虽然不可能完全恢复黄梅戏养成时期的传统民俗环境，但我们可以有意识地培育、增进黄梅戏与日常民俗生活的联系，甚至养成新的民俗习惯，使黄梅戏的民俗意味得到恢复与加强。

黄梅戏兴盛繁荣于安庆城乡，要恢复其民俗意味，除了在城乡修复民俗节庆之外，在地理建筑空间上也有可以修复弥补之处。安庆在历史上拥有很多的戏台，如东岳庙古戏楼、大观亭赤帝祠古戏楼、安庆府城隍庙古戏楼和怀宁县城隍庙古戏楼等，其中和黄梅戏演出直接相关的是赤帝祠古戏楼。赤帝祠古戏楼与所在地安庆大观亭历史文化街区的建筑面临着残缺甚至倾颓的危险，亟待保护和修复。此外，我们还可以利用安庆古城区中的开敞空间来构建配置《女附马》、《天仙配》和《牛郎织女》等相关主题场景，如广场、公园等，使民众潜移默化地受到黄梅戏文化的熏陶。

其三，黄梅戏传承人的培养。在地方戏的内在结构中，重要的不仅是其萌生与发展的地域环境，更紧要的是其地域接受群。对于既是艺术也是民俗的黄梅戏来说，传承接受的主体是人，也就是民俗学上

---

① 郑传寅《节日民俗与古代戏曲文化的传播》，《东南大学学报》2004 年第 1 期。

② 朱恒夫《推进与制约：民俗与戏曲之关系》，《艺术百家》1997 年第 2 期。

③ 蹇河沿《寻找戏剧》，云南大学出版社 1999 年版，第 5 页。

所说的“俗民”，而不是民俗事象本身。俗民可以是社会群体，也可以是社会中的某一个体。俗民是民俗的创造者、享用者和传播者，离开了人，民俗的存在就变得毫无意义。如果没有广大的俗民对某个民俗的广泛需求，民俗也就失去传承的动力。俗民掌控着民俗的形态、功能以及传承方式。因此，只有当地群众才是黄梅戏文化传承最坚实的基础，如果单靠政府来保护和传承黄梅戏文化，就会影响到黄梅戏文化保护和传承的效果，同时这种保护措施难以避免表演人才青黄不接的现象。目前，全国只有一所黄梅戏专业院校，即安徽黄梅戏艺术职业学院。据该校2013年招生简章，2013年该校高中起点专科计划招收830人，其中涉及戏曲艺术专业的只有240人，不到总招生数的29%。全国唯一培养黄梅戏表演本科人才的安庆师范学院黄梅剧艺术学院，每届也只能招到十几个学生。黄梅戏专业院校招生困难，且学生毕业后很少从事黄梅戏表演工作，而专业剧团又难以吸引优秀人才，这导致专业演职人员老化严重，骨干演员多处在四十至五十岁的年龄段，青年演出人才正面临断层危险。

黄梅戏的保护与传承需要安庆地区俗民的参与。当然，培养“群体”传承人并不是要将区域中的每个人都训练为传承能手，而是要培养区域民众对自身拥有黄梅戏文化的自豪感，培养他们的保护意识和责任感，营造良好的保护氛围，尤其是要让少年儿童从小就接触、感知黄梅戏文化，培养他们的亲近感、亲切感，在这个过程中涌现出的部分痴迷、热爱戏曲的佼佼者日后可能就是核心传承人和重要传承人。

事实上，我们并不缺少一个剧目的短暂流行，我们也不缺乏培养一两个黄梅戏名角、明星的手段，我们缺少的是基于民俗存在的戏曲：俗民是黄梅戏的真正主角，创造和冷落戏曲的都是他们。当黄梅戏出现淡化民俗倾向，不再和俗民的情感需求、民俗事象、民俗信仰和民俗行为相济共生的时候，它的内生活力就会停滞。因此，黄梅戏传承的工作重点在于着手培育它赖以生存的民俗生态，养戏于俗，还戏于民，引导俗民成为黄梅戏传承的主体。2009 年举办的“安徽省首届农民戏剧节”和 2012 年中国（安庆）黄梅戏艺术节的改革，都将重点放在了民间参与，获得了民众的正面响应。我们从民俗文化入手传承发展黄梅戏艺术，就是要加强对本地相关节庆民俗的宣传，维护、修复与黄梅戏有关的民俗事象，扩大底层俗民的自觉参与，让黄梅戏成为区域生活的“必需品”，从源头上保护和激发黄梅戏的生态活力。

（邵敏　安庆师范学院文学院副教授）

“性命于戏”

——张岱的戏曲生活

高建旺

古代诗文为贵，词曲为卑，乃不争之论。随着卑文体对文人生活的深度介入，文人对戏曲的感知和认识也在发生转变。这种观念上的改变为明清戏曲的繁荣作了有力的铺垫。

一　戏曲之于生活

文体对文人生活的介入程度与时代风气有一定的关联。唐代科举考试，诗道大兴，有“旗亭画壁”之美谈；宋代城市经济繁荣，柳永之词得到“凡有饮水处，即能歌柳词”的热传；元科举一度中断，士人地位滑落，“躬践排场，面傅粉墨”①，缔造了与唐诗宋词鼎足而立的元曲，只是与元曲有关的文人生活不像唐宋那般显赫。“余因

---

① 臧懋循《元曲选后集序》，载《负苞堂集》，古典文学出版社 1958 年版，第 56 页。

暇日，缅怀故人，门第卑微，职位不振，高才博识，俱有可录，岁月弥久，湮没无闻，遂传其本末，吊以乐章，复以前乎此者，叙其姓名，述其所作”①。钟嗣成打破门第观念，为“湮没无闻”的元曲作者立传，甲乙“职位不振，高才博识”者与“高尚之士、性理之学”者，为研究元曲留下了弥足珍贵的文献材料。

至明清，戏曲生活朝野两胜。“时有以《琵琶记》进呈者，高皇笑曰：‘五经、四书，布、帛、菽、粟也，家家皆有；高明《琵琶记》，如山珍、海错，贵富家不可无。’”② 而后，皇子皇孙朱权、朱有燉对戏曲的创作改编评述无不凝聚了其戏曲生活的点点滴滴，如朱权由于“乐我皇明之治”，编纂《太和正音谱》，以期引领戏曲：“余因清谯之余，采摭当代群英词章，及元之老儒所作，依声定调，按名分谱，集为二卷，目之曰《太和正音谱》；审音定律，辑为一卷，目之曰《琼林雅韵》；蒐猎群语，辑为四卷，目之曰《务头集韵》；以寿诸梓，为乐府楷式，庶几便于好事，以助学者万一耳。”③苦心孤诣，昭彰可见，虽刻意强调戏曲的教化功能，但对戏曲地位的提升有重要的作用，从中也流露出明初戏曲对上层文人生活的介入程度。朱有燉对戏曲的介入与朱权相异，更多的是注目于戏曲的创作与改编：“暇日观元之文人有制《偷甲》传奇者，其间形容模写，曲尽其态，此亦以文为戏，发其胸中之藻思也。予乃效其体格，亦制偷儿传奇一帙，名之曰《豹子和尚自还俗引》，用是以适闲中之趣。”④ 戏曲对于朱有燉而言，不仅只有简单地对已有剧作的观赏，亲自操刀的剧本“令乐工演之”，已成为他习惯性的作为：“特制传奇一帙，使人歌咏

① 钟嗣成《录鬼簿》，载《中国古典戏剧论著集成》（二），中国戏剧出版社 1959 年版，第 101 页。
② 徐渭《南词叙录》，载《中国古典戏曲论著集成》（三），第 240 页。
③ 朱权《太和正音谱序》，载《中国古典戏曲论著集成》（三），第 11 页。
④ 朱有燉《豹子和尚自还俗引》，俞为民、孙蓉蓉编《历代曲话汇编》（明代编），黄山书社 2009 年版，第 1 集第 193 页。

搬演，亦可少补于世教也。"① "因续成传奇一本，付之歌，唯以资宴乐之嘉庆耳。"② 这种融创作与品赏为一体的文化生活极大地影响了戏曲的成长生态，晚明盛行的家班早期形态于此隐然可见。中晚明时期，戏曲对文人生活的介入极深，以"品"打头的戏曲论著即是明显的例证③。

民间戏曲生活也很热闹，只是多了官府的管制与约束。《御制大明律》规定："凡乐人搬做杂剧戏文，不许妆扮历代帝王后妃、忠臣烈士、先圣先贤神像，违者杖一百；官民之家，容令妆扮者与之同罪。其神仙道扮，及义夫节妇，孝子顺孙，劝人为善者，不在禁限。"④ 对戏曲引导与禁限两手抓显示了官府策略的高明，同时也反映了戏曲在民间的勃勃生机。中晚明时期，文人戏曲生活的文字记录颇多，或见诸笔记，或出之以小品，嗜戏者自南至北，随处可见，在这些文人中，张岱无疑具有很强的典型性。

二 张岱的戏缘

张岱，字宗子，改字石公，号陶庵。先世为四川剑州人，后迁居山阴（今浙江绍兴）。张家世居城内状元坊，乃衣冠大族，通显者甚众，"宗人分居剡中舋院，皆魏公裔也"⑤。魏公，即南宋抗金名将张浚，官至少帅，封魏国公。有元一代，张氏家族衰败。入明之后，张家再度中兴。张浚后裔张天复于嘉靖年间进士及第；天复子张元汴隆庆年间高中状元，历官翰林院修撰、侍读；元忭子汝霖、汝懋皆是万历进士，分别官至山东副使、大理寺丞。万历三十三年（1605），汝

---

①② 朱有燉《搊搜判官乔断鬼引》、《群仙庆寿蟠桃会引》，载俞为民、孙蓉蓉编《历代曲话汇编》（明代编），第1集，第204页、第203页。

③ 如吕天成的《曲品》，祁彪佳的《远山堂剧品》、《远山堂曲品》等。

④ 王利器《元明清三代禁毁小说戏曲资料》，上海古籍出版社1981年版，第13页。

⑤ 张岱《张岱诗文集》，上海古籍出版社1991年版，第36页。

霖任职山东，不久即因于落卷中录取名士李延赏，遭人弹劾，落职归田，数年间，“颇畜声伎，垒块之余，辄以丝竹陶写”①。

汝霖生四子，长子耀芳，字尔弢，生而聪慧过人，长而饱读诗书，有强烈的功名心，无奈不遇于时，久困场屋，因而“抑郁牢骚，遂病翻胃”。为“解其岑寂”，在陶氏夫人的倾力支持下，他“适意园亭，陶情丝竹”，“兴土木，造船楼一二，教习小傒，鼓吹剧戏”②此即张岱之父。而张岱的“季叔讳烨芳，号七磐。生而跋扈，不喜文墨，招集里中侠邪，相与弹筝蹴踘，陆博蒱摴，傅粉登场”③，曾于绍兴城内演武场搭一大台，选徽州旌阳戏子三四十人，“搬演目莲，凡三日三夜”④。

可见，张家虽簪缨世家，但在文艺方面，能与时俱进，并不排斥戏曲，张耀芳、张烨芳更是放下身段，参与教习优伶，登台演出，他们醉心戏曲的生活态度，显示出当时戏曲对于文人不再是简单的娱乐方式，而成为一种生命融入的人生体验方式。从张岱对父亲、叔叔辈喜好戏曲行为有声有色地描述中，看不出丝毫谴责，因而，言张岱的戏缘有着深刻的家庭渊源，并非虚言。

三　张岱的戏曲生活

张岱，作为张耀芳的长子，秉持了喜爱戏曲的家风。与前辈相比，可以说有过之而无不及。他“畜梨园数部，日聚诸多名士度曲征歌，诙谐杂进”⑤。“日聚”之说虽有点夸张，但至少表明出身名门的张岱在戏曲消费上的豪奢。这种行为的背后，固然有家资的殷实作后盾，也离不开精神层面对戏曲的理解与认同。简言之，张岱的戏曲生

①②③　张岱《张岱诗文集》，上海古籍出版社 1991 年版，第 253 页、第 255—256 页、第 264—265 页。

④　张岱《陶庵梦忆》，中华书局 2008 年版，第 108 页。

⑤　张岱《张岱诗文集》，第 417 页。

活可概括为一好二调三赏。

一好。“知之者不如好之者，好之者不如乐之者。”① 对戏曲的流连，没有偏见之人多停留于理性的评鉴层面，而张岱则“好”与“乐”兼具。在《自为墓志铭》中，他不加回避且着意炫耀的姿态宣示了其早年生活的奢侈：“少为纨绔子弟，极爱繁华，好精舍，好美婢，好娈童，好鲜衣，好美食，好骏马，好华灯，好烟火，好梨园，好鼓吹，好古董，好花鸟，兼以茶淫橘虐，书蠹诗魔，劳碌半生，皆成梦幻。”② 张氏出身名门，志有所存，但他醉心的不是中规中矩读书仕进的老路，而是“夺利争名，甘居人后，观场游戏，肯让人先”的梨园路。不过，张岱对自己喜好戏曲的认识似乎相当清醒：

谢太傅不畜声伎，曰：“畏解，故不畜。”王右军曰：“老年赖丝竹陶写，恒恐儿辈觉。”曰“解”，曰“觉”，古人用字深确。盖声音之道，入人最微，一解则自不能已，一觉则自不能禁也。我家声伎，前世无之，自大父于万历年间与范长白、邹愚公、黄贞父、包涵所诸先生讲究此道，遂破天荒为之。③

引用谢安、王羲之对声音之道的警惕，来对比其祖父对戏曲的爱好，显示出张岱对戏曲的偏好颇受家风影响。对戏班“可餐班”、“武陵班”、“梯仙班”、“吴郡班”、“苏小小班”、“茂苑班”的历历指数与对演员张彩等人的清晰记忆，彰显了张岱融在其中“不能已”、“不能禁”的痴迷状态④。张岱自言：“余尝见一出好戏，恨不得法锦包裹，传之不朽；尝比之天上一夜好月，与得火候一杯好茶，只可供一刻受用，其实珍惜之不尽也。”⑤ 有其好，才有见“好戏”而珍惜传扬的热情。

二调。所谓的调是指对优伶的调教。张岱好梨园体现了观念上对

---

① 程树德《论语集释》（二），中华书局1990年版，第404页。

② 张岱《自为墓志铭》，载《陶庵梦忆》，第167页。

③④⑤ 张岱《陶庵梦忆》，第77页、第77页、第107页。

戏曲的认同，而在行动上，他也参与了戏曲的实践，调教优伶便是他推进戏曲艺术的一种方式："主人解事日精一日，而傒童技艺亦愈出愈奇。"这种艺人与创作者的互动再现了元代书会才人（如关汉卿）与艺人（如珠帘秀）的密切关系。尤其是张岱对艺人的苛刻调教，令伶人登台演出甚为恐惧：

杨元走鬼房问小卿曰："今日戏，气色大异，何也？"小卿曰："坐上坐者余主人。主人精赏鉴，延师课戏，童手指千，傒僮到其家谓'过剑门'，焉敢草草！"杨元始来物色余。《西楼》不及完，串《教子》。顾眉生：周羽，杨元：周娘子，杨能：周瑞隆。杨元胆怯肤栗，不能出声。①

"操千琴而知曲，观千剑而识器"，张岱在戏曲上的丰厚阅历，使演员面对"知曲"、"识器"者呈现惊恐之状，这也从侧面见证了张岱"好梨园"不是叶公好龙式的虚情假意，而是把喜好付诸行动。他欣赏阮大铖家班的演出，也正是看准了文人调教优伶所灌注的戏曲艺术趣味，以及在舞台上的精准显现："余在其家看《十错认》、《摩尼珠》、《燕子笺》三剧，其串架斗笋、插科打诨、意色眼目，主人细细与之讲明。知其义味，知其指归，故咬嚼吞吐，寻味不尽。"②

三赏。在"二调"中实际上也道出了张岱戏曲生活的第三个方面，即精于鉴赏。张氏对戏曲的鉴赏，流露在他对戏曲的琐碎记载中。从记载看，节日、庙会、赏景，常常是张岱鉴赏戏曲的重要时机。崇祯二年（1629）八月十六日夜，张岱于北固见景甚喜，于是：

余呼小傒携戏具，盛张灯火大殿中，唱韩蕲王金山及长江大战诸剧。锣鼓喧阗，一寺人皆起看。有老僧以手背摋眼翳，翕然张口，呵欠与笑嚏俱至。……剧完将曙，解缆过江。山僧至山脚，目送久之……③

作者在传统的"良辰美景"之外，给我们展示了良辰演剧的精

①②③　张岱《陶庵梦忆》，第144页、第153页、第10—11页。

彩画面，他没有直接去写戏曲演出的场面，只是写出了夜晚之戏带来的老僧、山僧种种反应：寺庙该有的宁静与伴戏曲而来的锣鼓喧阗，老僧的笑嚏、山僧的远送夹着作者的感悟，洋溢在其中的情趣呼之欲出。又如崇祯七年甲戌（1634）十月，张岱与好友看红叶："波臣为纯卿写照，杨与民弹三弦子，罗三唱曲，陆九吹箫。与民复出寸许界尺，据小梧，用北调说《金瓶梅》一剧，使人绝倒。是夜，彭天锡与罗三、与民串本腔戏，妙绝。与楚生、素芝串调腔戏，又复妙绝。"① 写照的写照，伴奏的伴奏，赏戏的赏戏，尤其令人绝倒的是，作者刻画了盛会中怕"角色缺席"的一幕：

纯卿笑曰："恨弟无一长，以侑兄辈酒。"余曰："唐裴将军旻居丧，请吴道子画天宫壁度亡母。道子曰：'将军为我舞剑一回，庶因猛厉，以通幽冥。'旻脱縗衣缠结，上马驰骤，挥剑入云，高十数丈，若电光下射，执鞘承之，剑透室而入，观者惊栗。道子奋袂如风，画壁立就。章侯为纯卿画佛，而纯卿舞剑，正今日事也。"纯卿跳身起，取其竹节鞭，重三十斤，作胡旋舞数缠，大噱而去。②

红叶成了文人生活的一个境，在这个境中文人尽情舒畅，画画，听曲，赏戏，观舞，参与人都找准了自己的角色位置。在这里，赏戏已然成为文人生活的一部分。又如《陶庵梦忆》中的《虎丘八月半》、《西湖七月半》，亦展示了明清文人以戏佐雅或以俗佐雅的文学活动。在铺叙完俗人在闹热中听乐的情形之后，张岱浓墨重彩地叙写了精致的士大夫戏曲生活：

士夫眷属皆下船水嬉，席席征歌，人人献技，南北杂之，管弦迭奏，听者方辨句字，藻鉴随之。二鼓人静，悉屏管弦，洞箫一缕，哀涩清绵，与肉相引，尚存三四，迭更为之。三鼓，月孤气肃，人皆寂阒，不杂蚊虻。一夫登场，高坐石上，

①② 张岱《陶庵梦忆》，第65页、第65页。

不箫不拍，声出如丝，裂石穿云，串度抑扬，一字一刻。①

晚明士人不以戏为俗，反在清风明月之下，用戏曲来装点节日盛会，且“藻鉴随之”，其生活的雅致一览无余。

庙会演戏，明清已属常见。张岱也不忘在此留下其戏曲生活的痕迹。追忆当年的严助庙会时，他在陈述贡品、演戏盛况（“缠头日数万钱”）之余，详述其同道者的精彩演出：“剧至半，王岑扮李三娘，杨四扮火工窦老，徐孟雅扮洪一嫂，马小卿十二岁扮咬脐，串《磨房》、《撇池》、《送子》、《出猎》四出。科诨曲白，妙入筋髓，又复叫绝。遂解维归。戏场气夺，锣不得响，灯不得亮。”② 他又回忆：“灯不演剧，则灯意不酣；然无队舞鼓吹，则灯焰不发。余敕小傒串元剧四五十本。演元剧四出，则队舞一回，鼓吹一回，弦索一回。其间浓淡繁简、松实之妙，全在主人位置。”③这种戏曲演出与花灯的巧妙搭配及其形式的错综复杂，极具观赏价值，无怪乎在藻鉴中张岱不无得意地宣示：“易之他人，不能尔尔。”

张岱对戏曲的鉴赏有时也表现为对同道为戏曲艺术所作贡献的赏叹：“刘晖吉奇情幻想，欲补从来梨园之缺陷。如唐明皇游月宫，叶法善作场上，一时黑魆地暗，手起剑落，霹雳一声，黑幔忽收，露出一月，其圆如规，四下以羊角染五色云气，中坐常仪，桂树吴刚，白兔捣药。轻纱幔之内，燃‘赛月明’数株，光焰青黎，色如初曙，撒布成梁，遂蹑月窟，境界神奇，忘其为戏也。其他如舞灯，十数人手携一灯，忽隐忽现，怪幻百出，匪夷所思，令唐明皇见之，亦必目睁口开，谓氍毹场中那得如许光怪耶！”④ 戏曲舞台表演资料在张岱赏心悦目地描述中得以保存下来，文字中的叙述快感令人遐想。

四　张岱戏曲的生命底色

在张岱之前，就有以戏曲的形式来探讨生命的本质和为戏曲献出生

①②③④　张岱《陶庵梦忆》，第95—96页、第72页、第76页、第100页。

命的真实案例。汤显祖用杜丽娘的"生者可以死，死可以生"演绎了尚情的戏曲生命理念。① 而其《牡丹亭》的广泛传播也带来了悲情的读者："（俞二娘）酷嗜《牡丹亭》传奇，蝇头细字，批注其侧。幽思苦痛，有痛于本词者。十七惋愤而终。"② 由此可见，在晚明，以生命为依托的张岱的戏曲生活并非孤立的个案，而是渊源有自。在对伶人零距离描述中，张岱反观到自身的价值："嗣后曲中戏，必以余为导师，余不至，虽夜分不开台也。以余而长声价，以余长声价之人而后长余声价者，多有之。"③ 文人参与优伶调教的戏曲生活，使文人与艺人构成了戏曲价值共同体，正如张岱评论朱楚生时所下的判语一样："性命于戏，下全力为之。"④ 他还记述："南曲中，妓以串戏为韵事，性命以之。"⑤ "性命于戏"或"性命以之"的戏曲生命理念，让张岱与伶人的接触觌自然亲切。在《祭义伶文》中，张岱一洗文人与艺人尊卑有别的陈腐观念，毫无间隔、充满深情地叙述了一个义伶夏汝开的逝去：

吾想越中多有名公巨卿，不死则人祈其速死，既死则人庆其已死，更有奄奄如泉下，未死常若已死、既死反若其不死者，比比矣。夏汝开未死，越之人喜之赞之，既死，越之人叹之惜之，又有旧主且思之祭之。⑥

毋庸置疑，张岱与夏汝开的交往基于其精湛的技艺，夏是个"傅粉登场，弩眼张舌，喜笑鬼诨，观者绝倒，听者喷饭"⑦ 的优秀演员，故张岱对夏汝开动情地叙述及对生命质地的理解与思考折射出了他本人戏曲的生命底色。事实上，这种从伶人感悟生命的不止张岱。李渔记其二姬云：

乔、王二姬，生前无名，皆呼曰"姊"。乔晋人，即名

---

① 汤显祖《牡丹亭记题词》，载《汤显祖集》（二），上海人民出版社1973年版，第1093页。

② 汤显祖《哭娄江女子二首序》，载《汤显祖集》（一），第654页。

③④⑤ 张岱《陶庵梦忆》，第144页、第102页、第144页。

⑥⑦ 张岱《张岱诗文集》，第355页。

"晋姊";王兰州人,即名"兰姊"。既曰无名,则何以有"复生"、"再来"之号?曰:死后追忆,不忍叱其小字,故为是称;一则冀其复生,一则喜其再来,皆不忍死之之词……①

乔、王二人都是李渔所欣赏的有一定禀赋的伶人,早逝后,李渔为之作传,并以复生、再来暗示了对二人早逝的痛惜,以及"愿以来生续之"的一往深情。李渔与伶人这种天长地久的生命交融,建立在他对伶人的真情之上,正如顾梁汾在点评此文时所言:"玩此种文,着眼需在真处、碎处。"②

戏曲对文人生活的深度介入,颠覆了文人对优伶的传统看法,像张岱和李渔那样,留存在文字中的个人对戏曲的生命体会至今闪耀着人性的光芒。

如果说元代汉族士人地位低下,在不幸中为戏曲史增添了一页绚丽的图景,那么,以张岱、李渔为代表的一些明清士人,则更多地以自己的生命支持了个人对戏曲生活的选择,而"性命于戏"的戏曲理念使戏曲在文人生活中得到正面的书写,从而使文人对戏曲的认知也能摆脱戏曲卑卑不足言的陈腐之见,由此在言说戏曲、诗、文时能轻装上阵,如李渔直言"填词非末技,乃与史传诗文同源而异派"③可谓给戏曲一个正确的定位。

(高建旺　山西师范大学文学院讲师)

①② 李渔《乔复生、王再来二姬合传》,载《李渔全集》第一卷,浙江古籍出版社2010年版,第95页。

③ 李渔《闲情偶寄》,载《中国古典戏剧论著集成》(七),中国戏剧出版社1959年版,第8页。

论两部早期“聊斋戏”的“写心”旨趣

胡　瑜

小说是清代戏曲创作的重要题材来源，先后形成了“三国戏”、“水浒戏”、“红楼戏”等蔚为大观的创作潮流。据学者统计，仅“道光以后至辛亥革命之前”，由文人改编并流传至今的“聊斋戏”剧本即有23部之多①。除数量之外，改编者对于《聊斋志异》文本接受的迅敏与深入，也让人印象深刻：乾隆三十一年（1766），青柯亭刊本甫一面世，越二年，即有常州人钱维乔据其中《阿宝》改编作传奇《鹦鹉媒》，是为已知最早的“聊斋戏”。无独有偶，第二部改编之作亦出自常州人——陆继辂。嘉庆八年（1803），他选取《西湖主》与《织成》，捏合而成传奇《洞庭缘》。两部早期“聊斋戏”“无论在内容上还是主旨上都对小说进行了不少改动，在结构上有所改变、创新”，与此相反，清末集中出现的大量“聊斋戏”则“大体

① 郑秀琴《清代聊斋戏的总体特征》，《艺术百家》2008年第3期。

上承袭了小说格局，无论在内容还是主题的阐发上照搬小说的痕迹明显，而结构上也基本套用之前的传奇模式”①。“聊斋戏” 前后特色的迥异，由此可见一斑。惜所见论述未及深入阐明其中原由，尤其是有关两部早期之作的解读仍有较大空间。笔者认为，正是钱、陆两位曲家对于“写心之旨”、“自传之意”②与“情感的真实”的自觉追求，决定了他们在改编中对原著情节大加“篡改”。那么，“写心”是如何渗透于其中的？这对于解析清代中后期文人戏曲创作，又能提供怎样的思考呢？

一　伤逝之作：《鹦鹉媒》中的“自况”意味

钱维乔（1739—1806），字季木，号竹初，维城弟。江苏武进人。著有《竹初乐府三种》、《竹初诗钞》、《竹初文钞》等。乾隆三十三年（1768），时年30岁的他因科举失利而辗转至江苏如皋，以教席谋生。其间寓居由冒辟疆水绘园旧址重修的水明楼上，曾作《水明楼记》，追思冒氏生前广结宾朋、纵情逸乐的生活。祸不单行，是年四月一日，维乔发妻汪氏病故，留下一对年幼的子女，以及“除负郭田外，无一束箸”③ 的四壁皆空之家。钱维乔与汪氏青梅竹马，汪氏更是他在科举困顿的人生低谷时期相依为命的伴侣，因此，钱维乔的丧偶之痛是难以想象的。为了排遣前途未卜、孑然孤身的愁闷，钱维乔在如皋坐馆之余，将个人精力悉数付诸两部篇幅颇大的传奇创作上，先后完成了以悼亡为主题的《碧落缘》与《鹦鹉媒》。《碧落缘》改

① 郑秀琴《清代聊斋戏的总体特征》，《艺术百家》2008年第3期。

② 此处借用了清代杂剧中颇具匠心的创作“范式”——“写心”来概括这一创作特色。参考杜桂萍《写心之旨·自传之意·小品之格——徐爔〈写心杂剧〉的转型特征及其戏曲史意义》，《南京师大学报》（社会科学版），2006年第6期。

③ 钱维乔《亡妇汪孺人事略》，《竹初文钞》卷五，《续修四库全书》第1460册，上海古籍出版社2006年版，第269页。

编自汉代乐府《孔雀东南飞》，敷演焦仲卿与刘兰芝夫妇的生死恋情①，这亦是已知最早将此长篇叙事诗改编为戏曲的创作。“碧落缘”当取自白居易《长恨歌》“上穷碧落下黄泉，两处茫茫皆不见”，借唐玄宗苦觅死去的杨玉环这一历史故事，表达一种无法承受的相思之痛。据维乔自述，《鹦鹉媒》的创作缘起在于《碧落缘》完成月余，作者的哀思仍绵绵不绝，对于逝者的牵挂远未获得超脱，于是他“愀然而叹曰：嗟乎！情之不可以已也如是!”② 并开始了《鹦鹉媒》的创作，再度尝试用作剧来拯救身处悲痛泥沼而无法自拔的情感与灵魂。

鉴于此，《鹦鹉媒》与原著相比，主旨意趣、情节、人物均发生了明显变化。钱维乔的改编意在突出自身在遭遇生死离别之际对于生命与爱情的思考，并且在剧中不惜借助于“物化”的灵异手段，来突破生死的界限，以追求爱情的天长地久。相应地，原著所着力表现的孙子楚与阿宝结合的“事之奇”，到了《鹦鹉媒》则变为着重敷演的两人因生死不渝的爱情信念而终得完聚的“情之奇”。就人物形象而言，原著似乎高出《鹦鹉媒》一筹，因为阿宝对于恋爱、婚姻的自主意识是王宝娘所不具备的，且《鹦鹉媒》中无论男女主人公皆带有浓厚的宿命思想，这更加削弱了原著中人物的可贵性情。但是，若从言情的角度而言，《鹦鹉媒》实高出了《阿宝》一大截，其中对主人公孙子楚“痴情”、“苦情”的描摹尤见力度，不仅着重于表现他追求之苦，更突出了他求而不得后越发坚定的信念。第九出《朋剖》中，孙子楚面对自己的断指表白道：“小生前日发愤去了这只指，又托巫妈妈去致意小姐，你看他并没个回音相覆，不知果然去也

① 《碧落缘》剧本已佚，剧情由逍遥子著《后红楼梦》之首尾两回得知。如该书最末一节直接以“林黛玉初演碧落缘，曹雪芹再结红楼梦”为题，亦可由此推测《碧落缘》或许曾经搬演于舞台。

② 钱维乔《鹦鹉媒传奇序》，《竹初文钞》卷一，《续修四库全书》第1460册，第207页。

不曾。咳！小姐，难道我孙子楚这样苦情，你还有甚憎嫌也呵！”钱维乔不仅将孙子楚塑造成一位痴情者，而且一再借他之口唱出自己内心苦涩的思念：“恨佳人，守深闺心儿太忍，不解书生悃。是伊家形容逗的销魂，还则是受奚落些儿不嗔。那更拼骨肉为卿伤损，便铁石也留神。”

此外，钱维乔还在剧中设置了诸多情节让孙子楚为爱情经受种种考验，既疏解了内在的“苦情”，又强化了人物坚定的爱情信念。在恋情的开始，孙子楚即“断指”表示爱的决心，此后情节的设计越发离奇：孙子楚为王宝娘两度离魂，命若游丝，最终只能在友人李蕴之及学中老师的鼎力相助下，才与宝娘双双生还、结为夫妇。第三十出《画叙》，以宝娘之口代言痴情书生的苦情衷怀：“端只为志诚一个，守虚缘拼却多磨。几瞒他侍妾长吁，感煞你新诗苦和。如何，直到物化相寻，不曾把前情轻抹。也算的心坚金石，两边担荷。”但在丧偶的剧作家看来，即便如此仍不足以宣泄其感伤，因此又改动了原著情节。原著为孙与阿宝结为夫妇三年后，孙忽然生病，将殓之时复活，言冥王以其妻贤而令再生。《鹦鹉媒》则改作孙王婚后半月，孙病逝，王即殉情，后双双冥释得返人间。此处的改动含意颇深，将孙生病的时间由婚后三年改为婚后半月，无疑是为了突出男女主人公在两情相悦的欢畅时节遭遇突如其来的分崩离析时的心灵剧痛。增添宝娘殉情的情节，虽然不无礼教风化观的影响，然而在此处却加深了情人之间同生共死的感人意味。尽管结局《双还》一出虚拟了孙王双双生还的大团圆结局，该出的重头戏却是两人重逢时感人肺腑的互诉离情。孙子楚道：“俺苦悠悠刚别的妆台远，你惨生生却寻来残魄边。若不是返斜阳一梦牵，怕还在绕悲风两下悬。似这等地窟里夫妻，今日睁睁也，怎不入骨恩情双泪涟。”这实可看作是钱维乔自我“写心”之辞。王宝娘亦倾诉：“还待赤紧偎依，只怕轻离也，犹恐是邂逅泉台幻里缘。”唱词之所以感人，实缘于作者对恋人心理的深入揣摩，他想象亡妻如有灵念亦当苦苦思念自己：一旦出现奇迹得以再生重逢，喜悦之余必然惧怕会再度失去。

通过以上的分析，我们可以领略钱维乔作剧的动机在于“浇自己块垒”，其作品旨趣在于弥补丧妻后日常生活中的情感缺失。在改编过程中，他并不拘泥于原作的叙述细节，而是尽力营造与自己生活、情感细节相贴合的氛围，企图最大限度地达成自己与剧中人物的情感共鸣以寄托内心的相思。对于“写心之旨”与“自传之意”的追求，可说是钱维乔此篇悼亡之作的创作旨趣。

二　应酬之曲：《洞庭缘》中的“感遇”情结

陆继辂（1772—1834），字祁孙，一作祁生，号修平主人、崇百药斋主人，江苏阳湖人，著有《崇百药斋文集》、《合肥学舍札记》、杂剧《碧桃记》、传奇《洞庭缘》等。嘉庆八年（1803），陆继辂落第后入松江李廷敬幕，其间曾有“入幕遍集高才生，就中我辱青眼最”① 之句，可见他极受幕主的礼遇。同时活跃于李府的常熟女史归懋仪亦记载了陆氏在幕中的优越处境：“怜才难得使君偏，列宿常看聚绮筵。有客月明吹玉笛，醉吞沧海制新篇。”② 李廷敬喜爱戏曲，其家班的演出在嘉庆年间的松江地区颇负声名。李家班曾习演陆继辂早期的一部长达三十六出的传奇《秣陵秋》（与同里庄达吉合著）。在筹备李廷敬晋京述职的欢送筵席时，陆继辂受命填词作剧。他选择了《聊斋志异》的《西湖主》与《织成》，将两则故事穿插一起，敷演成陈弼教、柳宗望与西湖主、织成的遇合故事，即《洞庭缘》。故事以贾绾奉旨西征，陈弼教与落第书生柳宗望相约先后随贾至其蜀地幕中开始，以洞庭君、陈弼教、柳宗望为副将军贾绾饯行之《圆宴》

---

① 陆继辂《送李兵备入觐》，《崇百药斋文集》卷二，《续修四库全书》第 1496 册，第 589 页。

② 归懋仪《味庄师招看〈洞庭缘〉新剧，次祁生自题韵》，载《聊斋志异戏曲集》，上海古籍出版社 1983 年版，第 240 页。

作结。在《圆宴》一出中，贾绾所承受的陈、柳二人之溢美："你本是左元仙伯，宰官身亲承帝眷。休问他恁时冲举，只将你相业勤宣。圣贤仙佛转轮般，待细把千秋青史看。"实则为陆继辂对幕主李廷敬知遇之恩的感激与歌颂。剧中的贾绾其实是对李廷敬的影射，贾绾的"奉敕还朝"，所指实为李廷敬的晋京述职。宇文所安曾把唐代的宫廷诗称作"一门社交的艺术"①，而"社交"的意味同样存在于陆继辂的《洞庭缘》创作过程中，只是戏曲的"代言体"性质多少使他在其中表达的对于李廷敬的歌颂不至于太过肉麻。为了更好地配合宴席的氛围，陆继辂还在末出中着意安排了热闹的、载歌载舞的表演形式，并特地对于场上动作加以说明："每一段歌舞毕，轮奉一巨觞。"

这样看来，《洞庭缘》的创作动机、创作旨趣似乎与前面分析的《鹦鹉媒》的"写心"、"自传"截然不同。但是，细读《洞庭缘》会发现"写心"与"自我情感的真实流露"依然是这部作品在题材选择中的依据，在架构情节、设置关目时的内在逻辑。剧中的陈弼教与柳宗望（以柳生为原型）为好友，两人相约同赴巴陵，先后与洞庭君的公主（据西湖主原型改编）、织成（剧中作为洞庭君妃的婢女）相遇，结为神仙眷属。剧情于此戛然而止，不复敷演《聊斋志异》中的后续情节。全剧共十六出，在情节设置上多为平铺直叙，所重唯在于对人生际遇之离合兴衰的感怀。首出《幻影》以【满江红】曲点明了全剧主旨："慧剑不挥离别感，罗巾合揾英雄泪。借荒唐旧梦写新愁，从憎爱。"随后，陈弼教出场自我剖白："小谪红尘二十年，狂来欲笑李青莲。无端醉捉波中月，不作天仙作水仙。"表明的是一种高洁的归隐心态。随即引出柳宗望落第一事："这柳生雅抱金丹之癖，未灰用世之心。春初计偕北行，闻已下第。咳！元伯，元伯，你怎么这般看得不达！你见近科礼部这一张榜上，可有几个知名之士来吓！"陈弼教的一番言语正不妨看作是该年春试落第的陆继辂

---

① ［美］宇文所安《初唐诗》，生活·读书·新知三联书店2004年版，第173页。

的一番自我慰藉。面对现实遭遇深感无奈与无力违抗，冀图以归隐、神仙之道来超脱俗尘，可以说是陆继辂在塑造柳宗望与陈弼教两个人物形象时的用意所在。

此外，《洞庭缘》中两对男女主角的离合之情虽然占据了大部分的篇幅，然而，不论是主题意旨，还是行文的出彩之处，皆在于抒发人生遇合之感慨。几处对于爱情的描写皆袭用套路，未及深入人物的内心，皆不若首尾两出中表现的陈、柳二人对于功名前程的渴望、欣羡的心态，与作者创作此剧时适逢“落第归来”之际遇两相契合。第二出《寄幕》中的【醉罗歌】唱道：“有客有客天上来，谪堕谪堕恁苍黄。只愁你，如云意气忒轩昂，消不尽雄心壮。功名得失，今番浅尝；悲欢游戏，今番下场，道心肯被尘心障。非相谤，休悒怏，少不得白云红尾跨双双。”如果从对传奇“言情”模式的超越而言，《洞庭缘》的遇合感怀实不失其个性。

三 由“写心”而“情感的真实”及其与清代戏曲的案头化

李渔曾指出：“传奇妙在入情”①，“传奇无冷热，只怕不合人情”②，“情到极真文便好”③。综合而言，可谓之“情感的真实”，此为构筑戏曲情节最为合理的内在逻辑，也是钱维乔与陆继辂改编时共同遵守的编剧原则。这一原则同样存在于清代“红楼戏”“绝大部分的作品，尤其是出数或者折数较多的作品”中，它们“并不甚关注是否符合‘曹雪芹原意’”，而更为追求“阅读时情绪的满足感”④。所以，尽管名为“聊斋戏”、“红楼戏”、“三国戏”，却往往并非是对

---

① 李渔《闲情偶寄·演习部·变调第二》，载《李渔全集》卷十一，浙江古籍出版社 1992 年版，第 73 页。

② 李渔《闲情偶寄·演习部·选剧第一》，载《李渔全集》卷十一，第 69 页。

③ 李渔《寄答陈学山少宰》，载《李渔全集》卷一《笠翁一家言诗词集》，第 189—190 页。

④ 李文瑶《〈红楼梦〉戏曲研究》，复旦大学 2010 届硕士学位论文。

原著的忠实反映，更多的是“借他人酒杯，浇自己块垒”。

如果将研究的视域进一步放大，“真实”作为文人创作戏曲时的原则与特色之一将更为明显地展现出来。自清初廖燕在《柴舟杂剧》中“以作者自身为剧中人”，首开杂剧的自传性创作手法之后，乾隆年间徐爔以十八出《写心杂剧》秉承了这一传统，杂剧的写实特征蔚成风气①。如陆继辂在《洞庭缘》之后创作的杂剧《碧桃记》，据其现存的《雨画》一折可知，剧本完全依照友人吴嵩梁姬妾岳绿春的事迹创作。同里汤贻汾曾在山东灵邱任上感于自身所经历之捕贼、访友事，创作《逍遥巾》杂剧，剧中人名、事由完全据实敷演。除了备受关注的“写心”式杂剧之外，“写心”与“自传”之意亦已在嘉道年间文人的传奇创作中荡起层层涟漪。据曲家蒋学沂《纪龙夫人事》所载亦能窥见其端倪：“嘉庆丙寅冬十月，值五郎镇兵叛，余客关中，得夫人事甚悉”，“甲申春，始（与杨将军）相遇于京邸，谈此事颠末，属谱传奇未暇也”②。曲家陈森亦曾坦言《梅花梦》传奇的创作“未半月而就”，从第一出至第十六出，谨依好友张若水《梅花梦》七律而成，剧中张若水、梅小玉、英济庭、沈愚山、海东川、言希立等皆为真人真名，只是对个别人物的身份有所改动③。可见在嘉道年间，以“传人事迹”而创作传奇同样成为了一种风尚。降至光绪年间，仍不乏“纪传体”的戏曲创作，如同为常州曲家的谈小莲即将同里刘心珏的纪实性五言古诗《沈娥行》改编作《孝娥记》传奇，为一位普通的民间忠孝女子作传④。由此可见，戏曲创作由注重“情感的真实”，逐渐产生了对于真实的严重依赖，甚至于形成了“纪传体”的戏曲。由此带来的文人戏曲选材视野的狭窄，创

---

① 杜桂萍《写心之旨·自传之意·小品之格——徐爔〈写心杂剧〉的转型特征及其戏曲史意义》。

② 蒋学沂《纪龙夫人事》，《菰米山房文钞》，清代抄本，南京图书馆藏。

③ 陈森《梅花梦事说》，《梅花梦》，民国石印本。

④ 胡瑜《近代曲家谈小莲事迹考》，《文教资料》2009 年第 18 期。

作情趣的孤芳自赏，对于舞台搬演、大众趣味的无暇顾及，必然加剧戏曲作品案头化的趋势。当然，对于趋实的题材演变特征的评价不能简单化，特别是深入到具体的作品中时，便会发现一些感情充沛、格高意淳、凸显时代文心之作。但相对于清代戏曲舞台艺术的成熟与大放异彩，“真实”亦难以扭转剧本创作的衰颓之势。

（胡瑜　安庆师范学院文学院讲师）

戏曲研究

试论弋阳腔文学视野中的“包公戏”及清官崇拜[①]

何世剑

弋阳腔是中国较为古老的戏曲声腔之一，它出于南戏，在明代得到了较好发展，渐成声势，是当时优伶们熟练演唱的一种腔调，与昆山腔、海盐腔、余姚腔等合称为明代“四大声腔”。弋阳腔是尚“俗”戏曲的典范，在中国戏曲史上具有举足轻重的地位。[②] 新时期以来，关于弋阳腔的研究逐渐增多，主要体现在对其渊源流变史的爬梳、基本剧种剧目的整理、声腔曲牌品性的分析、演艺程式及表演史的思考等方面。随着“非遗学”研究的兴盛，学者们纷纷将之上升到承传保护的高度予以深思。但需指出的是，当下对弋阳腔的文学文本研究及文化研究、社会研究还显得不够，弋阳腔盛演的“包公

① 本文为江西省艺术科学规划课题《江西文化产业品牌培育、发展研究》（项目编号YG2013157）、江西省高校人文社科课题《文化产业“倍增”发展战略视野下的“赣傩”生产性保护与产业开发研究》（项目编号 YS1333）阶段性成果。

② 万叶《弋阳腔报告》，载《功崇惟志写春秋》，百花洲文艺出版社 2006 年版，第70 页。

戏”、“关公戏”等研究较为薄弱，还不能较好地把握弋阳腔文本的社会内涵、文化思想及精神品格。在社会发展建设和文化转型时期，有必要进一步探析弋阳腔叙演“包公戏”的思想内容、美学精神和文化品格，激活其当代价值和意义。

一　弋阳腔文学视野中“包公戏”的思想内容

从剧本文学的角度论，依据历代史学家对弋阳腔文学剧本的统计，将弋阳腔及其分支青阳腔、宜黄腔、四平腔、徽州腔、徽州雅调、赣剧等（即戏曲史家俗称的“弋阳诸腔”或“弋阳腔腔系”、“高腔腔系”）包括在内，大约有一百三十余种。按照故事的内容，大致可分作四类：历史故事剧、神怪故事剧、社会故事剧和谑笑谐趣的花杂小戏。“包公戏”是历史故事剧中“公案戏”的重要类型，有不少经常搬演的代表剧目。

弋阳腔的“包公戏”有意识地叙演包公断案折狱故事，题材内容多来自于包公史传、逸事、法律文书及其他见诸文字记述的附会于包公的执法活动和狱讼案件，创作和表演时并不完全实录史事，而进行了创造和改编，使之带有一定的“志人”、“志怪”特性。如《天缘记》（又名《摆花张四姐思凡》）一剧，叙演的是包公断案故事，而《曲海总目提要》指出：“出于鼓词，荒唐幻妄，然铺设人物兵马、旗帜戈甲、战斗击刺之状，洞心戒目，可喜可愕，亦有足观者。”① 又云：“驾雾腾云，飞沙走石，交战时各显神通。……其说颇仿《西游记》、《封神演义》，各出皆仙女当场，戎装武饰，他剧所无也。”② 可见，它是在“公案”的基础上结构了一些神怪故事。弋阳腔搬演“包公戏”很大程度上受到宋元以来勃兴的“说公案”、“公

---

①② 董康《曲海总目提要》，载俞为民、孙蓉蓉编《历代曲话汇编》，黄山书社2009年版，第1418页、第1419页。

案剧”的影响，吴自牧《梦粱录》称：“凡傀儡，敷衍烟粉、灵怪、铁骑、公案、史书历代君臣将相故事话本，或讲史，或作杂剧，或如崖词。”① 于此可见南宋时傀儡戏中已有“公案”这一题材分支。弋阳腔搬演“包公戏”，主要以赞扬清官包公、贬抑贪官为创作旨归，塑造和演绎了一群封建集权时代在复杂的社会管理、治安事务中鲜灵活现、个性各异的官场人物。

弋阳腔叙演“包公戏”，在古代“公案戏”中占有很大比重，深受广大百姓的欢迎和好评，典型地反映出了民众的“清官崇拜”心理。“江湖十八本”是弋阳腔文学和表演史上的经典剧目，中有《珍珠记》、《摇钱树》、《瓦盆记》三本，均叙演“包公”故事，也是弋阳腔“公案戏”中的代表性剧目。史载，清乾隆年间江西弋阳腔班社为进一步扩大声誉，赢取利润，曾对弋阳腔演出的剧目重新进行了一番调整，打出弋阳腔“江湖十八本”的牌号以招徕观众。关于《珍珠记》，《曲海总目提要》卷三十六云：“按记内情事荒唐，大略本于世俗所谓龙图公案，而宾白村鄙，乃弋阳曲之最下者。”② 又如《瓦盆记》，《远山堂曲品》列入《杂调》，剧名《乌盆记》，云：“窃元人《盆儿鬼》、《陈州粜米》二剧，为包公作传，末及李宸妃诞仁宗一事，与《金丸》不类。”③《摇钱树》，又名《摆花张四姐》，叙演玉帝之女摆花张四姐思恋凡间，下界与书生崔文瑞成婚，幻化为摇钱树，崔家骤然富庶起来。王员外诬陷崔文瑞为盗贼，逮拿入狱，张四姐劫牢房解救崔文瑞，包拯往查，被押禁。回朝之后，令杨文广、穆桂英等前往捉拿，均被张四姐摄拘魂魄入瓶中。包拯上见玉帝，玉帝招四姐回天宫。四姐不从，玉帝于是派遣哪吒、悟空等天兵天将前

① 吴自牧《梦粱录》，载（宋）孟元老《东京梦华录》（外四种），上海古典文学出版社1956年版，第311页。

② 董康《曲海总目提要》，载俞为民、孙蓉蓉编《历代曲话汇编》，第1274页。

③ 祁彪佳《远山堂曲品》，载俞为民、孙蓉蓉编《历代曲话汇编》（明代编）第三集，第623页。

往擒拿。哪吒化身为蝶，先摄走了摇钱树，四姐恃勇与诸神大战，诸神皆非其敌。最后在六位仙界姐妹的劝告下，四姐才忍痛返回天宫，并携带崔文瑞同往。此为全本，单出者有《四姐下凡》、《包公上天》、《鹊桥分别》等。该剧大约于清初搬上舞台，据清焦循《剧说》载，王士祯“奉命祭江渎，方伯熊公设宴饯之。弋阳腔演《摆花张四姐》，问所本？阮亭默然。公语人曰：谁谓王阮亭博雅，今日为我难倒”①。周贻白《中国戏剧史长编》认为：“宴客演剧用‘弋阳腔’，在明代万历间，已认为不敬。迨‘昆腔’勃兴，则更不挂于人口，到清初居然用于士大夫之饯筵，其为当时盛行可知。”②

除上三者外，弋阳腔叙演“包公戏”的还有《剔目记》、《鱼篮记》等剧目。《剔目记》，明祁彪佳《远山堂曲品·杂调》云：“此龙图公案中一事耳。包公按曹大本，反被禁于水牢，此段可以裂眦。”③1954年在万泉县百帝村发现了清道光年间抄写的明代青阳腔剧本，中有《剔目记》、《三元记》、《黄金印》、《涌泉记》等4本，说明明代山西也曾用弋阳腔流播过“包公戏”。《鱼篮记》本事出自明《包龙图判百家公案》第四十四回《金鲤鱼迷人之异》，又见《龙图公案·金鲤篇》。弋阳腔多演“包公戏”，与元杂剧“包公戏”发达密切相关。虽然弋阳腔“包公戏”的有些剧目中，包公断案并不占主要位置，但却在一定程度上增加了作品中关目情节的曲折性，显出较高超的写作技巧，其意义和价值不可小觑。

弋阳腔盛演“包公戏”，深远地影响了弋阳腔文学中其他“公案戏”的创作和表演，塑造了许许多多清官断案折狱，为百姓申冤报仇、主持正义、维护尊严的故事。这些清官故事或出自史传，或来自

---

① 焦循《剧说》，载俞为民、孙蓉蓉编《历代曲话汇编》（清代编）第三集，第406页。

② 周贻白《中国戏剧史长编》，上海书店出版社2004年版，第368页。

③ 祁彪佳《远山堂曲品》，载俞为民、孙蓉蓉编《历代曲话汇编》（明代编）第三集，第621页。

社会现实，或为作者虚构。如弋阳腔腔系中湘剧高腔常演的“三十六按院”，主流是“公案戏”，代表性的剧目有《奇双会》、《一捧雪》、《四进士》、《玉堂春》等，“江南四大奇案”的《杨乃武》、《蔡鸣凤》、《杀子报》等亦多演，有广泛的受众。“江湖十八本”中的《杞良妻》、《八义记》、《草庐记》、《风波亭》等，其实也具有一定的“公案”性质。“包公戏”及公案剧的盛行反映了民间对腐败政治的不满和对清官的向往，它触及了经常出现的社会伦理道德和法治问题，形象地表现了包拯等清官摘奸发覆、绳顽警愚、为受害者洗冤昭雪的事迹。

二　弋阳腔文学视野中“包公戏”的美学精神

王骥德《曲律·论剧戏》指出：“传中紧要处，须重著精神，极力发挥使透。”① 弋阳腔叙演“包公戏”之所以能够长久不衰，获得不同时代广大受众的认同和赞赏，与它内蕴有能满足受众“期待视野”的美学精神密切相关。

第一，弋阳腔叙演“包公戏”，重视发扬“兴观群怨”审美精神。明李贽《焚书·杂述·红拂》有言：“孰谓传奇不可以兴，不可以观，不可以群，不可以怨乎？饮食宴乐之间，起义动慨多矣。”② 明程羽文《程氏曲藻》一文指出：“盖才人韵士，其牢骚抑郁、啸号愤激之情，与夫慷慨流连、谈谐笑谑之态，拂拂于指尖，而津津于笔底，不能直写而曲摹之，不能庄语而戏喻之者也。……状忠孝而神钦，状奸佞而色骇，状困窘而心如灰，状荣显而肠似火，状蝉脱羽化飘飘有凌云之思，状玉窃香偷逐逐若随波之荡，可兴可观可惩可劝。

---

① 王骥德《曲律》，载《中国古典戏曲论著集成》（四），中国戏剧出版社 1959 年版，第 137 页。

② 秦学人、侯作卿编《中国古典编剧理论资料汇辑》，中国戏剧出版社 1984 年版，第 51 页。

此皆才人韵士以游戏作佛事，现身而为说法者也。……当知：曲以诠情性之微，不为曲解；戏以节作止之序，不同戏观，乐尽可知矣。”①可见，除了诗歌具有“兴观群怨”、“道情”的审美效应和社会教化功能外，戏曲亦然。它塑造出了一个刚正不阿、秉公执法、为民作主的“清官”包拯，“包青天”角色及为之结构的故事，有助于人民的兴、观、群、怨。

首先，历史上的包拯担当了建构社会公平、正义的职能，这正是生活在社会底层的民众所期待、呼唤和欢迎的。引入戏曲中进行表演，更有助于普通百姓“审美起兴”，可以吸引民众的注意力，激活他们的审美热情，同时也能疏解诸多不得志文士心中的郁结和愤懑。科举取士时代，虽然有些底层学子依靠父母辛劳支持、亲友接济援助和自身寒窗苦读侥幸考取了功名，却往往被权贵阶层收纳为婿，自愿或被迫失却了农民本色，成为剥削压迫势力的附庸和恃强凌弱的爪牙。有些文士中举后，因不愿与黑暗势力同流合污、沆瀣一气而遭到打压，被排挤出官场。更多的寒士汲汲于功名，奔波于科场，却难以获得晋身进阶的机会，只能在社会底层郁郁终身。其间的种种冲突、争端和不平，均为戏剧矛盾的生发准备了条件，成为了弋阳腔叙演“包公戏”的创意泉源、故事素材。在包拯这一人物的身上，集结了下层百姓渴望清官的“审美期待”，编演者和观众幻想这样的清官能带来一个天清地宁的和美社会。

其次，弋阳腔叙演“包公戏”，可以较好地发挥“观”的美学精神。透过包公戏，可以观时政之兴衰，观民风之得失。《节义贤》、《钓金龟》、《三官堂》等之所以为百姓耳熟能详，就在于它透视社会种种黑暗现象和不正之风，揭示了封建集权的腐朽本质，帮助我们认识社会时政得失。底层百姓的痛苦很大程度上来自于上层统治阶级的飞扬跋扈、专横弄权，很多官员结党营私、贪赃枉法、鱼肉百姓、陷

① 秦学人、侯作卿编《中国古典编剧理论资料汇辑》，第124页。

民于水火之中，老百姓由于没有掌握国家机器，有怨难平，有恨难伸，有仇难报。围绕包公审案断狱结构故事，或借包公之眼来透视社会腐朽、黑暗，能够触及社会政权的基础，显示治乱之根本，暴露更多的政治痼疾和社会弊病。

再次，用弋阳腔来叙演“包公戏”，更能发挥其“可以群”的审美精神。由于弋阳腔以“俚俗为美”，语词、唱腔和表演风格均有着典型的“俗”化特征，走的是下层路线，人民性、民间性强，所谓“同声相应，同气相求”，演“包公戏”能深入灵魂深处去体察民众的心声，造成感情上的共鸣，从而引发大家的兴趣，调动更广大群众的情绪。弋阳腔演“包公戏”，代传不衰，就在于它有着广泛的群众基础，能让百姓“群居相切磋”，产生趋同的情感效应。

最后，弋阳腔叙演“包公戏”有助于创作者及受众表达审美认同观念和美学批判见解，“可以怨”的表现相比诗歌更形象直观，故事性更强，审美游戏精神也更鲜明，这可从《锦罗帐》、《避尘珠》等剧目见其一斑。和其他戏相比较，“包公戏”在社会批判、文化批判和人文情怀、价值理性建构等方面也有一定的优势，对封建时代的政治建设、社会建设起到了较好的“镜鉴”作用，帮助礼崩乐坏时期宗法礼仪、伦理纲常朝着和谐有序的方面发展，为社会生态的安全稳定、文化风俗的温柔敦厚奠定牢靠坚固的民众基础。

第二，弋阳腔叙演“包公戏”，强调阐扬“温柔敦厚”的美学精神。“温柔敦厚”是古代儒家大力提倡的“诗教”传统，它强调诗歌可以“怨刺”、“以讽其上”，但必须“怨而不怒”、“止乎礼义”，通过温柔委婉的语词写出恭顺敦厚的形象，寄寓讽刺之义，用以感化人之善心。受儒家“温柔敦厚”诗教观念的影响，弋阳腔叙演“包公戏”，也追求表现这一和谐美学精神和中庸理想信念。

首先，从内容、结构方面看，“弋阳腔”所演的众多“包公戏”，内容上着眼于宣扬儒家的忠孝节义观念，重视阐扬“温柔敦厚”之美。戏曲结构上虽设置了一定的悲怨情节，但引导观众的却是“哀而不伤”原则，结尾也往往是和谐美满的“大团圆”结构，而非痛心疾首的悲剧终场。如《珍珠记》结尾，王金贞去开封府包大人处告状，包拯听后大怒，伸张正义，秉公办案，辨明冤情并上奏皇帝。皇帝龙颜大怒，下诏责罚温丞相，将之贬谪，并恩准王金贞鞭打温氏。在王百万夫妇的婉言劝告下，心地善良的王金贞原谅了温氏，两人共同侍奉高文举，赢得了夫妻团圆的美好结局。

其次，从曲辞方面看，弋阳腔文学视野中的“包公戏”注重以俗来调和雅，用俚俗曲辞表现深刻的文学主题。它弥补了文人传奇语言过于优雅的弊端，能引发下层百姓的审美认知和情感共鸣。如《还魂记》第十四出《贺建》，曹二不顾身份、场合和喜庆氛围，以满口土俗粗野之言数落包公，近乎泼妇吵架，这样的戏剧表现贴近了民众生活。更有甚者，满腹文才、清正廉明的包老爷也满嘴土话：“贼，你好似藤萝绕树生，树倒藤萝死。劝伊休倚势，倚势只如此。你若改过则可，如若不改过，有一日犯于吾手，斩你头的日子还在。贼！贼！”开口闭口一个“贼”字，显现了包公也是凡人，丝毫没有端一点官架子。焦循《花部农谭》指出：“其事多忠、孝、节、义，足以动人；其词直质，虽妇孺亦能解；其音慷慨，血气为之动荡。”①弋阳腔之所以那么受民间百姓喜爱，很大程度上是由于其舞台语言和百姓日常生活语言相一致，这些语言的质朴本色和敦厚品性有助于拉近剧作与人民之间的审美距离。

再次，从表演形式方面看，弋阳腔所演包公形象十分鲜明，其形妆、设色、勾线等以“中和”为美。演员黑色涂面，额头不是通常戏剧表演中所画的“日断阳夜断阴”的月牙图形妆，而是勾画一块半圆形图案，寓意人物品性朗如明月，刚正不阿，铁面无私，忠勇正直。尚“圆”的和谐美学表现正是“温柔敦厚”审美精神在包公角

① 陈良运主编《中国历代赋学曲学论著选》，百花洲文艺出版社 2002 年版，第 1024 页。

色舞美设计方面的自觉显现。

最后，从戏曲美学诉求和效果方面看，弋阳腔所叙演的“包公戏”旨在惩恶扬善，导人归正。清代李渔《闲情偶寄·词曲部·结构第一·成讽刺》指出：戏曲“借优人说法与大众齐听，谓善者如此收场，不善者如此结果，使人知所趋避……”①。对作者来说，应该“务存忠厚之心”，立意须“有关风化”，以“劝善惩恶”，不能借助戏曲来“报仇泄怨”。对观众来说，也不必对剧中情事和人物捕风捉影，妄加“索隐”。弋阳腔所叙演的“包公戏”较好地把握了这一叙事和表演原则，所写的大量包公故事实非历史上包公的真实事迹，而是一种有意的附会，之所以要将一切好事都会聚于包公，目的是借重历史上包公大公无私、秉公执法的美誉，达到让人信服的目的。

三　弋阳腔文学视野中“包公戏”的文化品格

社会黑暗，朝政荒淫，吏治腐朽，百姓对清官文化有着广泛的审美期待，这是弋阳腔经常搬演“包公戏”的根本原因。司马云杰在《文化价值论》一书中指出：“文化赋予人以价值反思能力，但是，当人类获得这种能力对外部世界进行价值反思时，他就不仅仅对文化世界，而且要对整个外部世界包括自然界进行价值思维和判断。只有在这时候，自然界以及整个外部世界才对人的价值意识起作用。”②弋阳腔文学视野中“包青天”形象及其整治朝纲、兴利除弊、为民申冤的种种举措共同积淀形成的包公文化，能给反思社会弊端的民众以短暂的慰藉，满足了他们对公平、正义的理想渴求。弋阳腔文学视野中“包公戏”的文化品格主要体现在三个方面：

第一，崇尚清正廉洁、不徇私情。清廉对于官员来讲，既应是他

---

① 李渔著，沈勇译注《闲情偶寄》，中国社会出版社2005年版，第329页。

② 司马云杰《文化价值论》，山东人民出版社1990年版，第55页。

们的立身准则，也应是为政的要求。“廉者，清不滥浊也。”（《周礼·小宰注》）清官能自我约束、廉洁奉公、纯白不染，不与贪腐同流合污。清官能明辨是非，以义取利，知礼义廉耻。元好问有言：“能吏寻常见，公廉第一难。”（《遗山集》十一）指出古代封建社会中，在生活上清贫廉洁、不贪民财，爱民如子，与民同甘共苦官员的稀缺和不易。许幸之《导演论》一文中指出：“演员的任务是创造一个‘戏剧的人格’。他不但要创造剧作家和导演者所想象的人物与人格，并且要创造千万观众所想象的人物和人格。因为一切的故事、人物、声音、笑貌必须通过演员来表现，所以演员在观众之前，成了一个形象化了的艺术的人格——这艺术的人格，往往被观众所爱戴或是唾骂。”① 古代优秀的演员在弋阳腔戏曲中塑造了受人爱戴的包公形象，表现出他清正廉洁的文化人格。《陈州粜米》一折中叙写包拯，坦陈他亦有“待不要钱呵，怕违了众情；待要钱呵，又不是咱谋”的心理波折，尽管如此，清正廉洁仍然是其心中坚持不变的理想信念，剧中随包公微服私访的张千之言形象地道出了这一点：“你不知道这位大人清廉正直，不爱民财。虽然钱物不要，你可吃些东西也好。但是到的府州县道，下马升厅，那官人里安排的东西，他看也不看，一日三顿，则吃那落解粥。”其他如《灰阑记》中赞赏包公“每皇皇于国家，耻营营于财利”，《盆儿鬼》中慨叹他“有十分为国之心，无半点于家之念”，《勘头巾》中直言包公“与百姓水米无交”，也都反映了这一点《宋史·包拯传》中只是记述包拯“衣服、器用、饮食，如布衣时”，而在弋阳腔文本中则形象鲜明、细节传神，显示创作者有意识地迎合观众的美学诉求，对包公形象进行了烘托塑造。

第二，弘扬矜谨节义、贞刚正气。鲁迅先生曾把那些埋头苦干、拼命硬干、为民请命、舍生求法的人称为民族的脊梁。历史上清官谏臣由于能清正廉洁，敢于犯颜直谏、替百姓伸张正义而广受人民称颂

---

①. 季玢《中国现代戏剧理论经典》，苏州大学出版社 2008 年版，第 362 页。

和尊敬的事例不绝于书，包公是其中突出的代表。《节义贤》（又名《生死牌》）有意识地弘扬了包拯的矜谨节义、贞刚正气。此外，也有不少戏剧通过剧中包拯的语言和心理剖析等表彰他的“正气”。如《高文举珍珠记》第二十一出《诉怨》有【长篇】一大段，为包公自述，其中有言：“赐我黄木枷梢黄木杖，要断皇亲国戚臣。黑木枷梢黑木杖，专断人间事不平。槐木枷梢槐木杖，要打三司并九卿。桃木枷梢桃木杖，日断阳间夜断阴。（手下的）你与我锁城陛、枷土地，断的人间大姑嫌嫂丑，嫡亲媳妇骂公姑。曾断叮叮当当冤枉鬼，破窑判出瓦乌盆。不孝之人我把铜刀铡，忤逆之徒把剑诛。鲁桥曾断黄垂相，五门又斩赵皇亲。”① 七言格句为主的言语铿锵有力地道出了包公敢于与邪恶势力作斗争、还人间以公平正义的决心。

第三，颂扬聪颖机智、胆识过人。在弋阳腔所叙演的“包公戏”中，除了在题旨中以“智勘”、“智断”等直接彰显包公的聪明才智外，还常有假设阴曹地府，进行“冥审阴断”的情节，渲染包公的智慧。当案情机关重重，难以告破，或案犯拒不招供，难以取证时，解决的方法便是包公假设阴曹，通过冥审对质，大打心理战，最后奸人抵制不住压力，招供实情，认罪伏法。如《避廛珠》（又名《袁文正还魂记》）中包拯便采用了这一战术，显示了他的聪颖智慧。当然，这些情节有迷信成分，容易使文化知识不高的底层百姓相信阴曹地府的存在，影响了戏曲对社会恶俗陋习的文化批判。《远山堂曲品》评骘《还魂记》曾指出：“内传包文拯勘曹国舅，似从元剧《生金阁》、《鲁斋郎》诸曲生发者。中如活袁文正以温凉帽，封以五霸诸侯，真可喷饭。”② 弋阳腔叙演“包公戏”，还赞颂了包公的胆识过人，他经常不畏凶险，微服私访，体恤民情，寻找侦破案件的线索。

---

① 无名氏《高文举珍珠记》，载《古本戏曲丛刊》编辑委员会编《古本戏曲丛刊》（二集），文学古籍刊行社 1954 年版。

② 祁彪佳《远山堂曲品》，载俞为民、孙蓉蓉编《历代曲话汇编》（明代编）第三集，第 620 页。

如《陈州粜米》中，包拯微服私访，受到了恶霸豪强、权贵势要、皇亲国戚、贪官恶吏等种种不法势力的阻扰和打击，一路上为妓女“笼驴”、被刘小衙内吊打，为了查明案情，祛邪扶正，包公以其过人胆识和坚强意志，一一扛了过来，最终赢得了胜利。

综上所述，弋阳腔叙演包公断案折狱故事，深受历朝历代广大百姓的欢迎，典型地反映了民众的清官崇拜、清官迷信心理。弋阳腔叙演“包公戏”，重视发扬“兴观群怨”审美精神和阐扬“温柔敦厚”美学精神，极大满足了受众对清官的“审美期待”。弋阳腔中“包青天”形象的塑造，在戏曲文化中形成了独特的包公文化，由此入手，可以深入探究弋阳腔的美学精神、文化、品格、社会意义等多方面的内容。

（何世剑　南昌大学副教授）

戲曲研究

论传统戏曲元素在山西音乐舞蹈剧目中的运用

李成丽

山西戏曲的传统源远流长，更在中国戏曲的发展中占据着重要的地位，而山西也有着“中国戏曲摇篮”的美称。这个传统使得山西创作出的音乐舞蹈精品剧目具有独特的发声方法和丰富的中国戏曲程式化元素，正是这些元素成为山西音乐舞蹈剧目不可或缺的艺术因子，深深地在作品中烙上了山西本土文化的特征。在刚刚结束的第十届中国艺术节上，山西选送的富含戏曲元素的三部作品全部获奖，原创舞剧《粉墨春秋》获第十四届“文华大奖”，说唱剧《解放》获“文华优秀剧目奖”，晋剧《刘胡兰》获“文华剧目奖”。在这些优秀的剧目当中，到底是什么元素使得山西的歌舞艺术深深烙上了本土文化的印记？其中又有哪些成功的创作经验可以借鉴参考？传统戏曲元素在其中起到了什么作用？因《刘胡兰》本身就是晋剧作品，故本文着重结合说唱剧《解放》和舞剧《粉墨春秋》进行分析。

一　歌舞剧目中的传统戏曲元素

说唱剧《解放》中演唱民歌的演员基本上来自于《唱享山西——经典民歌汇》民歌演唱会剧目组，所唱民歌亦移植于这个演唱会。这些歌唱演员基本上都是山西戏剧职业学院戏曲系的小旦、青衣、须生和小生角色的学生，他们的声音圆润饱满、个性突出、表现自然，欣赏过这两部剧目的观众，无论是国内专家学者、国外来宾，还是普通观众，都认为这两台节目本土特征鲜明，地方韵味纯正，尤其是合唱和独唱均采用梆子腔的发声和当地方言进行演唱，更是为节目增色不少。

《解放》将传统戏曲艺术的发声运用于当代民歌演唱，对于音乐演唱来讲是一种有益的尝试，观众对这类节目的认可，标志着这种尝试的成功，那么对这种成功尝试的研究就有了一定的意义。相对于普通艺术院校的学生来讲，这些戏曲演员的专业学习要辛苦得多，其演唱仅仅是唱念做打中的一小部分，与普通艺术院校声乐学生在琴房中的音阶练声相比，戏曲演员的授课方式更为传统，他们基本上还是口传心授，早起喊嗓，正课学唱一句句词一出出戏，日复一日，年复一年，循环往复。他们的学习重点是在唱戏唱情和对人物的刻画上面，对声音的要求远远比不上普通艺术院校对音阶严格的上行下行训练，也正因为此，戏曲系的学生个人音色特征鲜明，也更适合演唱本土的民间歌曲。普通艺术院校近些年培养出越来越多的模式化的学生，有如流水作业生产出的“标准件”，20 世纪 90 年代有一些音乐家曾为这种现象感到担忧，但担忧归担忧，“标准件”般的培养行为至今还在进行。培养者将声音通畅不通畅、位置高不高、口型对不对等这些要求当成声乐学习的“圣经”，这样的要求下产生出“标准件”式的声音，那是很自然的事情。诚然，这样的培养方式下学生可以演唱一些声乐作品，可“这一群”同样的发声怎么能代替了“这一个”的表演？“这一群”式的培养方式塑造合唱演员倒是非常合适的。

原创舞剧《粉墨春秋》2013年勇夺“文华大奖”，该作2011年底一经亮相，专家学者便给予了极高的评价。上海学者余秋雨在观看完演出后曾感言：“在内容方面，把情节讲清楚对舞剧来说很难，在讲清楚情节的基础上又创造出很多感人的场面更难，舞剧《粉墨春秋》做到了。在形式方面，该舞剧把中国的戏曲元素结合进去，而且结合得那么好，对中国的当代舞蹈有启发，而且对戏曲的程式化创造也有启发。戏曲化的动作能够让我们的年轻人喜欢，舞剧《粉墨春秋》做到了。我觉得舞剧《粉墨春秋》是一个可以让每一个艺术领域，包括海内外的观众都感到非常惊喜的当代中国的艺术精品。”① 余秋雨对此剧的评价是具有代表性的一种声音，就剧目本身来看，其绝妙之处在于将山西的传统戏曲元素与民间舞蹈完美结合。作为戏曲大省的山西，蕴含着占全国戏曲近六分之一的剧种，对之进行挖掘整理后以舞剧形式进行展演，应该说是一个充满灵感的金点子式创意。《粉墨春秋》用舞剧的形式演绎传统戏曲的故事、情节、场面，使当代观众在接受舞剧的同时也轻松愉悦地接受了传统的戏曲元素，对于传统艺术的某些元素进行“碎片式”的传承起到了一定的推进作用。看《粉墨春秋》中的水袖舞蹈表演，女演员们看起来比传统戏曲中的女子更柔美、更富有韵味，表演技法更具有戏剧感。男子的髯口表演更是气势磅礴，刚劲十足。这一幅幅精彩的画面不会因时间流逝而失色，反而定格般尽显面前，传统艺术真可谓是当代歌舞创作取之不尽用之不竭的源泉。

二　传统戏曲发声在民间歌曲演唱中的运用

山西的传统戏曲在本省范围内主要有中路梆子、南路梆子、上党

① 舞剧《粉墨春秋》官方网站提供，2011年上海演出现场。

梆子和北路梆子，四种梆子腔分别分布于山西的晋中、晋南、晋东南和晋北一带。从这些梆子腔的演唱方式来看，女声除了个别唱段有“呜腔”（或称“二音子”）假声发声外，其他基本上是属于本嗓演唱方式，男声则有本嗓演唱、假嗓演唱和真假声交替唱等演唱方式。女声的“呜腔”发声类似于院校的混声唱法，高亢明亮，性格鲜明，在戏曲中常用于表达激昂的情绪；男声的真假声交替唱法风格独特，由真声变假声高八度演唱，犹如天籁之声，感人肺腑，如上党梆子的生角演唱，演员每到翻高八度的假嗓表演时，常常会爆出满场的喝彩声。

在说唱剧《解放》的歌手中，男演员车斗印有着多年演唱上党梆子的深厚功底，他将上党梆子的真假声交替唱法运用到民歌的演唱当中，高八度假声演唱民歌作品，唱出了有独特魅力的音色。女演员段佳灵为小旦角色，她的声音演唱旦角唱段感觉一般，但演唱民歌时非常动听，声音极其干净，在非专业录音棚录制民歌《那是个谁》小样，录制出纯净、甜美、几乎无可挑剔的声音。笔者曾赴山西各地挑选歌唱演员，在左权、河曲、阳泉、吕梁及省会太原等地，已经有一定知名度的专业声乐演员和各地市的艺术院校学生面试了不少，结果好几次都是无功而返。通过一次次选拔，渐渐摸出一个规律，有山西梆子腔功底的演员大部分能胜任山西民歌的演唱，这些戏曲学生演唱时虽不及艺术院校的学生处理作品完整，但声音却很有个人特色，能真正唱出本地民间歌曲的特点，也就是说传统戏曲的发声方法，基本是可以保留演员“本我”音色、保全个人特性的一种方法。当然，戏曲系个别学生刚接触民歌作品时不能立刻胜任，他们潜意识里认为演唱民歌是音乐系声乐学生的专业，于是刻意模仿音乐系人员演唱民歌时的感觉，在这种心理活动下发出的声音，听起来有些不伦不类，感觉非常不舒服，甚至出现破音、短时间无法演唱的现象。后经逐步调整，他们渐渐摆脱了心中所认定的民歌演唱概念，用自己唱戏的方法唱出了民歌，唱出了自己的特色。老一辈歌唱家郭兰英少年时候曾学习过山西的中路梆子，演唱过一百多部传统戏曲，有着深厚的功底，所以她后来演唱《我的祖国》、《南泥湾》、《绣金匾》等民族歌曲和《白毛女》、《小二黑结婚》、《刘胡兰》等歌剧作品时可以轻松驾驭。她的演唱保持着有个人声音特点的音色、韵味浓郁的行腔，堪称是将山西传统戏曲与民歌演唱完美结合的典范。也正是因为有山西梆子的演唱功底，郭兰英所扮演的歌剧中人物能将演唱与舞台表演高度统一，从而使她所演唱的声乐作品成为我国民族歌曲中的经典，她也因此而在我国拥有了很高的知名度。

三　传统戏曲程式化表演在舞蹈中的运用

《粉墨春秋》是一部以传统戏曲故事为题材、以传统戏曲服饰与装扮为舞美基础、以传统戏曲程式化表演为创作语汇的一部经典舞剧。它的创作以山西这个戏曲大省的文化资源为基础，将传统戏曲艺术和当代舞蹈进行有机结合，结果顺利摘得“文华”大奖。

欣赏《粉墨春秋》中的水袖舞，让人浮想联翩，时而如张旭狂草，时而如公孙大娘舞剑，伴随着灯光的变换，观众进入到了如痴如醉的境地，不知是台上的演员身在舞，还是台下的观众心在舞！在《粉墨春秋》演出结束后的记者采访中，水袖舞蹈成为引起大家热议的一个主要话题。运用当代载体演绎传统文化，既可以丰富当代载体本身，使之更具特色，成为不可取代的“这一个”，又可以使得传统文化在多渠道媒体传播、信息爆炸的当代得以“碎片式”传承，进而培养更多领域的受众群体，这应该是一个双赢的举措。

四　传统戏曲对民族声乐的积极作用

传统戏曲对于音乐舞蹈展演剧目的积极作用可谓比比皆是，其自身高度综合的艺术特征更是为我们提供了音乐、舞蹈、说唱、表演、服饰等多方面创作的素材，对这些优秀传统文化元素加以合理运用将是当代文化艺术发展的有效途径。

从对全省民歌演员的评选来看，戏曲学校的学生会唱民歌，而且唱得很有味道，而艺术院校的声乐学生却不会唱戏，即使个别研究生的毕业音乐会节目有京剧等戏曲唱段的点缀，现场看来也只能算是字词、发声状态的一种简单组合，戏曲韵味几乎没有，而且，仅仅能唱几段没有戏味的段子又会对声乐专业建设起多大作用呢？或许有人会说艺术院校和戏曲学校是有区别的，不能仅仅依靠是否会唱戏的标准来判断艺术院校的教育。但如果能将各地传统艺术以较长的时间段进行集中教授，使传统艺术能在学习者身上留下较为明显的印记，而不是蜻蜓点水般作秀，在此基础上进行民族声乐的培养将会取得更好的效果。

五　传统戏曲的借鉴对于舞蹈表演的意义

吸收传统戏曲的程式化表演精华并在此基础上创作的《粉墨春秋》，成为传统戏曲与舞蹈结合的典范，在《粉墨春秋》中山西的传统戏曲借助舞剧这一载体得以华美地展现。《粉墨春秋》开创性地将传统戏曲因子置于舞蹈语汇中发酵，糅合成一幕幕精彩的表演。著名舞蹈理论和评论家冯双白曾经给予该剧这样的评价：小人物，大武生，小舞台，大人生，粉墨之地韵律起，春秋斗转况味浓。[①] 不管是国内知名学者还是专业理论家对《粉墨春秋》的赞誉，无不是源自对传统戏曲和舞蹈完美结合这种形式的认可。剧中较戏曲程式化表演更放得开的动作和更容易烘托气氛的戏曲服饰，成为该剧舞台展演的两大亮点，正如排演单位领导李力所言：“这是一种探索结合，还不能称得上是完美结合。但我们相信这部舞剧将会是中国戏曲和中国舞

---

① 舞剧《粉墨春秋》2011 年 11 月 12 日专家研讨会发言。

蹈文化发展史上新的一笔。我们把创作的目标树立得高远，就必然得打破常规。从这一点看，我们是成功的。”①

六　结语

是的，常规化的习惯需要打破，在山西近十年的精品剧目中我们可以看到，艺术形式的交叉是一种艺术发展必然要采取的手段，它不仅仅局限于戏曲与舞蹈之间。山西 20 世纪八九十年代的“三黄”②作品就是山西民歌与民舞、民俗等方面的有机结合体，说唱剧《解放》也是将说唱、民歌、民舞、戏曲、民俗等方面进行结合。但不管是选取哪些艺术形式进行创作，都需把握一个度，一个既可以独立凸显各种艺术形式的长处，又可以通过相互间的必要补充而达到相得益彰程度的分寸，并在此基础上衍生出诸如艺术院校民族声乐学生培养模式、民族舞蹈对戏曲程式化表演的利用、民俗文化对当代音乐舞蹈类剧目的影响等方面的研究方向。在文化多元发展的当代，各种艺术进行交叉并在交叉中发展是一种必然，但在发展中借鉴本土传统文化而不迷失自我，才能有效保持个性特色，真正符合艺术的发展规律。

（李成丽　山西省音乐舞蹈曲艺研究所副研究员）

① 舞剧《粉墨春秋》2011 年 11 月 12 日专家研讨会发言。

② “三黄”指的是《黄河儿女情长》（1987 年）、《黄河一方土》（1989 年）和《黄河水长流》（1997 年）。

以当代意识观照戏曲艺术

——记宁宗一教授戏曲研究的学术个性

付善明

一　戏曲与小说的血缘关系

出身满族的宁宗一先生，1950 年从北京到天津，就读于南开大学中文系。1954 年毕业后留校，为历史系讲授中国文学通史。他转而专攻戏曲小说的学术拐点出现在 1958 年，当时他的导师许政扬先生因为在“拔白旗”运动中受到不公平的错误批判，气愤之余竟一病不起，

临终嘱咐宁宗一先生接下他的宋元文学史课程。在接过许先生一纸书单后，宁先生开始系统地阅读戏曲与小说的经典文本，他企望沿着导师许政扬先生将戏曲、小说与讲唱文学相互参定、同步研究的道路走下去。

20 世纪 50 年代，学术界广泛译介了俄苏的文艺理论和美学著作，在此氛围的浸润下，宁先生又涉猎了大量理论著作，特别是精读了别林斯基、赫尔岑、车尔尼雪夫斯基、杜波罗留波夫的文艺美学著作。后来有人调侃他"只读别、杜、车"，而宁宗一先生则回应："至今不悔。"他还说，他极为欣赏"别、车、杜"那种通过作家、作品的研究提升到美学层面的研究策略。实际上，这为他以后从事戏曲小说的研究奠定了良好的理论基础，同时也成为他得以具备深厚的哲学美学理论修养以及敏锐独到的艺术感受力的一个重要原因。这可以从宁先生 60 年代初撰写的多篇有关学习中国戏曲艺术的文章得到验证，如他在 1963 年 10 月 27 日《光明日报》以整版篇幅发表的《中国戏曲艺术发展规律浅探》一文，以及在《南开大学学报》1963 年第 4 卷第 1 期上发表的《关于戏曲表演艺术特点的几点理解》一文都可以说明这一点。张庚先生在南开大学中文系的学术讨论会上曾对第二篇文章给予了肯定，称赞该文是用艺术辩证法对戏曲表演规律进行的认真探索。至于第一篇长文，在发表伊始，戏曲研究界就有不同的声音。宁宗一先生在数年后撰文反思自己的学术历程时，首先提到的就是这篇文章，他毫不讳言地说："那时真是年幼无知，胆子太大，上来就大谈'规律'，不知天高地厚！"并且认为："文章充满了教条主义的味道。"今天我们再次审视该文，在承认宁先生的确有些许不成熟的观点的同时，也从中发现了他积极探索的精神和以理论思维见长的特点。

从"四清运动"到"文革"十余年间，严格意义上的戏曲研究受到干扰，普遍缺失，即使是一些研究论著也大都是为当时政治斗争服务的。1976 年 10 月以后，温暖的春风终于驱散了严冬的酷寒。然而直到1979年，在系主任朱维之先生的鼎力支持下，南开大学中文系古典小说戏曲研究室才正式挂牌，著名戏曲史家、戏曲剧作家华粹深先生执掌研究室工作。他在研究室成立座谈会上明确提出：“一部戏曲史就是一部活的小说史，一部小说史就是一部活的戏曲史。”并指出这也是王玉章先生、许政扬先生生前的治学路径。为了贯彻华先生这一理念，当时作为华先生助手又是研究室副主任的宁宗一先生专门写了一篇《浅论中国古典戏曲与小说的血缘关系》，将已故的王玉章教授、许政扬先生和华粹深先生对这一问题的思考加以理论的阐释。他着重谈道：与西方文艺发展史不同，中国的戏曲、小说有着自己独特的发展规律，即二者经常相互作用、相互参定、同步发展，戏曲中的小说因素、小说中的戏曲因素都是显而易见的。在研究室成立的同时，朱一玄、华粹深和宁宗一三位先生招收了第一届硕士研究生，他们期望研究生们能够把戏曲与小说相结合的研究理念贯彻下去，但是，他们的企盼落空了。时隔三十多年，2013年宁宗一先生趁他的著作《心灵投影》（商务印书馆2013年4月版）出版之际，在《编后赘语》中半遗憾半调侃地道出了他的心声：“也许是我的学养和功力不够，也许是研究实绩欠佳，不能带头去做，结果很多研究生都是单打一，小说戏曲综合的整体研究理念也就没能坚持下去，我长期梦想以集体之力编出一部‘中国古典戏曲小说发展史’，当然也就以破灭告终。”但是，宁先生还是争了一口气，在1985年，他以一人之力完成了《中国古典小说戏曲探艺录》一书。这部专著虽然以论文集的形式出版，但全书23篇论文，戏曲与小说互相照应着展开论述。他深刻地认识到，中国古典小说创作引进了戏曲的艺趣意识，也就是李渔所说的“无声戏”；而中国古典戏曲所采用的幅度广而密度松的史诗结构，又可称之为“小说式的戏剧”。

就是这两三年间，在为研究生讲课的基础上，由研究生整理增补，出版了两部约七十二万字的《元杂剧研究概述》和《明代戏剧研究概述》（天津教育出版社1987年版）。宁宗一先生在每一部书前都有一篇长序，各以论文的形式发表在《戏曲艺术》等刊物上，这就是颇有影响的《中国戏曲史研究方法论刍议》和《戏曲史就是更替史》，两篇长序表述了宁先生对戏曲史研究方法论的关注。他认为任何历史的描述都要依据一定的历史哲学、一定的参照系和价值标准，都要采取一定的方法，中国戏曲史的建构也应如此。在观照戏曲更替史时，他强调：一种戏剧形式达到高峰之后，常常会在自己内部孕育异己的胚胎，导致发生逆向的转移。可以说，中国戏曲艺术史本身一直就处在这种艺术变革的探索中。

宁宗一先生以关注理论与方法的理念进行戏曲学术研究，取得不少成果，因而在历次戏剧理论研讨会上频频获奖，比如 1991 年第四届华北五省市剧协理论研讨会，他的《当前戏剧研究中的几个理论问题》获得了优秀论文奖。在此之前他在《评〈中国戏曲通史〉——兼论中国戏曲史研究中的方法论问题》一文中，对张庚、郭汉城主编的《中国戏曲通史》进行了评说，他认为该书最重要的成就之一就在于它涉及了中国戏曲艺术史研究中的一些方法论问题。此文在《戏曲研究》第十一辑发表后，获得 1985 年鲁迅文艺评论优秀论文奖。

二　经典文本与心灵史

宁宗一先生并不追求标新立异、自成一家，他始终坚守一个文学教师的治学立场，即按先贤时彦的教导，坚持文学本位，坚持回归文本。宁先生的“回归文本”，不是通常所说的对作品作认真的考辨和清理，以“无一字无来历”的精神求得作品的真谛，而是对原著精神进行把握。关于这一点，黑龙江大学文学院院长任海天先生在《文学遗产》2002 年第 1 期上发表的《“另一类”的贡献》一文中说得最为准确，他说：前者重在清理，是去伪存真；而宁先生的回归文本却是重在感悟，是探骊得珠。前者是文献学的工作，而宁先生是艺术美学的工作。前者靠的是实在的功夫，而宁先生依凭的则是灵性或曰灵气。这种以灵性体悟为途径的“回归文本”，不能不说是一种“另类”，然而这一切又都是以坚持文学本位而又不失掉文本解读为第一要义的，这其中自然有他特殊的贡献。

其实宁先生“回归文本”的重点是他非常重视对经典文本的深度阅读。2012 年他在《诗书画》这本大型期刊上发表了 16000 字的长文，全面而又精细地阐述了他对经典文本的看法。他说：“在多重含义下，应是指那些真正进入文化史、文学史，并在文化发展过程中起过重大作用，具有原创性和划时代意义以及永恒魅力的伟大精神产品。”他结合中国传统的戏曲艺术，特意指出，戏曲的经典文本是那些心灵化审美化的作品，既是对生活所产生的心灵感应的袒露，又必然是精神领会与情智发现的意蕴性的审美积聚。

宁先生强调经典解读，正如他在《戏曲史 · 心灵史 · 社会史》一文中所言：“一部中国戏剧史，在一定意义上，是一部生动的、形象的、细腻的心灵史。”他不同意把文学艺术置于那个空泛的、毫无实际意义的“文学是人学”的层面上，而是充分认识到戏曲艺术的历史乃是人类的心灵史、性格史、精神变化轨迹的历史。因为心理结构乃是浓缩了的人类文明，优秀的戏曲艺术则是打开时代灵魂的审美化的“心理学”（参见 1988 年第 1 期《社会科学战线》）。他进一步论述心灵史的最细微处、最微妙处，即心灵的最敏感处就是心态的变迁史，而心态则是一种精神流动体，更易受个人遭际、社会思潮、时代变迁的影响。所以他认为要把握这种“精神流动体”，最关键最适当的方法就是“设身处地”，“将心比心，以心会心”。因为对他人（艺术家和剧中的人物）的理解来自对自己的理解，心理的洞察来自自我意识。如果你细心，就会发现他论文的正副标题多用这样一些字眼：随想、漫游、断想、心解、激赏、印象等，它们无不是“灵魂学”、“性格学”的注脚，而且充满了“自我意识”。可见，宁先生是通过文本与作家进行心灵的对话和潜对话，探索剧作家和剧中人物的精神领域和心灵世界，从而实现他对戏曲文本的独特理解。

来新夏先生在为宁先生新著《心灵投影》写的序中说："全书以心灵史观点为核心，多层次、多侧面、多角度展示其回归心灵之理念……宁先生之所以在学术上能老而不衰，稍加分析，即可知其得益于凡研究探索皆从原著切入，直奔心灵，并身体力行以求其效。"信然！

三 "第二视力"与以心会心

1993年8月首届国际元曲研讨会上，宁先生作了题为《拓展元曲和元曲史研究的思维空间》的发言，他强调了戏曲研究中"第二视力"的重要性，这是以其"心史"说作为基础的。

"第二视力"是巴尔扎克提出的，他在《驴皮记》初版序言中指出："在诗人或的确是哲学家的作家那里，常常发生一种不可解释的、非常的、科学亦难以阐明的精神现象，这是一种第二视力。它使他们在各种可能出现的境况中猜出真相，或者说，这是一种我说不清楚的力量，它把他们带到应该去、愿意去的地方。他们通过联想创造真实，看见需要描写的对象，或者是对象走向他们，或者是他们走向对象。"巴尔扎克在这段略带神秘色彩而又绕脖子的话中，提出了"第二视力"的深邃见解。而宁先生认为"第二视力""正是那种透过现象直达本质的能力"，这种能力必将突破已有的研究格局和狭窄的研究视野，在不同层次上对戏曲艺术实现审美的观照和哲学的领悟。1996年，北京师范大学郭英德教授在《文学遗产》第2期上以《第一印象·第二视力·第三只眼》对宁宗一先生的《宁宗一小说戏剧研究自选集》进行了深刻的评论。郭教授对"第二视力"说又进行了新的阐释，更全面地把握了巴尔扎克的艺术见解，认为这是"主体全身心地投入对象，拥抱对象，与对象融为一体——物即我，我即物。这是认识对象的最高境界"。宁先生读完这篇书评后对他的研究生说："英德先生对第二视力的理解既正确又深刻。"宁先生在学术上总是保持实事求是的谦虚态度，在面对戏曲文本的解读时不作居高临下的裁决，在与作家及文本进行对话和潜对话时处于全然理解和同情之地位，把重心放在建设上，以立为主，从而在读者与文本之间构造了一条心灵通道，可以说这是他一贯的学术姿态。对关汉卿杂剧的研究完全证实了宁先生的学术理念，特别是他对人生况味的真切感悟。其中最有代表性，也可称之为宁宗一先生力作的是《另一种精神世界的透视——为关汉卿〈谢天香〉杂剧一辩》（《戏曲艺术》1987 年第 3 期）。人们都知道，关汉卿杂剧中有几部作品从不同视角考察了妓女的悲剧性生活和心灵轨迹。《钱大尹智宠谢天香》也是一篇写妓女的作品，然而却受到研究界出奇的冷落，即使在关汉卿杂剧的专题研究里，研究者也仅是在漫笔中捎带地谈到这本杂剧，并几乎都是持否定态度。但宁先生的论文颇有力排众议的味道，他对《谢天香》杂剧中谢天香这一形象的认识价值和审美意义给予了充分肯定，认为关汉卿笔下的赵盼儿、杜蕊娘是其人生思考的一个方面，而关氏人生体悟的另一方面是对现实中"谢天香们"的麻木灵魂更加沉郁的忧虑，这在当时应该是一个更加迫近现实的严肃思考。

首先，宁先生认为，谢天香精神世界中的主要内容是她对自由的向往，这始终是剧作家着重描写的核心，而她真正的精神悲剧在于她并不能清醒地认识到，仅仅有跳出烟花的愿望和行动，并不就能"做个自在人"。"谢天香从始至终就未能摆脱人身依附的精神状态，她从来就没有获得过精神独立的幸福"。所以关汉卿的创作意旨十分清晰，他只是写出一个身陷风尘的妓女想跳出火坑的急切心理和愿望。关氏之所以将谢天香的"理想"严格地规范在争取跳出火坑的层面，是因为她在精神上始终未能摆脱人身依附关系的束缚，这就是这一人物"精神惰性"的表现。基于此，宁先生认为："谢天香这个形象只有一定的现实性，但不具有如赵盼儿等人物的理想性。"然而这并无损于"这一个"形象的意蕴，因为谢天香性格和精神层面的悲剧，既准确地体现出当时的时代感，同时又为后人提供了反思的基础，而这一点正是谢天香形象撞击观众与读者心灵的原因。

宁先生的文章发表后，仅隔一期，就受到中山大学著名元曲研究专家王季思教授的称赞，认为宁文“阐发出其深层的普遍的典型意义，读后得益不浅”（《戏曲艺术》1988 年第 2 期）。

对于关汉卿杂剧创作的认识，《窦娥冤》、《单刀会》等早已在研究界取得共识，都认为它们分别是悲剧和歌颂性历史剧的范本。然而同《谢天香》一样，《玉镜台》又是一本褒贬不一的剧作。宁宗一先生在 20 世纪 50 年代中期曾与同学一起听过许政扬先生对《玉镜台》的解读，可是经过二三十年的学术沉淀，他凭着他的“第二视力”与“以心会心”的解读方式，更深层次地咀嚼人生的况味。他用了“生活的潜流”来透视人生的无奈，他诘问：生活本身究竟给刘倩英的斗争安排了怎样的出路呢？随着时间渐渐磨平不甘者内心的悲怨，数不清的婚姻就是这样产生的。最后他深刻地指出，《玉镜台》不同于一般儿女风情剧之处就在于其直接的现实背后有一股缓缓流淌着的“潜流”。这样的生活底蕴往往不是一眼就可以看清的，因此挖掘和掌握它，就成为理解作品审美意义的关键。宁先生对生活潜流的发现实在深刻，因为他真切地体悟到黑沉沉的封建王国的深渊中，一场喜剧的终场，激起的却是悲剧的回响，这就是戏剧的辩证法，当然，它更是历史的辩证法。

宁宗一先生对关汉卿杂剧代表作的评论，如激赏《单刀会》，如谈《窦娥冤》的悲剧精神，都体现了他训练有素的思辨能力、攻隐伐微的审视能力，具有见人所未见、言人所未言的特点。读他的文字，你能感受到深入骨髓的诗人气质，一股澎湃的激情扑面而来，冲击着你，裹挟着你，使你也不由自主地激情澎湃，郭英德教授如是说。

宁先生用力最多、用时也最长的，是对王实甫《西厢记》的研究。他写作《〈西厢记〉：进入经典——一个文本蜕变过程的文化考察》时，首先从元稹的《莺莺传》入手，细腻地剖析了这篇小说的蕴含。就在这篇文章独立发表后，著名学者、《辞源》副主编刘叶秋先生在《探幽发蕴　议论纵横》一文中给予这篇论文以高度评价，认为宁先生的分析“也是一种艺术”，是一次“再创造”，在“所见讲《莺莺传》的文章中，以此篇讲得最为细腻深刻”。之所以得到这么高的评价，正是因为宁先生对莺莺性格分析得不同寻常。他不仅把莺莺放在特定的人文环境之中进行分析，而且更进一步用现实生活中感觉到的少女的感情去激活莺莺这一艺术形象，将莺莺复杂微妙的内心世界艺术地展现在读者面前，为读者解读《莺莺传》打开了一个前所未有的新境界。

对一篇颇有争议的优秀小说作了具有说服力的剖析后，宁先生很顺利地介绍了赵令畤的《商调蝶恋花》鼓子词，解读了《王西厢》之前的重要作品《董解元西厢记》诸宫调，最后水到渠成，完成了对王实甫《西厢记》蜕变过程的文化考察。这在《西厢记》研究史中也属另辟蹊径吧。

宁宗一先生对戏曲文本的研究实绩在研究界是一致认同的，但他却常常反思自己戏曲研究上的不足和重要缺失。他在回忆恩师华粹深先生的文章中提到了这样一件事：四十五年前，一天华粹深先生带他去看京剧《玉堂春》，可是一出文戏竟让宁先生在座椅上昏昏入睡了。戏散后，一路上，华先生“训”了他一顿，并告诉他：“你现在正教元曲，怎么能不看戏呢？不看戏的演出，就很难讲好戏。”华先生的口气随之由严厉转换为温和，他对宁宗一先生说：“剧本只是半成品。要理解一部剧作的全部构思，是很难离开舞台艺术形象的创造的。今后要多从‘场上之曲’来分析作品。”宁先生每当回想起这段往事都说：“华师的批评与提示，至今仍然有如沐春风、亲聆教诲之感。‘场上之曲’四个字几十年在我耳边鸣响，它提升了我对祖国传统戏曲艺术的认知水平。牢记在心，牢记在心，永不忘却！”老师的提醒和教诲，宁先生也不忘记告诉他的学生，并身体力行，亲自带学生到剧场观摩各剧种的演出，让学生们感觉“受益无穷”。

四　当代意识与文化反思

宁先生的戏曲研究注意宏观与微观的辩证关系，注意对戏曲艺术发展过程相关性的考察，注意用综合研究法建构戏曲史新体系，同时也看到戏曲领域中社会学的、历史学的分析并未过时，足供采摭，而宁先生更坚守经典文本的解读和心灵史的开掘。这一切都说明宁先生是一位当代意识极强的戏曲研究家，用当代意识观照传统文化是他的一贯追求。他认为，研究古典必须站在当代文化立场上，以当代独立学人的科学精神和科学的悟性、思辨力去反观文学艺术的历史现象。由此出发，宁先生在文学史观、戏曲史观、小说史观、美学观以及人生观等方面都有了自己独特的发现。

事实是，看宁先生的各种论著，都能感觉到浓厚的时代气息，他的戏曲史观，他对剧作的剖析和感悟方式，可以明晰地抽绎出他的传统文化研究的基本特色，即新与广。所谓“新”，是指宁先生的选题、论证方法和研究角度具有鲜明的时代性和当代性。他往往不对作品做过分琐细的分析，而是以当代哲学、美学、心理学和社会学的眼光，从宏观出发，或俯瞰或仰视文本，因而常常能获得一些美学上的新发现。所谓“广”，是指他的研究涉及领域广，研究视野广。宁先生作为一位当代意识极强的学者，十分重视以自己的人生感悟来激活传统文化。这样的气质也注定了他很少把感情投注在一部书上，过度执着地搜剔探求，因此，他的学术研究涉及元明清时期的许多戏曲、小说和讲唱文学的文本，他往往通过多学科的交叉研究来求得突破，解决原有视野中不能解决的疑难与争议。以当代意识观照戏曲、小说等文艺现象，这也正是他的优长，他的许多论著都具备了纵横恣肆而又清通洒脱的风韵。

宁先生关注戏曲研究怎样贴近现实，怎样为繁荣当代戏剧创作提供有益借鉴等重要问题。他在中山大学《长生殿》讨论会上的九次发言，以及撰写的《〈长生殿〉的悲剧意识》、《意蕴：新编史剧的历史深度和反思力度》、《重新接上传统的慧命——说不尽的〈牡丹亭〉及其他》、《青春版〈牡丹亭〉现代启示录》等多篇论文就是这方面最好的实践。他立足现实，远观古代，着力探寻古典戏曲的延伸性特质和生命力所在，大力提倡"史剧家要善于超越题材的再现性而追求题材的表现性，即揭示出题材表面意义之外的深层意蕴，使作品具有超出时空的象征意义"，达到"历史形象的艺术描绘、思想的升腾、人生哲理的探索，以及古今命运的沟通等多方面的相互融通、辩证统一"的理想境界。这些精辟的论点充分体现了一位戏曲理论家的睿智和识见。

2006年12月在哈尔滨召开了"中国古代戏曲学术研讨会"，宁宗一先生在大会上作了五分钟的发言，题目是《当下，古代戏曲的生命力到底在哪儿》，这篇简洁而明晰的发言最典型地表现了宁先生的学术风格。他一直思考着戏曲艺术在今天的现实意义，以求为戏曲特别是古代戏曲的研究寻找一个可能被认同的切入口。他自问自答地提出了四点看法：

1. 营养心灵。古代戏曲的永恒魅力正是心灵"空筐"所需求的富有生命力的营养。由于是血肉之躯的直接面对与交流，心灵的营养使戏曲艺术在长期流播过程中具有直观性，于是在捍卫人性的真善美与涤荡人性的假丑恶的对照中，使心灵充实，使人性中的尊严得到张扬。

2. 大智慧的赋予。伟大的戏曲作品都是智慧者吐出的芳华，给观众与读者以智慧，特别是审美智慧，所谓"慧光所及，智珠朗照"，因为戏曲艺术的大智慧永远与生命的炽热和燃烧后的艺术之美结缘。

3. 原创性。任何伟大的戏曲作品都是独创的，更是前无古人的，也是不可替代的。它们一旦横空出世便不可重复，并走上不可企及的艺术高峰。它们都形成了自己的空间，从而又为以后的戏剧创作提供了永恒的范本。

4. 探寻古代戏曲家心灵史最丰富的资源。从戏曲文本到舞台搬演，你可以看到戏曲的作者在思考什么，有什么突破性的人生发现与人性认识。对于今人来说，一位古代戏曲艺术家的每一行文字都非常有用，都是他们心灵的见证。只要这位作家用真实的心灵去写作，心灵必然就是他的创作内核。

宁宗一先生多次提到托尔斯泰的名言：一旦从事了文学艺术，就不要闹着玩，而要贡献出整个生命。他还说，他想以西西弗斯的精神坚守自己的学术立场。我们深深感到，先生对戏曲文化的这一片痴情，能使人们真切地感受到我们与戏曲文化在精神上深深契合的快慰。

（付善明　天津理工大学讲师）

戏曲研究

严谨治学　创新求是

———略谈我对古代戏曲研究的粗浅体会

张人和

1955年，我毕业于东北师范大学中文系并留校任教，初期给杨公骥教授做助手，并随其研究生班听课，后来被分配教元明清文学。由于不断地参加历次政治运动，多次上山下乡插队落户，且数十年“双肩挑”兼任系党政工作，因而真正钻研学术的时间是很有限的。直到1980年，我参加了教育部委托中山大学主办的由王季思教授主持的中国戏曲史培训班，才确定以中国戏曲史为自己的研究方向，而我对古代戏曲的研究也是从这里起步的。现将多年来学习研究的点滴心得和粗浅体会不揣冒昧地写出，向方家和读者请教。

一　贵在创新

戏曲研究如同其他的学术研究一样，贵在创新，贵在对前人研究的成果有所突破，以解决前人没有解决的问题，这样才能推动戏曲研究不断发展和进步。

创新首先要继承，继承是创新的前提，否则就会是无源之水、无本之木。我的戏曲研究就是在王季思先生的指导下，在他研究成果的基础上进行的。在中山大学进修期间，适逢上海文艺出版社邀请王先生主编《中国十大古典悲剧集》和《中国十大古典喜剧集》①，我参加了《西厢记》和《中山狼》两剧的校点和评注。王先生是蜚声国内外的《西厢记》研究专家，他所校注的《西厢记》是新中国成立以来最为通行、最有影响且发行量最大的版本。这次校点就是在王先生校注本的基础上进行的，在校勘过程中我曾对校文提出过一些改进意见，并当面向王先生请教，得到了他的首肯，他曾在中国戏曲史培训班结业式上说这个本子是目前国内最好的《西厢记》校本。除校注外，本书还有眉批，由于这两部悲剧、喜剧集皆为当时新中国成立以来仅有的古代戏曲眉批本，因而我所执笔的《西厢记》、《中山狼》就自然而然地成为当时唯一的一个题评本。湖南大学教授羊春秋曾以《古代戏曲精华，现代眼光评点》② 为题评《中国十大古典悲剧集》和《中国十大古典喜剧集》二书，文中曾多处引用《西厢记》的评语为例证。

在评注十大喜剧本《西厢记》的过程中，王季思先生又提出在这个校本的基础上再搞一个新的本子，保留他注本的原有注释，再增加前人的评语供读者参考，并嘱托我负责集评工作。这就是1997年4月上海古籍出版社出版的《集评校注西厢记》，王先生在本书的后记中说："这次集评的工作就是由他一手完成的，他选录了元以来各家对此书的批语和评语，……为研究《西厢记》提供了有价值的资料。""这比之我解放前在开明书店出版的集评本，选录的范围更广，

① 王季思主编《中国十大古典悲剧集》、《中国十大古典喜剧集》，上海文艺出版社1982年版，齐鲁书社1991年重订增注出版。

② 羊春秋《古代戏曲精华，现代眼光评点》，《武汉师院学报》1984年第4期。

别择也更精了。”在校勘上，王先生说，“本书的许多校文”是根据张人和的校记商定的①。其中最显著的特点，就是在体例上依据弘治本将第二本惠明送书所唱【正宫·端正好】一套作为一折，将惠明所唱【仙吕·赏花时】二曲作为楔子。王先生校注的《西厢记》是以暖红室覆刻的凌濛初本为底本的，凌本将惠明下书所唱的【正宫·端正好】一套作为“楔子”，而将惠明所唱的【仙吕·赏花时】二曲删去。在元杂剧中从来没有在“楔子”中唱套曲的，这显然与元杂剧的体制不符，恢复惠明送书所唱【正宫·端正好】套曲为第二本第二折以及惠明所唱【仙吕·赏花时】二支曲子为楔子，显然更符合元杂剧的规范，也更接近《西厢记》的本来面目。此外，根据元杂剧以全剧的题目正名末句为剧名的通例，依据王骥德本，在剧末补入“总目”四名，“崔莺莺待月西厢记”（简称“西厢记”）的剧名来历自明。此书是新中国成立以来唯一的一部《西厢记》集评本，它的出版引起了较大的反响，1988 年 9 月 13 日《中山大学校报》、1987 年第 3 期《古籍整理研究学刊》、1987 年第 6 期《东北师大学报》，以及 1993 年黑龙江人民出版社出版的《中国古代戏剧辞典》、1997 年浙江教育出版社出版的《中国曲学大辞典》等，皆有专文或专条将此书作为“古籍整理的一项新成果”而予以肯定。但也有人认为此书选录的范围较窄，这实际上是个误解。本书的集评是为读者欣赏曲词服务的，容量有限，选取的原则只能是少而精，否则会喧宾夺主，本末倒置。

郑振铎先生是著名的中国文学史家，也是中国戏曲史家，早在 20 世纪 30 年代就曾提出“《西厢记》的本来面目是怎样的”② 这一问题，至今仍然没有比较理想的答案。1982 年，我借进京看病之机，在北京图书馆（今中国国家图书馆）古籍部查阅了全部馆藏的明清

---

① 王季思《我怎样研究〈西厢记〉》，《戏曲研究》第 7 辑。

② 郑振铎《〈西厢记〉的本来面目是怎样的》，原载《清华周刊》1932 年 5 月，后收入《中国文学研究》。

善本《西厢记》，撰写了《论〈西厢记〉的版本与体制》① 一文，通过对现存众多而繁杂的《西厢记》刊本的比较研究，从“分本（卷）与分折（出）”、“第二本的分折”、“题目正名与总目”、“络丝娘煞尾”、“出目”、“末上引首”等诸方面入手，在体制与版本的交汇点上，对《西厢记》的体制作了全面的论述和考证，对现存各种《西厢记》刊本的优劣长短进行了比较分析和评价，从而完善和发展了郑振铎先生对《西厢记》本来面目的认识和评述，为《西厢记》研究提供了新视角，开拓了新领域。中国社会科学院文学研究所编辑的1987年《中国文学研究年鉴》肯定本文“对不同版本《西厢记》做了体制上的比较研究，在近年《西厢记》版本研究文章中这是有分量的一篇”。首都师大周续赓先生《近年来〈西厢记〉研究综述》② 和贺新辉先生《当前〈西厢记〉研究的几个问题》③ 也称此文“对《西厢记》的版本进行了比较深入的研究”。此外，我还撰成《明刊本〈西厢记〉体制的演变轨迹》④ 和《〈西厢记〉版本系统概观》⑤，进一步论述了《西厢记》的版本系统和体制的嬗变过程。

二　有所发现

经过探索和考证，发现前人没有发现的材料和版本，解决前人没有解决的问题，也是戏曲研究创新的重要内容。在这里我特别要强调的是必须注意新材料的发掘，新材料的发现往往会带来意想不到的惊喜，使得研究领域长久困惑或悬疑的问题得到解决，从而给戏曲研究

① 张人和《论〈西厢记〉的版本与体制》，《文史》第26辑。
② 周续赓《近年来〈西厢记〉研究综述》，《文史知识》1998年第2期。
③ 贺新辉《当前〈西厢记〉研究的几个问题》，载寒声、贺新辉等编《〈西厢记〉新论》，中国戏剧出版社1992年版。
④ 张人和《明刊本〈西厢记〉体制的演变轨迹》，《东北师大学报》1998年第6期，中国人大书报资料研究中心《中国古代·近代文学研究》1999年第4期全文转载。
⑤ 张人和《〈西厢记〉版本系统概况》，《社会科学战线》1997年第3期。

带来新收获。

我国现传称为"仇文合璧西厢记"的有两种影印本，一种是上海文明书局1911年2月出版的《仇十洲画文衡山写西厢记合册》，1915年7月又改订出版，名为《仇文合璧西厢会真记》；另一种是上海文华美术图书公司1933年出版的《仇文合制西厢记图册》。这两种版本由于题署明代书画大家仇英画文徵明写，格外引人注目。蒋星煜《〈仇文合璧西厢会真记〉之曲文、绘画、书法》① 一文对此本给予充分肯定，认为："无论从绘画、书法、戏曲任何一方面来说，《仇文合璧西厢记》都是珍贵的艺术品。"我在搜寻材料翻阅古籍的过程中，偶见清光绪元年（1875）书画收藏家方濬颐所编的《梦园书画录》。该书卷十对其所藏《明仇实父文衡山西厢传奇书画合册》的质地、版式、每出标目和画面皆有介绍，并说明该册"每页皆有'十洲'二字瓢印及'仇英之印'"，"首尾钤'子京所藏物外元赏'、'墨林山人子京父'印"，册首还有"沈归愚先生楷书《会真记》及元集所咏各诗"。这里的"子京"、"墨林山人"是明代书画收藏家和鉴赏家项元汴，"沈归愚"即清代著名诗人、"格调"说的代表人物沈德潜。沈氏雍正十二年（1734）曾见过此书，并亲笔楷书《会真记》及各有关诗作于册首。从这条记载中，可知此书册明后期曾为项元汴所藏，清中叶又为沈德潜所见，清末又归于方濬颐，无疑乃仇文真迹。将《梦园书画录》所作的介绍与文明书局本和文华公司本加以对照，两者图画、书法、曲文明显不同。尤其是文徵明书写曲文的时间，《梦园书画录》所载文徵明的"跋语"，标明"嘉靖甲辰七月廿又二日长洲文徵明识"。嘉靖甲辰是嘉靖二十三年（1544），这是文徵明书写小楷《西厢记》的准确时间，是年文徵明75岁。而文明书局本卷末却写"嘉靖己未三月廿又二日"，文华公司本则为"嘉

① 蒋星煜《〈仇文合璧西厢会真记〉之曲文、绘画、书法》，载《〈西厢记〉考证》，上海古籍出版社1988年版。

靖癸酉"，这两者都是作伪者编造的。嘉靖年间并不存在"癸酉"这一年，文徵明于嘉靖己未即嘉靖三十八年（1559）二月二十日仙逝，而"嘉靖己未三月廿又二日"文徵明已不在人世，于是闹出了文徵明死后书写小楷《西厢记》的天大笑话。这是文明书局本为赝品的又一铁证。《梦园书画录》此则记载的新发现，收到了一箭双雕的效果，一方面发现了《西厢记》的新版本——《明仇实父文衡山西厢传奇书画合册》，另一方面也拆穿了今传"仇文合璧西厢记"赝品的真面目①。

新材料新版本的发现，除了机遇运气外，还要有敏锐的眼光和分析判断能力。我在北京图书馆查阅古籍时，见馆藏善本目录卡片上标有"《重刻元本题评音释西厢记》二卷"，"明万历刻本"，并未标明刊行者。经过考证，这就是著名的徐士范本《西厢记》，刻于万历八年（1580），是国内现存最早的不分本分卷而直接分为二十出并有出目的《西厢记》刊本，也是国内最早有题评和字音的《西厢记》刻本，在《西厢记》版本流变史上具有重要的地位和价值。唯惜自近人刘世珩宣统二年（1910）编辑《暖红室汇刻传剧》后便销声匿迹湮没无闻。《古本戏曲丛刊》收录的是据此书翻刻的刘龙田本，而未收入此书。《北京图书馆善本书目》对此书未予明确著录，遂使所藏徐士范本《西厢记》不为世人所知。近年蒋星煜先生在上海图书馆发现此书，并说它是存世"孤本"，我便撰写《徐士范本〈西厢记〉并非"孤本"》② 一文，对北图所藏此书予以推介。

与此同时，我又偶然发现一本名为《西来意》的书，引起我的关注。这本书的名字很特别，所附的评论文字《西厢说意》也与众

---

① 参张人和《今传"仇文合璧西厢记"辨伪》，《文献》1997 年第 4 期。陈旭耀《现存明刊〈西厢记〉综录》，对这一成果予以肯定并加以引用，上海古籍出版社 2007 年版，第 3 页。

② 张人和《徐士范本〈西厢记〉并非"孤本"》，《文献》1986 年第 4 期，1987 年 1 月 28 日《人民日报海外版·学术园地》以同题对本文进行了转述和评价。

不同。《西来意》又名《元本西厢》，一称《梦觉关》，刊刻于清康熙十九年（1680）全书只有四卷，至《草桥惊梦》而止，题“渚山恒忍雪铠道人（原名潘廷章，号梅岩氏）说意”。《西厢记》为何叫《西来意》？潘廷章在《西厢说意》中写道：“《西厢》何意？意在西来也。以佛殿始，以旅梦终，于空生即于空灭，全为西来示意也。”潘廷章是以佛教徒的眼光，以色空观念来解说《西厢记》的。此书近人有关《西厢记》的版本著述从未见记载，有关文章也没有提及，是一部罕为人知、鲜见著录的刊本。我在《〈西厢记〉版本三题》①一文中对此本作了专门评价，文章虽短，但可视为是对《西来意》的最早评论文字。

此外，在一些明刊本的《西厢记》附录里，都载有一折以莺红对弈为内容的杂剧，题名《莺莺红娘着围棋》、《莺红下棋》、《围棋闯局》、《对弈》、《围棋》等各有不同，是一折增补《西厢记》第一本之作。此折杂剧的作者是谁，历来说法不一。许多明清刊本《西厢记》都附载有【八声甘州】《咏西厢别调》套曲，其【煞尾】云：“董解元古词章，关汉卿新腔韵，参订《西厢》的本，晚进王生多言论，把《围棋》增。”不少研究者据此将《围棋闯局》署为“晚进王生”所作。但“晚进王生”为何人？有人认为即王实甫，有人则认为是“王实甫之后的另一王生”，“不详名氏”。我在查阅《录鬼簿续编》时发现，詹时雨名下有一段文字：“随父游宦福建，因而家焉。为人沉稳寡言，才思敏捷。乐府极多，有《补西厢弈棋》，并‘银杏花凋残鸭脚黄’诸【南吕】，行于世。”由此可以断定詹时雨就是《补西厢弈棋》即《围棋闯局》的作者。詹时雨为何被称作“晚进王生”，待考。我的这一看法②，与《中国戏曲曲艺词典》③和《元明

---

① 张人和《〈西厢记〉版本三题》，《东北师大学报》1986 年第 1 期。

② 张人和《关于〈围棋闯局〉的作者》，《东北师大学报》1988 年第 2 期。

③ 上海艺术研究所、中国戏剧家协会上海分会编《中国戏曲曲艺词典》，上海辞书出版社 1981 年版。

北杂剧总目考略》① 的见解是一致的。戚世隽《明代杂剧研究》② 和伏涤修《〈西厢记〉接受史研究》③ 对此皆有引述。

在戏曲研究中发现新材料、新版本等，其前提必须是广泛搜集和全面占有资料，只有这样才能分清什么是新发现的，什么是原有的，否则仅凭点滴的记载或孤证就妄下结论，那样往往是靠不住的。

《点鬼簿》与《录鬼簿》的关系，一直是戏曲研究界悬而未决的一个问题。凌濛初在他校刻的《西厢记》卷首所附《〈西厢记〉旧目》中，把他所刊刻的《西厢记》五剧剧目说成是"《点鬼簿》目录"且注明"与周宪王本合"。今天所见的《录鬼簿》没有一种版本是像凌濛初这样记载的，于是便产生了《点鬼簿》与《录鬼簿》是否为同一书的争议。郑振铎在《〈西厢记〉的本来面目是怎样的》一文中推断："《点鬼簿》当然便是钟嗣成的《录鬼簿》。"④ 中国戏曲研究院编的《中国古典戏曲论著集成》卷三《南词叙录》校勘记也认为"《点鬼簿》，应是指元钟嗣成所著的《录鬼簿》"，但接着又指出："今传各本《录鬼簿》，不见有题名'点鬼簿'的。"⑤ 蒋星煜《〈点鬼录〉、〈点鬼簿〉与〈录鬼簿〉》⑥ 一文则认为："《点鬼簿》确有其书"，"《点鬼簿》并非《录鬼簿》"。在《〈点鬼簿〉与〈录鬼簿〉》⑦ 一文中，我将今天文献记载中所能见到的有关《点鬼簿》与《录鬼簿》的文字进行汇总并加以比较分析，确凿证明明清以来在戏曲论著及其他著述中所提及的《点鬼簿》就是指钟嗣成的《录鬼簿》，"点鬼簿"不过是《录鬼簿》的别称罢了。这不仅使学术界长

---

① 邵曾祺、赵景深编著《元明北杂剧总目考略》，中州古籍出版社 1985 年版。

② 戚世隽《明代杂剧研究》，广东高等教育出版社 2001 年版。

③ 伏涤修《〈西厢记〉接受史研究》，黄山书社 2008 年版。

④ 郑振铎《〈西厢记〉的本来面目是怎样的》，载郑振铎《中国文学研究》（三），作家出版社 1957 年版，第 607 页。

⑤ 徐渭《南词叙录》"校勘记"，载《中国古典戏曲论著集成》（三），中国戏剧出版社 1959 年版，第 255 页。

⑥ 蒋星煜《〈点鬼录〉、〈点鬼簿〉与〈录鬼簿〉》，《文学遗产》1982 年第 1 期。

⑦ 张人和《〈点鬼簿〉与〈录鬼簿〉》，《戏曲研究》第 11 辑。

期悬疑与争论的问题得到解决，而且也戳穿了凌濛初假借《点鬼簿》托古以自重的把戏。周续赓先生肯定本文“考证甚详，令人信服”①，陈旭耀先生也称赞本文“作了细致的考证，令人信服地证明了《点鬼簿》就是钟氏的《录鬼簿》”。1985年的《中国文学研究年鉴》也对本文作了推荐。《点鬼簿》即是《录鬼簿》的结论，已为戏曲研究界所公认和普遍采用。

有关“崔张合祔墓志铭”的争论也与此相类似。1983年第4期《河南戏剧》刊载了《崔莺莺郑恒新证》一文，作者见到清代修撰的《荥阳县志》所载《唐故荥阳郑府君夫人博陵崔氏合祔墓志铭》，便认为它就是崔莺莺与郑恒的合葬墓志铭，文中提出这一墓志铭“使我们对崔、郑的身世的了解又增添了新的佐证”。实际上这个墓志铭并不是《荥阳县志》首载或独有的，也不是最近才发现的。明清以来，许多金石和戏曲论著都有著录、记载和考辨，不过作者不知而已。对于墓志铭出土的地点、时间和墓主的名讳，历来有各种不同的记载，同一墓碑出土地点就有内黄、汲县、魏县、磁州、浚县和临清多处，出土时间亦有成化、崇祯、康熙几说，墓主名讳竟有郑恒、郑遇以及不书讳氏几种记载。世上哪有一块墓志铭竟然埋藏在多个地点、出土在多个时间、墓主又有多个名字的道理？实则不过是故意作假，借“文物”之名，以“史实”为证，否定《西厢记》中崔莺莺、张生封建叛逆者的形象，诋毁其反封建礼教的思想倾向而已。我在1984年1月24日《光明日报·文学遗产》发表了《如此新证不可取——〈崔莺莺郑恒新证〉驳论》一文予以辩驳，使被淆乱的问题得以澄清。

为使材料完备而无遗珠之憾，在戏曲研究过程中也要关注对散佚淹没的剧作、版本以及有关资料的钩沉和辑佚工作。我撰有《明刊

---

① 周续赓《论〈西厢记〉作者及第五本问题》，中山大学学校编辑部编《古代戏曲论丛》第2辑。

〈西厢记〉佚本管窥》[1] 一文，又参编《中外文艺禁书大观》[2]，负责对我国禁毁戏曲的钩稽和评论部分。

三 辨别真伪

戏曲研究有时会遇到十分复杂和混乱的状况，文化现象和文献材料真伪莫辨，是非不清，正误混淆，因之通过缜密的考证与分析，辨识真伪，辨明是非，辨别正误，也是戏曲研究创新的应有之义。

明中叶以后，伴随商品经济的发展、城市的繁荣、市民阶层的扩大，掀起了戏曲、小说创作、刊刻、演出及研究的热潮。与此同时，出版商为了涉利而欺骗读者，各种冒名假托名人如李卓吾、徐渭、陈眉公、汤显祖等评校的戏曲刊本便应运而生。这些刊本真假难辨，直至今天仍然是困扰学术界的一个难题。今存题署"汤若士批评、沈伯英批订"的晚明刊本《西厢会真传》，就是这种伪托名人评校的赝品。

汤显祖与沈璟并世而齐名，为明代剧坛两大家。但他们的理论主张与创作风格迥然不同，形成两个不同的流派。汤显祖注重曲意，沈璟讲求音律；汤显祖崇尚文采，沈璟"癖好本色"；汤显祖主张写"情"，沈璟提倡明"理"。围绕《牡丹亭》的改编，二人有过针锋相对的争论。王骥德说："临川之于吴江，故自冰炭。吴江守法，斤斤三尺，不欲一字乖律，而毫锋殊拙；临川尚趣，直是横行，组织之工，几与天孙争巧，而屈曲聱牙，多令歌者齚舌。……其志趣不同如此。"[3] 两人怎能"合评"一书、"同批"一剧呢？

欲辨明此书并非汤沈二人合评，仅从理论上质疑是不够的，还需

---

① 张人和《明刊〈西厢记〉佚本管窥》，《古籍整理研究学刊》1988 年第 2、3 期。

② 孙中田《中外文艺禁书大观》，吉林文史出版社 1992 年版。

③ 王骥德《曲律·杂论第三十九下》，载《中国古典戏曲论著集成》（四），中国戏剧出版社 1959 年版，第 165 页。

用确凿的材料来证明。《西厢会真传》既然不可能是汤沈合评，那么它的评语又来自何处？我经过搜寻和比勘，查明其题评主要来源有三：一是来自刻于万历八年（1580）的徐士范本《重刻元本题评音释西厢记》；二是取自万历四十二年（1614）刊刻的王骥德《新校注古本西厢记》，选题采评数量最多；三是选自《槃薖硕人增改定本西厢记》。此外，也可能有的评语是伪托者自撰或录自其他评本。我的《〈西厢会真传〉汤显祖沈璟评辨伪》[①]一文，经过仔细的辨识和严谨的考证，证明《西厢会真传》的评语不过是杂撮拼凑各家评注的产物，是诸家评注的杂烩，是假冒名人手笔的伪作。朱万曙先生在《明代〈西厢记〉的评点系统》[②]一文中，对这一结论表示认同并有所补充。因之，那种“此书固非坊刻，二子之点评宜可信也”[③]的推断，恐怕是难以成立的。

明代题署名人批评的戏曲评本很多，至今大多真伪难辨，尽管早就有人怀疑其真实性，但一直未能确实论证，本文的发表可以说是为辨明名人戏曲评本的真伪开创了先例。前文所及对今传“仇文合璧西厢记”与“崔郑合祔墓志铭”碑文的辨识，也都是我所从事古代戏曲辨伪工作的组成部分。

在戏曲研究中，除了辨识真伪、去伪存真外，还要辨明是非、辨别正误。明清以来，有许多知名学者和戏曲评论家，诸如王世贞、蒋一葵、胡应麟、臧晋叔、沈德符、毛奇龄、李调元、梁廷枏、杨恩寿等，或由于资料匮乏，或态度欠缺严谨，或沿袭旧说以讹传讹，在古代戏曲的考证评述和材料的引用上曾出现过许多疏误。如对《西厢记》“六字三韵语”的引用，就是一个典型的例证。

现存最早记载和评论《西厢记》的文字见于元泰定元年（1324）

---

① 张人和《〈西厢会真传〉汤显祖沈璟评辨伪》，《社会科学战线》1981年第2期。
② 朱万曙《明代〈西厢记〉的评点系统》，《南京大学学报》2001年第2期。
③ 罗忼烈《西厢会真传后识》，1974年香港中文大学中国古典书籍出版委员会影印罗氏两小山斋藏本。

周德清所著《中原音韵》,《中原音韵》有两处论及《西厢记》,都是关于“六字三韵语”的。其一是在《自序》中,称“乐府之盛、之备、之难,莫如今时。……其难,则有六字三韵,‘忽听、一声、猛惊’是也”。另一是在《作词十法》里:“《西厢记》【麻郎(儿)】幺云:‘忽听、一声、猛惊’,‘本宫、始终、不同’,韵脚俱用平声,若杂一上声,便属第二着。”周氏所引这两个“六字三韵语”句例,前者见今本《西厢记》第一本第三折,后者见第二本第四折。但是,到了万历四十三年(1615)臧晋叔编选《元曲选》时,卷首附录的《高安周挺斋论曲》中关于“六字三韵语”的记载却与《中原音韵》不同。其文为:“有六字三韵,词家以为难。如《西厢》【麻郎儿】幺云:‘忽听、一声、猛惊’,【太平令】云‘自古、相女、配夫’是也。”臧氏将后句出自第二本第四折【麻郎儿】幺篇的“本宫、始终、不同”,改换成第五本第四折的【太平令】“自古、相女、配夫”。臧晋叔之后,由于《元曲选》的巨大影响,沈德符、毛奇龄等都沿袭了这一讹误。毛奇龄甚至在《论定西厢记》卷末所附的“词话”中说:“今按:‘自古’六字在末剧,然则,在元何尝分末剧为‘续西厢’耶?且何尝不并许耶?”毛奇龄在清代初年能够把被金圣叹当作“续书”、嗤为“下截美人”的《西厢记》第五本作为一个艺术整体的有机组成部分加以称许,是独具慧眼的。但是他所依据的材料却是不可靠的,“【太平令】自古、相女、配夫”并非周德清《中原音韵》原引,况且“古”、“女”皆为上声,如果周氏引此作为韵脚俱用平声的范例,岂不自相矛盾?

再如,王世贞《曲藻》中关于《西厢记》作者的记载:“《西厢》久传为关汉卿撰,迩来乃有以为王实甫者。谓:‘至邮亭梦而止。’又云:‘至“碧云天,黄花地”而止,此后乃汉卿所补也。’初以为好事者传之妄,及阅《太和正音谱》,王实甫十三本,以《西厢》为首,汉卿六十一首,不载《西厢》,则亦可据。”王世贞理应根据《太和正音谱》的记载,在否定《西厢记》为关作的同时确认为王作，但他却误信了王作关续的传说，遂成为后世主张《西厢记》为王作关续的滥觞。与此同时，他在《曲藻》中又说《西厢记》第三本第三折【驻马听】曲词“淡黄杨柳带栖鸦”四句，是“关汉卿演作”贺方回［浣溪沙］词而成，并赞其“青出于蓝，无妨并美”，这样又在无意中沿袭了“《西厢记》为关汉卿撰”的旧说之误。

此外，胡应麟、曹以杜等在《庄岳委谈》和《新校注西厢记考》中将王实甫与王和卿混为一人，并以王和卿与关汉卿同时而友善并先关卒，推断《西厢记》是王死后关为续成。这更是以讹传讹，毫无根据。

综上所述，此类疏误虽属细枝末节，但事关是非正误对错，因而不可不辨。我撰有《〈西厢记〉六字三韵语误引辨正》① 和《〈西厢〉曲论辨误》② 两文，对相关问题予以辨明订正。1984 年《中国文学年鉴》称：“张人和《〈西厢〉曲论辨误》纠正了梁廷枏《曲话》、李调元《雨村曲话》、焦循《剧说》、胡应麟《少室山房笔丛》、毛西河《论定西厢记》中存在的引证他人《西厢》曲论时发生的错讹，作了有意义的考订工作。”③

（张人和　东北师范大学文学院教授）

① 张人和《〈西厢记〉六字三韵语误引辨正》，《文学遗产》1982 年第 1 期。
② 张人和《〈西厢〉曲论辨误》，《东北师大学报》1986 年第 4 期。
③《中国文学年鉴》，中国文学年鉴社 1984 年版，第 223 页。

《戏曲研究》稿约

《戏曲研究》杂志是由中国艺术研究院戏曲研究所主办的国家级权威学术刊物，为“中国社会科学引文索引”（CSSCI）来源集刊。本刊自创刊起，坚持继承与发扬中国艺术研究院理论联系实际的优良传统，坚持严谨朴实的学风，努力把刊物办成高水准、专业性强的学术刊物。本刊竭诚欢迎国内外学者、专家不吝赐稿！

一、本刊所设的栏目广泛涉及戏曲研究的多元领域，突出“戏曲批评”，并把戏曲史、戏曲理论、戏曲遗产作为常设栏目。

二、来稿以万字左右为宜。特别优秀的稿件不受此限。

三、来稿提供200字左右的中文摘要、3～5个中文关键词，同时提供与中文对应的英文题目、摘要和关键词。

四、来稿引文采用页下注，注释格式如下：

专著：

周妙中《清代戏曲史》，中州古籍出版社1987年版，第339页。

论文集、丛书：

沈达人《张庚先生论戏曲形态》，载中国艺术研究院戏曲研究所编《戏曲学的新发展——张庚先生百年诞辰国际学术研讨会论集》，文化艺术出版社2012年版，第8页。

徐复祚《曲论》，载《中国古典戏曲论著集成》（四），中国戏剧出版社1959年版，第237页。

期刊论文：

康保成《中国戏剧史研究的新思路》，《湖北大学学报》（哲学社会科学版）2005年第5期。

报刊文章：

毛小雨《关于建立东方戏剧学体系的刍议》，《中国文化报》2013 年 7 月 16 日。

古籍：

姚际恒《古今伪书考》卷三，光绪三年（1877）苏州文学山房活字本。

屈大均《广东新语》卷九，中华书局 1985 年版，第 215 页。

李开先《西野春游词序》，载《李中麓闲居集》，《四库全书存目丛书 · 集部》第 92 册，齐鲁书社 1997 年版，第 597 页。

王骥德著，陈多、叶长海注释《曲律注释》，上海古籍出版社 2012 年版，第 126 页。

译著：

［德］莱辛著，张黎译《汉堡剧评》，上海译文出版社 2002 年版，第 2 页。

五、来稿请注明作者姓名、工作单位、职称或职务、通讯地址、邮政编码、联系电话、电子邮箱。

六、来稿作者文责自负，本刊对决定采用的稿件有删改权，不同意删改者，请在来稿中说明。对刊用稿件皆赠送当辑样书两册。

七、请勿一稿多投，投稿后三个月内未收到本刊用稿通知，作者可自行处理。来稿一律不退，也不奉告审稿意见，敬请海涵。

八、本刊已成为《中国学术期刊》（光盘版）、《中国期刊网》和《万方数据——数字化期刊群》入网期刊，如不同意刊用文章被收录，请在来稿时特别声明。

九、来稿以附件形式发至 xiquyanjiu@ sina. com，并以纸稿形式邮寄至：北京市朝阳区惠新北里甲一号中国艺术研究院戏曲研究所《戏曲研究》编辑部，邮编：100029。

《戏曲研究》编辑部

本刊启事

我刊已成为《中国学术期刊（光盘版）》、《中国期刊网》和《万方数据——数字化期刊群》入网期刊。如作者不同意文章被收录，请在来稿时特别声明。

《戏曲研究》编辑部

图书在版编目（CIP）数据

戏曲研究．第90辑／《戏曲研究》编辑部编．—北京：
京：文化艺术出版社，2014．6（2015重印）
ISBN 978-7-5039-5791-8

Ⅰ．①戏… Ⅱ．①戏… Ⅲ．①中国戏剧—文集
Ⅳ．①I207．3-53

中国版本图书馆CIP数据核字（2014）第107413号

戏曲研究（90）

编　　者　中国艺术研究院戏曲研究所《戏曲研究》编辑部
责任编辑　张之薇
装帧设计　徐道会
出版发行　文化艺术出版社
地　　址　北京市东城区东四八条52号　100700
网　　址　www. whyscbs. com
电子邮件　whysbooks@263. net
电　　话　（010）84057666（总编室）　84057667（办公室）
　　　　　　　　84057691—84057699（发行部）
传　　真　（010）84057660（总编室）　84057670（办公室）
　　　　　　　　84057690（发行部）
经　　销　全国新华书店
印　　刷　北京华正印刷有限公司
版　　次　2014年6月第1版
　　　　　2014年6月第1次印刷
开　　本　880×1230毫米　1/32
印　　张　11
字　　数　294千字
书　　号　ISBN 978-7-5039-5791-8
定　　价　42.00元